Original-Prüfungsaufgaben mit Lösungen

Latein

Grund- und Leistungskurs
Gymnasium · Gesamtschule
Nordrhein-Westfalen
2014–2016

© 2016 Stark Verlagsgesellschaft mbH & Co. KG
10. neu bearbeitete und ergänzte Auflage
www.stark-verlag.de

Das Werk und alle seine Bestandteile sind urheberrechtlich geschützt. Jede vollständige oder teilweise Vervielfältigung, Verbreitung und Veröffentlichung bedarf der ausdrücklichen Genehmigung des Verlages.

Inhalt

Vorwort
Stichwortverzeichnis

Hinweise und Tipps zum Zentralabitur

1 Ablauf der Prüfung I
2 Vorgaben (inhaltliche Schwerpunkte und Medien/Materialien) II
3 Aufgabenarten V
4 Bewertung VI
5 Anforderungsbereiche und Arbeitsanweisungen VII
6 Allgemeine Tipps zur schriftlichen Prüfung X

Abiturähnliche Übungsaufgaben

Grundkurs (Latein als fortgeführte Fremdsprache)
Aufgabe 1: Livius, *Ab urbe condita* 5,54,4–7 1
Aufgabe 2: Cicero, *Pro Sestio* 97b f., ... 9

Leistungskurs (Latein als fortgeführte Fremdsprache)
Aufgabe 3: Livius, *Ab urbe condita* 8,7,12–19. 8,7,20–8,2 15
Aufgabe 4: Ovid, *Metamorphosen* 14,803–828 27
Aufgabe 5: Cicero, *Pro Sestio* 136ff. 37

Abiturprüfungsaufgaben 2014

Grundkurs (Latein als fortgeführte Fremdsprache)
Aufgabe 1: Ovid, *Metamorphosen* 7,624–642 .... GK 2014-1
Aufgabe 2: Livius, *Ab urbe condita* 34,2,1–5 .... GK 2014-10

Grundkurs (Latein als neu einsetzende Fremdsprache)
Aufgabe: Seneca, *Epistulae morales* 25,4–6 .... GK 2014-18

Leistungskurs (Latein als fortgeführte Fremdsprache)
Aufgabe 1: Vergil, *Aeneis* 7,308–340 .... LK 2014-1
Aufgabe 2: Tacitus, *Annales* 12,36,2–37,4 .... LK 2014-9

Abiturprüfungsaufgaben 2015

Grundkurs (Latein als fortgeführte Fremdsprache)
Aufgabe 1: Seneca, *Epistulae morales* 15,93,1–3 .... GK 2015-1
Aufgabe 2: Ovid, *Metamorphosen* 14,416–434 .... GK 2015-9

Grundkurs (Latein als neu einsetzende Fremdsprache)
Aufgabe: Cicero, *Orationes Philippicae* 10,12,1 ff. .... GK 2015-16

Leistungskurs (Latein als fortgeführte Fremdsprache)
Aufgabe 1: Cicero, *Paradoxa Stoicorum* 2,17ff. .... LK 2015-1
Aufgabe 2: Ovid, *Metamorphosen* 14,110–136 .... LK 2015-11

Abiturprüfungsaufgaben 2016

Grundkurs (Latein als fortgeführte Fremdsprache)
Aufgabe 1: Livius, *ab urbe condita* 29,1,1–2,8 .... GK 2016-1
Aufgabe 2: Ovid, *Metamorphosen* 14,346–364........................ GK 2016-9

Grundkurs (Latein als neu einsetzende Fremdsprache)
Aufgabe: Cicero, *Orationes Philippicae* 8,7–8 .... GK 2016-18

Leistungskurs (Latein als fortgeführte Fremdsprache)
Aufgabe 1: Vergil, *Aeneis* 10,606–632................................ LK 2016-1
Aufgabe 2: Seneca, *de ira* 1,3,3/1,5f. .... LK 2016-10

Jeweils im Herbst erscheinen die neuen Ausgaben
der Abiturprüfungsaufgaben mit Lösungen.

Autoren:
Bothe, Marie-Luise: Hinweise und Tipps, Übungsaufgabe 1, Grundkurs 2014
 (Lösungen)
Dr. Laarmann, Matthias: Übungsaufgabe 3
Dr. Simons, Benedikt: Übungsaufgaben 2, 4, 5, Leistungskurs 2014 (Lösungen),
 Grundkurs und Leistungskurs 2015–2016 (Lösungen)

Vorwort

Liebe Schülerin, lieber Schüler,

der vorliegende Band unterstützt Sie bei Ihrer effektiven Vorbereitung auf das **schriftliche Zentralabitur** in **Latein**.

- Das einführende Kapitel „**Hinweise und Tipps zum Zentralabitur**" gibt Ihnen wertvolle Informationen zum Ablauf des Zentralabiturs 2017 sowie leicht umsetzbare, konkrete Tipps, die Ihnen bei Ihrer Vorbereitung und beim Verfassen der Klausuren helfen. Hier wird Ihnen auch das Spektrum der prüfungsrelevanten Schwerpunktsetzungen für das Jahr 2017 vorgestellt. Erläuterungen zu den Arbeitsanweisungen (Operatoren) ergänzen diesen Abschnitt.
- Der zweite Teil des Buches enthält je zwei **Übungsaufgaben** für den Grund- und Leistungskurs, die entsprechend den Vorgaben für das zentrale Abitur in Latein konzipiert sind und sich auf die inhaltlichen Schwerpunkte sowie Medien und Materialien des **Abiturs 2017** beziehen. Mithilfe der Übungsaufgaben und der **Lösungsvorschläge** können Sie sowohl Ihre im Unterricht erworbenen Kenntnisse wieder auffrischen als auch die Bearbeitung von Aufgaben unter Prüfungsbedingungen trainieren und optimieren.
- Im dritten Teil folgen die **Original-Prüfungsaufgaben der Jahre 2014–2016**. Zu jeder Aufgabe finden Sie nicht nur ausführliche **Lösungsvorschläge**, sondern – durch Rauten gekennzeichnet – auch hilfreiche **Bearbeitungshinweise**, die Ihnen eine gezielte Vorgehensweise ermöglichen. Vor der Lösung der Interpretationsaufgaben findet sich auch die Angabe des Anforderungsbereiches. Aus der jedem Lösungsvorschlag vorangestellten Information hinsichtlich Autor, Textstelle und Zuordnung zu den inhaltlichen Schwerpunkten, Medien und Materialien lassen sich auch die jeweiligen semesterübergreifenden Vergleichsaspekte entnehmen.
- Ein **Stichwortverzeichnis** erleichtert Ihnen die gezielte Nutzung dieses Bandes und ermöglicht Ihnen einen schnellen Zugriff auf zentrale Sachverhalte.

Sollten nach dem Erscheinen dieses Bandes noch wichtige Änderungen in der Abiturprüfung 2017 vom Schulministerium bekannt gegeben werden, finden Sie aktuelle Informationen dazu im Internet unter:
www.stark-verlag.de/pruefung-aktuell

Viel Erfolg bei Ihrer Abiturprüfung!

Stichwortverzeichnis

*a*diaphora 14; GK16-7; LK16-16
Aeneas 35f.; LK14-4ff., 8; GK15-8; LK15-15ff.; LK16-9, 18
Affekte 12, 14; GK14-23; GK15-6, 14f.; GK16-7, 16; LK16-17f.
Aition 33; GK15-12
Allekto LK14-4f., 7f.
Alliteration 6, 12; 31f.; GK14-14f., 23; GK15-5, 13; LK15-5, 16f.; GK16-4f., 13f., 22; LK16-6f., 15f.
Anapher 6; GK14-23; LK14-6f.; GK15-19; LK15-16f.; GK16-13f., 22f.; LK16-15f.
animal rationale GK16-6; LK16-16, 18
animal sociale LK16-17
Annalistik 21
Antithese 6, 23, 31f.; GK14-14; LK14-13; GK15-4f., 13, 20; LK15-6; GK16-23; LK16-15f.
apatheia 8; GK14-8; GK15-4; LK15-7; GK16-6; LK16-16, 18
Apostrophe 35; GK16-4
Apotheose 33ff.
Aristoteles 24f.
Assonanz 25, 32, 40; LK16-6
Asyndeton 5; GK14-23; LK14-5, 13; GK15-5, 19f.; GK16-22f.; LK16-15
Ataraxie 14, 24f.; GK14-8; GK15-6f., 14; LK15-7; GK16-7, 16; LK16-9, 16, 18
Atom/atomistisch GK14-8; GK16-17
Augustus 24, 36; GK12-15; LK12-8, 17; GK14-16; LK15-18; GK16-24

*b*ellum civile GK16-21
Britannier LK14-12
Brutus GK15-20

Caesar/Kaiser LK14-12ff.; GK15-21; GK16-24
Camillus 1ff.
Canens (Nymphe) GK15-12ff.; GK16-15f.
Caratacus LK14-11ff.
Cato (der Ältere) GK14-10ff.
Chiasmus 5; GK14-7; LK14-6; GK15-4f., 13; LK15-5, 16f.; GK16-4
Cicero 10ff, 38ff.; LK14-8; GK15-8, 19ff.; LK15-4ff.; GK16-21; LK16-9
De re publica 20; GK15-21
De oratore 13; GK15-21; LK15-8f.
Orator 22f.; GK15-21ff.
Circe GK16-12, 14ff.
Claudius LK14-12, 15
constantia GK15-15; LK15-7; GK16-8
cupido GK16-15f.

Dido GK15-8; LK16-18f.
dramatisches Präsens GK14-7

Eintracht GK16-24
Ekphrasis 31, 35
Ellipse 32; GK16-21; LK16-6f., 15f.
Emphase LK14-7f.
Enjambement 32; GK14-7; LK16-6ff.
Enumeratio GK16-22
Epikur(eismus) 14, 24f., 42; GK14-8f., 21, 24; GK16-16f.; LK16-9
Epos 35; LK16-9
exemplum 20ff., 36; GK14-16f.

*f*atum 8; 35f., LK14-4f., 8f., 14; LK15-18; LK16-5, 8, 18
fortitudo GK15-8, 15; GK16-7f.
fortuna 8
Frage, rhetorische GK15-4, 19; LK15-5; LK16-6f., 15f.

Gaius Antonius GK15-19f.
galéne 14, 25; GK16-16; LK16-9
Geschichtsschreibung 21ff.;
 GK14-16f.
Gleichnis GK15-13
Glück 8, 24f.; GK16-6; LK16-16
Gnade LK14-12ff.
Gottesbild 6f.; GK14-8f.
Götterglaube GK16-23

Hedonismus/hedonistisch 14, 24, 42
Hendiadyoin GK14-14; LK15-5;
 GK16-22
Hexameter GK14-6
Homoioteleuton 12, 13, 23, 40;
 GK14-7; GK15-12f.; LK15-6, 16;
 GK16-22
Horatius Cocles GK15-8
Hyperbaton 5, 12, 23, 31ff., 40;
 GK14-7, 14; LK14-6f.; GK15-4f.,
 12f.; LK15-5, 16f.; GK16-4; 13f.;
 LK16-6 ff.

Integrität LK14-8
Intermundien GK14-8
Inversion LK14-13
ira GK16-7; LK16-14, 17f.
Ironie LK16-7
Irrealis GK14-14
Iteratio LK14-6f.
iustitia GK15-7, 15; LK15-7, 9;
 GK16-7; LK16-17

Juno LK14-5f., 8; LK16-5
Jupiter 31; GK14-5f.; LK14-4;
 LK16-5, 8f.

Kairos GK16-7f.
Karthago 36; LK16-9
Klimax 23; GK14-15; LK14-7;
 GK16-22
Kosmos 14, 42; LK16-16
Kosmopolitismus 8; LK15-7f.

libertas 21; GK14-13, 15, 17;
 GK16-23f.

Litotes 5, 12; LK13-17; GK14-14;
 LK16-6f.
Livius 1ff., 17ff., 29, 34, 41;
 GK14-10ff.; LK14-15
logos 8; GK16-6, 8; LK-16-16

maiestas LK14-14
Manlius, T. 17ff.
Marc Anton GK16-21ff.
Menenius Agrippa GK15-8
Metamorphose 33, 35; GK14-4, 7ff.;
 GK15-12
Metapher GK14-14, 23; GK15-20;
 LK15-5; GK16-13f.
Metrik GK14-6f.
Milde LK14-12
Mischverfassung GK15-21
modestia GK15-7; LK15-7; GK16-7f.;
 LK16-17f.
mos maiorum GK14-16f.

natura GK14-21; LK16-15

Octavian *siehe Augustus*
Optimaten 9ff., 40, 42
otium 13f.
orator perfectus 13; GK14-15f.;
 GK15-21; LK15-8ff.
Ovid 29ff.; GK14-8f., 18f.; GK16-16f.

Parallelismus 6, 12f., 32, 41;
 GK14-14; LK14-13; GK15-5;
 LK15-5f., 16; GK16-5, 23
Paradoxon GK16-4f., 22f.
Parataxe GK14-7
patria GK16-23
pater patriae 24
pax Augusta 26; LK15-18
Penaten LK16-9
Personifikation 12; GK14-23
Philippika GK16-24
Phronesis GK16-7
Picus GK15-12ff.; GK16-15f.
pietas 24, 36; GK15-7f.; LK15-17;
 GK16-23; LK16-5, 9, 18
Pleonasmus GK14-14

poeta doctus 33, 35f.
Polyptoton 32; LK14-13; GK15-4f.,
  20; LK15-6, 16; GK16-5, 13f.
Polysyndeton GK14-7, 15
praefatio LK14-15
proprium LK14-6f.
prudentia GK16-7f.

ratio 42; GK14-22f.; GK15-6, 14f.;
  LK15-9f.; GK16-6, 8
Rede 4, 13, 19, 22f., 31; LK14-8, 14
res publica 12f., 28, 40f.; LK12-8,
  15ff., 22, 24; GK14-15f., 19ff.;
  LK15-17f.; GK16-24
Rhetorik (Redekunst) 40; GK14-15f.
Romidee 6f.; LK15-18
Romulus 31ff.

sapiens/sapientia 8; GK13-14, 17f.,
  19f.; GK14-22; GK15-7, 14;
  LK15-7, 10; GK16-6ff.;
  LK16-16ff.
Scipio GK16-4, 6, 8
secundum naturam 8; GK16-6;
  LK16-16ff.
Seneca GK14-18ff.; GK15-4ff.;
  LK16-16f.
Sibylle LK15-15ff.
Stoa 8, 14, 25, 42; GK14-22f.;
  GK15-6; LK15-7f.; GK16-6, 8;
  LK16-17f.

Tacitus LK14-11, 15
Torquatus, L. 25
tranquillitas animi GK14-23;
  LK16-16, 18
Trikolon 12f., 40; GK14-15;
  GK15-4 f., 20; LK15-5f.;
  GK16-5, 13f., 22; LK16-8, 15
Triumvirn GK16-24
Turnus LK16-5, 8

Variatio 32; GK14-7; GK16-13;
  LK16-15
Venus 35; LK16-5
Vergil *(Aeneis)* 35f.; LK16-8
Vergleich GK14-7
vir bonus GK14-21
vir vere Romanus GK14-15
virtus 7f., 13f., 24; GK14-22; LK15-5,
  9; GK16-7
vita beata GK14-23

Weltherrschaft 7, 35; LK14-14
Weltvernunft 42
Werte 24
Wortstellung GK14-7, 14, 23
– exponierte GK16-22; LK16-7
– abbildende GK16-14,

Zäsur 33; GK14-6f.; GK16-14

Hinweise und Tipps zum Zentralabitur

1 Ablauf der Prüfung

Bei **Latein als fortgeführter Fremdsprache** können Sie zwischen zwei verschiedenen lateinischen Übersetzungsaufgaben mit dazugehörigen Interpretationsaufgaben wählen. Dabei muss es sich nicht zwangsläufig um Prosa und Dichtung handeln, es können auch zwei Texte des gleichen Genus vorgelegt werden.
Bei **Latein als neu einsetzender Fremdsprache** (ab Jahrgangsstufe 11) ist die Aufgabenauswahl nicht vorgesehen. Allerdings können in der Interpretation zwei verschiedene Teilaufgaben zur Wahl gestellt werden.

Arbeitszeit

Zu Beginn der Prüfung werden Ihnen die lateinischen Prüfungstexte „sinnbetonend" vorgelesen. Danach beginnt die Arbeitszeit.
Bei **Latein als fortgeführter Fremdsprache** beträgt diese Arbeitszeit einschließlich einer 30-minütigen Auswahlzeit für den Leistungskurs 285 Minuten und für den Grundkurs 210 Minuten.
Da bei **Latein als neu einsetzender Fremdsprache** keine Auswahlzeit notwendig ist, sind hier 255 Minuten (Leistungskurs) bzw. 180 Minuten (Grundkurs) als Arbeitszeit veranschlagt.
Beim **Leistungskurs** sind ca. 170 Minuten für die Übersetzung und ca. 85 Minuten für die Interpretation anzusetzen, beim **Grundkurs** ca. 120 Minuten für die Übersetzung und ca. 60 Minuten für die Interpretationsaufgabe.

Erlaubte Hilfsmittel

Als Hilfsmittel stehen ein lateinisch-deutsches Schulwörterbuch (evtl. vorhandene Formentabellen müssen unbenutzbar gemacht werden) sowie ein Nachschlagewerk zur deutschen Rechtschreibung zur Verfügung.
Ferner sind Übersetzungshilfen zum lateinischen Text üblich, die in der Regel 10 % der Wörterzahl, bei Dichtung evtl. auch mehr umfassen können. Es gibt einen Hinweis auf den Autor, evtl. auch eine Einführung in den inhaltlichen Zusammenhang und/oder eine lateinisch-deutsche Wiedergabe des der vorliegenden Textstelle unmittelbar vorausgehenden Abschnitts.

2 Vorgaben (inhaltliche Schwerpunkte und Medien/Materialien)

Die im Folgenden aufgeführten Vorgaben (inhaltliche Schwerpunkte einschließlich der genannten Medien/Materialien) werden für das **Abitur 2017** als bekannt vorausgesetzt. Bei umfangreicheren Texten ist auch die Einbeziehung kursorischer Lektüre in Übersetzungen möglich. Während aus den genau angegebenen Kapiteln und Büchern eines Werkes keine Übersetzungstexte für die Prüfung entnommen werden, gilt dies nicht für die Angabe „Auswahl" bei Autoren- und Buch-/Werkangaben.

LATEIN ALS FORTGEFÜHRTE FREMDSPRACHE

2. Inhaltliche Schwerpunkte

Staat und Gesellschaft	Aufgabe(n) Nr.
– Politische, soziale und ökonomische Strukturen des römischen Staates	Ü 5
– Staatstheorie und Staatswirklichkeit	Ü 2
– Römische Werte	Ü 1, 3, 5; GK 14/1+2, LK 14/1+2, GK 15/1+2, LK 15/1+2
– Politische Betätigung und individuelle Existenz	

Römische Geschichte und Politik	Aufgabe(n) Nr.
– Aufgaben der römischen Geschichtsschreibung	
– Mythos und Wirklichkeit – römische Frühzeit, *res publica* und Prinzipat	Ü 2, 4; GK 14/2, LK 14/2
– Romidee und Romkritik	Ü 1, 4, 5; GK 14/2, LK 14/1, LK 15/2; LK16/2
– *Res publica* und Prinzipat	Ü 2, 4; GK 14/2, LK 14/2
– Rom in der Auseinandersetzung mit fremden Völkern	

Rede und Rhetorik	Aufgabe(n) Nr.
– Philosophische Grundlegung der Redekunst	GK 14/2, LK 14/1+2, LK 15/1
– Ideal des Redner	Ü 2; GK 14/2, LK 14/1+2, LK 15/1

Welterfahrung und menschliche Existenz	Aufgabe(n) Nr.
– politische und gesellschaftliche Wirklichkeit in individueller Wahrnehmung	
– Möglichkeit der Lebensführung in Staat und Gesellschaft	

Römisches Philosophieren	Aufgabe(n) Nr.
– stoische und epikureische Philosophie	Ü 1, 2, 3; GK 14/1, GK 15/1+2, LK 15/1+2; GK 16/1+2
– ethische Normen und Lebenspraxis	
– Sinnfragen der menschlichen Existenz	Ü 2, 3; GK 15/1, LK 15/1

Antike Mythologie, römische Religion und Christentum	Aufgabe(n) Nr.
– der Mythos und seine Funktion – römische Göttervorstellungen und ihre Bedeutung für den römischen Staat, seine Herrscher und das *Imperium Romanum* – **im GK zusätzlich:** Christentum und römischer Staat	Ü 4; GK 14/1; GK16/2

2. Medien und Materialien	Aufgabe(n) Nr.
– Cicero, *Pro P. Sestio oratio* (Auswahl)	Ü 2, 5; GK 14/2, LK 14/1+2
– Ovid, *Metamorphosen* (Auswahl)	Ü 4; GK 14/1, GK 15/2, LK 15/2
– Seneca, *Epistulae morales ad Lucilium* (Auswahl)	Ü 1, 2, 3, 5; GK 14/1, GK 15/1+2, LK 15/1+2

- Livius, *Ab urbe condita* (Auswahl aus der ersten Dekade) Ü 1, 3, 4, 5; GK 13/1, GK 14/2, LK 14/2

Leistungskurs (zusätzlich):

- Vergil, *Aeneis*, Buch 6 LK 14/1

LATEIN ALS NEU EINSETZENDE FREMDSPRACHE
1. Inhaltliche Schwerpunkte

Staat und Gesellschaft	Aufgabe(n) Nr.
– Römisches Alltagsleben – Politische, soziale und ökonomische Strukturen des römischen Staates – Aspekte römischer Zivilisation und Kultur – römische Werte	

Römische Geschichte und Politik	Aufgabe(n) Nr.
– Persönlichkeiten der römischen Geschichte – Rom in der Auseinandersetzung mit fremden Völkern	

Rede und Rhetorik	Aufgabe(n) Nr.
– Funktion und Bedeutung der Rede im öffentlichen Raum	

Römisches Philosophieren	Aufgabe(n) Nr.
– stoische und epikureische Philosophie	GK 14
– Sinnfragen der menschlichen Existenz	GK 14
– Ethische Normen und Lebenspraxis	GK 14

Antike Mythologie, römische Religion und Christentum	Aufgabe(n) Nr.
– Mensch und Mitmensch	GK 14, GK 16neu
– *otium* und *negotium*	GK 14
– Schicksalsschläge	GK 16neu
– Gattungsspezifische Merkmale der Textsorte Rede	GK 15
2. Medien und Materialien	**Aufgabe(n) Nr.**
– Lehrbuch und Sachbuch	GK 14, GK 15
– Cicero, *Orationes Philippicae* (Auswahl)	GK 15, GK 16neu
– Seneca, *Epistulae morales ad Lucilium* (Auswahl)	GK 14

3 Aufgabenarten

Im Fach Latein besteht die Aufgabe in der schriftlichen Prüfung aus der **Übersetzung** und **Interpretation** eines unbekannten lateinischen Originaltextes im Gewichtungsverhältnis 2:1. Der inhaltlich und gedanklich in sich geschlossene lateinische Originaltext (Prosa oder Dichtung) steht in Bezug zu einem der inhaltlich-thematischen Schwerpunkte. Die Interpretationsaufgabe baut auf dem Übersetzungstext auf, stellt aber auch Verbindungen zu mindestens einem weiteren inhaltlich-thematischen Schwerpunkt her.
Methodenkompetenz – z. B. Fähigkeit im sprachlichen Analysieren von lateinischen Originaltexten, in der Übersetzungstechnik und in der inhaltlichen Textanalyse – sowie **fachspezifische Kenntnisse** (Leben und Werke der Autoren, ihre sprachlichen und stilistischen Eigenarten, verschiedene Textgenera, Aspekte der inhaltlichen Schwerpunkte) sind in der Prüfung nachzuweisen.

Übersetzung

- Die Texte stammen aus den in den Vorgaben angeführten Autoren/Werken bzw. aus diesen in Sprache und Inhalt nahestehenden Autoren/Werken. Aus den konkret festgelegten Materialien und Medien (Angabe eines Buches oder einer bestimmten Textstelle) werden jedoch keine Texte entnommen.
- Der Umfang des Übersetzungstextes liegt beim **Grundkurs** bei **ca. 120 Wörtern**, beim **Leistungskurs** bei **ca. 170 Wörtern**. Die Wortzahl kann um 10 % über-

schritten werden.
- Die Übersetzung stellt zwei Drittel der Gesamtleistung dar; entsprechend ist der Anteil der Arbeitszeit zu bemessen.

Tipp: Notieren Sie sich neben der jeweiligen Aufgabe die **Uhrzeit**, bis zu der Sie sie bearbeitet haben möchten. Setzen Sie sich persönlich ein **Limit**, das 5 Minuten niedriger liegt, damit Sie Ihre Arbeit noch in Ruhe durchlesen können. Kontrollieren Sie unbedingt Ihre Übersetzung auf **Vollständigkeit** – z. B. indem Sie mit dem Bleistift alle Wörter bzw. jede Wortgruppe im lateinischen Text antippen, die Sie in Ihrer Übersetzung wiederfinden.

Interpretationsaufgabe

Die Interpretationsaufgabe enthält in der Regel **3–5 Teilaufgaben** folgender Art:
- **sprachlich-inhaltliche Auseinandersetzung** mit dem Übersetzungstext (z. B. formal-inhaltliche Gliederung, Darstellen des Argumentationsgangs, sprachlich-stilistische Analyse einschließlich Funktion und Deutung),
- **weitergehende Interpretation** einer oder mehrerer Textstellen (z. B. Definieren von Begriffen, Einordnung in den thematischen Rahmen, umfassende Deutung einer Textstelle),
- **Vergleich** mit einem anderen Autor/einer anderen Textstelle/einem anderen thematischen Zusammenhang,
- **Stellungnahme** und/oder **Aktualisierung**.

Bei Latein als neu einsetzender Fremdsprache haben Sie im Interpretationsteil evtl. die Möglichkeit, bei einer Teilaufgabe zwischen zwei Arten zu wählen. Zusätzliche Zeit wird dafür jedoch nicht gegeben.

4 Bewertung

Die **Noten** für die Übersetzungsleistung und die Interpretationsleistung gehen im **Verhältnis 2 : 1** in die Gesamtwertung ein.
- Für die **Übersetzung** gilt, dass die Note „ausreichend" (5 Punkte) erteilt wird, wenn bezogen auf je 100 Wörter des lateinischen Textes nicht mehr als 10 ganze Fehler vorliegen. Die Note „ungenügend" (0 Punkte) wird bei mehr als 20 Fehlern pro 100 Wörter erteilt.
- Für die **Interpretationsaufgabe** gilt, dass die Note „ausreichend" (5 Punkte) erteilt wird, wenn annähernd die Hälfte (mindestens 45 %) der Gesamtleistung erbracht worden ist. Die Note „gut" (11 Punkte) wird bei Erreichen von annähernd 4/5 der Gesamtleistung (mindestens 75 %) erteilt. Die Noten oberhalb und unterhalb dieser Schwellen werden den erreichten Punktzahlen annähernd linear zugeordnet.

In die Note für den Aufgabenteil „Interpretation" fließt außer den Punkten für die **inhaltliche Leistung**, die den einzelnen Aufgaben gemäß den Anforderungsbereichen zugeordnet werden, zu einem geringen Teil auch die Bewertung der **Darstellungsleistung** ein. Hierbei geht es um die deutsche Ausdrucksweise, das Belegen von Aussagen durch angemessenes und korrektes Zitieren und die Beachtung der fachsprachlichen Anforderungen.

5 Anforderungsbereiche und Arbeitsanweisungen

In der Abiturprüfung sind Leistungen in allen Anforderungsbereichen (AFB) nachzuweisen. Die Anforderungsbereiche stellen eine Steigerung von I bis III dar, wobei die Leistungen der niedrigeren Bereiche in den höheren eingeschlossen sind.

- Der **Anforderungsbereich I** umfasst die **Wiedergabe** von Kenntnissen und Sachverhalten aus einem abgegrenzten Gebiet sowie die Beschreibung und Verwendung von gelernten Arbeitstechniken.
- Der **Anforderungsbereich II** umfasst das **Anwenden** von Kenntnissen, d. h. selbstständiges Auswählen, Anordnen, Verarbeiten und Darstellen bekannter Sachverhalte und Übertragen auf vergleichbare neue Situationen.
- Der **Anforderungsbereich III** umfasst planmäßiges **Verarbeiten** komplexer Gegebenheiten, wobei geeignete Methoden selbstständig ausgewählt werden müssen. Ziel ist es, zu einer selbstständigen Lösung, Deutung, Wertung zu gelangen.

In der **Interpretationsaufgabe** werden – je nach Teilaufgabe – die Anforderungsbereiche I–III berücksichtigt, wobei der Schwerpunkt im Bereich II liegt.
Die **Übersetzungsaufgabe** ist so komplex, dass sie Leistungen in allen Anforderungsbereichen, besonders im Anforderungsbereich III, erfordert.

Es folgt eine Übersicht über die Arbeitsanweisungen (= **Operatoren**), die in den Interpretationsaufgaben der Abiturprüfung verwendet werden können (vgl. http://www.standardsicherung.nrw.de/abitur-gost/fach.php?fach=4). Die Definitionen werden hier z. T. näher erläutert, sodass Sie einen genaueren Bezug zu den Arbeitsanweisungen in den vorliegenden Übungs- und Prüfungsaufgaben herstellen können.

Operator	Erläuterung	Beispiel(e)
Nennen	Sie erkennen definierte Begriffe und geben diese präzise wieder. (AFB: I)	GK 15/1,4a
Benennen	Sie versehen Sachverhalte mit einem zugehörigen Begriff. (AFB: I–II)	GK 16 neu 1
Zusammenstellen	Sie sammeln Begriffe nach vorgegebenen oder selbst erarbeiteten Aspekten. (AFB: I–II)	GK 15 neu 1 LK 16/2,1; LK 16/2,4a;
Ordnen	Sie systematisieren Begriffe nach vorgegebenen oder selbst erarbeiteten Aspekten. (AFB: I–II)	GK 14 neu 1b
Beschreiben	Sie legen einen Sachverhalt / Zusammenhang in eigenen Worten dar. (AFB: I–II)	LK 14/2,1

Operator	Erläuterung	Beispiel(e)
Darstellen	Sie geben einen Sachverhalt bzw. Zusammenhang strukturiert wieder. (AFB: I–II)	Ü 1, 3; GK 14/1,4; LK 16/1,3a; GK 16/1,1; GK 16/1,4a; GK 16 neu 3a
Einordnen	Sie fügen einen Sachverhalt bzw. eine Aussage mit erläuternden Hinweisen in einen Zusammenhang ein. (AFB: I–II)	GK 14 neu 1b; GK 15 neu 3b; LK 16/2,3
Zusammenfassen	Sie geben wesentliche Aussagen komprimiert und strukturiert wieder. (AFB: I–II)	Ü 1, 4
Belegen	Sie weisen Behauptungen bzw. Aussagen, die vorgegeben oder selbst aufgestellt sind, durch Textstellen nach. (AFB: II)	
Erklären	Sie ordnen einen Sachverhalt in einen Zusammenhang (z. B. Regel, Modell, Kontext) ein, wobei Sie die inneren Beziehungen darlegen bzw. begründen. (AFB: II)	GK 15/2,4a
Gliedern	Sie teilen einen Text in Sinnabschnitte ein und formulieren eine jeweils zusammenfassende Überschrift; als Begründung führen Sie formale, sprachliche bzw. inhaltliche Gliederungskriterien an. (AFB: II)	Ü 3; GK 14/1,1; LK 14/1,1; GK 15/2,1; LK 15/2,1
Herausarbeiten	Sie erkennen einen bestimmten Sachverhalt in vorliegenden Textaussagen und stellen diesen dar. (AFB: II)	Ü 2, 4, 5; GK 14/1,2a; GK 14/2,1a; GK 14 neu 1a; LK 14/2,2; GK 15/1,3; LK 15/2,3; GK 16/1,3; GK 16/2,3
Charakterisieren	Sie beschreiben Sachverhalte und Personen in ihren Eigenarten und führen diese Merkmale unter einem bestimmten Aspekt zusammen, der sich aus dem Text ergibt. (AFB: II)	Ü 4; LK 15/1,4a
Paraphrasieren/ Paraphrase geben	Sie geben den Textinhalt mit eigenen Worten wieder, wobei die Informationsreihenfolge beizubehalten ist. (AFB: II)	LK 14/2,1; GK 15/1,1; LK 15/1,1
Metrisch analysieren	Sie stellen einen Vers mit Zeichen für kurze und lange Silben sowie für Zäsuren dar. (AFB: II)	Ü 4; LK 14/1,2a; GK 15/2,2a; LK 15/2,2a; LK 16/1,2a; GK 16/2,2a

Operator	Erläuterung	Beispiel(e)
Erläutern	Vergleichbar mit „Erklären", aber Sie verdeutlichen die Einordnung eines Sachverhalts in einen Zusammenhang durch weitere Informationen wie Beispiele, Belege, Begründungen. (AFB: II–III)	Ü 1, 2, 3, 4; GK 14/2,1b; LK 14/1,2c; LK 14/1,3; GK 15/1,4b; LK 15/1,4b; LK 15/2,4; LK 16/1,2c; LK 16/1,3b; LK 16/2,4b; GK 16/2,2c; GK 16 neu 3b
Begründen	Sie führen nachvollziehbare Argumente für einen Sachverhalt bzw. eine Aussage an. (AFB: II–III)	LK 14/2,2c
Deuten	Sie machen eine Textaussage durch Verknüpfung einer Textstelle mit außertextlichem Bezugsmaterial (z. B. einem Sprichwort, Lebensumständen des Autors, historischem oder philosophischem Hintergrund) verständlich. (AFB: II–III)	
Nachweisen/Zeigen	Sie bestätigen einen Sachverhalt bzw. eine Aussage durch eigene Untersuchungen am Text. (AFB: II–III)	Ü 3; LK 14/2,3a; GK 15/2,3; GK 15 neu 3a; LK 15/1,3
Stellung nehmen/ Bewerten	Sie vertreten Ihre eigene, begründete Position unter Heranziehung von außertextlichen Kenntnissen (Autor, Sachverhalt, Kontext). (AFB: II–III)	Ü 1, 2, 5; LK 14/1,4; GK 15/2,4b; LK 15/1,4c; GK 16/1,4b
Untersuchen/ Analysieren	Sie arbeiten Merkmale eines Textes (sprachliche, inhaltliche und/oder strukturelle) unter einer gezielten Fragestellung und deren Darstellung im Zusammenhang heraus. (AFB: II–III)	Ü 1, 3; GK 14/1,3b; GK 14/2,2b; GK 14 neu 2; LK 14/1,2c.3b.4; GK 15/1,2; GK 15/2,2b; GK 15 neu 2; LK 15/1,2; LK 15/2,2b; LK 16/1,2b; LK 16/2,2; GK 16/1,2; GK 16/2,2b; GK 16/2,4; GK 16 neu 2

Operator	Erläuterung	Beispiel(e)
Vergleichen	Sie ermitteln Gemeinsamkeiten, Ähnlichkeiten, Unterschiede nach vorgegebenen oder selbst gewählten Aspekten (Zitat einer anderen Textstelle, Werk, Autoren, philosophische Richtung ...) und stellen diese dar. (AFB: II–III)	Ü 4, 5; GK 14 neu 3; LK 14/2,4
Erörtern	Sie untersuchen eine These bzw. Problemstellung durch Gegenüberstellung von Argumenten sowie Gegenargumenten und bewerten diese mit einer begründeten Stellungnahme. (AFB: III)	GK 14/2,2; LK 14/2,4
Interpretieren	Sie erarbeiten selbstständig die Gesamtdeutung eines Textes oder Textteils mit dem Ziel einer nachvollziehbaren Darlegung des Textverständnisses; dabei sind textimmanente, evtl. auch textexterne Elemente angemessen nach selbst gewählten Methoden zu deuten; ferner ist das Zusammenwirken von Inhalt und Form zu analysieren, zu deuten und zu werten. (AFB: III)	

6 Allgemeine Tipps zur schriftlichen Prüfung

Während der 30-minütigen Auswahlzeit bei Latein als fortgeführter Fremdsprache sollten Sie nicht versuchen, beide Texte „auszuprobieren". Überlegen Sie vielmehr gezielt, welche Aufgabe (d. h. welcher Autor) Ihnen mehr zusagt. Dabei ist es sinnvoll, den Text, den Sie beim Vorlesen durch die Lehrkraft schon gehört haben, noch einmal durchzulesen, auch Textart und Thema (soweit auf den ersten Blick ersichtlich) mitzuberücksichtigen und einen Blick auf die Interpretationsaufgaben zu werfen – z. B. auf die Teilaufgabe, die einen Vergleich mit einem anderen Autor oder Bezugsherstellung zu einem anderen thematischen Aspekt verlangt. Auf der Grundlage der behandelten Autoren und Themen sowie der Klausuren in der Qualifikationsphase und der Erfahrungen, die Sie mit den Übungsaufgaben dieses Bandes gemacht haben, sollten Sie die Entscheidung zügig treffen können und sich dann auf die gewählte Aufgabe konzentrieren.

Übersetzung

- Markieren Sie sich während des Vorlesens des lateinischen Prüfungstextes Sinnabschnitte (Wortblöcke), Quantitäten und Hervorhebungen.
- Lesen Sie die dem Text vorangestellte **Einleitung bzw. Information**, durch die Sie den Autor, evtl. das Werk/die Textart oder auch das Thema erfahren. Es kann auch sein, dass die der Textstelle vorangehenden Gedanken zusammengefasst oder die unmittelbar vorangehenden Zeilen übersetzt sind, sodass ein inhaltlicher Zusammenhang hergestellt wird.

Tipp: Werfen Sie auch einen Blick auf die **Interpretationsaufgaben**. Manchmal werden Sie durch die Aufgabenstellung auf die inhaltliche oder funktionale Besonderheit einzelner Abschnitte hingewiesen und erhalten dadurch eine Hilfe für die Sinnerschließung bei der anschließenden Übersetzung.

- Lesen Sie den **ganzen Text** aufmerksam durch und verdeutlichen Sie sich optisch (z. B. durch Markieren, farbiges Kennzeichnen) wesentliche **Elemente der Syntax**: Prädikate, Haupt- und Gliedsätze, satzwertige Verbalkonstruktionen wie AcI, Participium coniunctum, Ablativus absolutus, Gerundium und Gerundivum – wobei zunächst nur die jeweiligen infiniten Verbformen zu kennzeichnen sind, die genauere Klärung gehört zur Übersetzungsarbeit.

    Achten Sie auf **Satzarten** (gibt es Fragesätze und/oder Aufforderungen?) und **Personenformen** (kommen die 1. und 2. Person und/oder Imperative vor?).

    Versuchen Sie, möglichst auch schon **autorenspezifische Text- bzw. Stilelemente** zu erkennen. Bei Seneca-Briefen z. B. ist dies besonders gut machbar (Kürze und Prägnanz der Sätze, Fragen/Einwände des fingierten Sprechers, präskriptive Elemente etc.). Aber auch Cicero-Texte lassen bei einiger Übung schon beim ersten Durchlesen typische Gliederungselemente bei Satzperioden sowie charakteristische Überleitungen/Floskeln und auffällige rhetorische Elemente erkennen.

    Denken Sie daran, dass bei poetischen Texten mit Hyperbata (oft auch über einen Vers hinweg) zu rechnen ist. Kennzeichnen Sie Zusammengehöriges durch Bögen, Pfeile oder andere grafische Zeichen. Längen und Kürzen der Silben bieten hier eine zusätzliche Hilfe, daher sollten Sie das Versmaß des Hexameters (z. B. Vergil) gut beherrschen.

- Machen Sie sich an die **Übersetzungsarbeit**. Gehen Sie **satzweise** vor unter Berücksichtigung der obigen Analyseergebnisse und der beigegebenen Übersetzungshilfen. Wortgruppen, die Sie beim Vorlesen des lateinischen Textes gehört und gekennzeichnet haben, sind Sinngruppen; übernehmen Sie diese im Zusammenhang. Ziehen Sie das Wörterbuch erst dann heran, wenn Sie sich ein möglichst genaues Verständnis des syntaktischen und inhaltlichen Satzzusammenhangs verschafft haben. Bei poetischen Texten müssen Sie mit besonderer dichterischer Wortwahl rechnen; beachten Sie daher die metaphorischen und/oder metonymischen Bedeutungen im Wörterbuch.

    Achten Sie immer auf den **Kontext** (was wird im vorhergehenden Satz bzw. im bisherigen Text gesagt?).

    Lassen Sie im Konzept Platz zwischen den Sätzen (für jeden Satz eine neue Zeile) und eine genügend große Lücke für Stellen, die Sie zunächst nicht verstehen.

    Tipp: Manchmal hilft eine in Gedankenstriche gesetzte grammatikalisch richtige bzw. möglichst wörtliche Übertragung der Wortgruppe.

- Das Ziel Ihrer Übersetzungsarbeit ist eine vollständige deutsche Wiedergabe, die dem Sinn des Textes gerecht wird, zudem an der Zielsprache orientiert ist – d. h. die Normen und Konventionen der deutschen Sprache beachtet – sowie die Intention des Autors und den historischen Hintergrund berücksichtigt.

Interpretationsaufgabe

Achten Sie beim Bearbeiten der Teilaufgaben der Interpretation genau auf die Formulierung der Arbeitsanweisung und auf die Angabe der jeweiligen Textstelle, um die es geht. Eine Untergliederung einzelner Aufgaben ist möglich.

- Die erste Aufgabe umfasst in der Regel den **ganzen Text** (z. B. formal-inhaltliche Gliederung, Wiedergabe der Argumentation, Anführen von zentralen Begriffen, Kerngedanken etc.), wobei Belege durch das Zitieren von Textstellen erforderlich sind.
- Die zweite Aufgabe kann die **sprachlich-stilistische Analyse** einer Textstelle und ihre Deutung im Kontext beinhalten.
- Die dritte Aufgabe kann über den vorliegenden Text hinausgehen und die **Einordnung** und **Deutung in einem größeren Zusammenhang** verlangen.
- Die vierte Aufgabe fordert durch **Vergleich** o. Ä. den Bezug zu einem weiteren thematischen Schwerpunkt und evtl. eine eigene Stellungnahme.
- Letztgenannte kann im Leistungskurs auch in Form einer **Aktualisierung** in die fünfte Aufgabe eingehen.

Grundsätzlich gilt:

- Bei Bezug auf den vorliegenden Text ist immer die **Zeilenangabe**, je nach Aufgabe auch das **Zitieren der lateinischen Textstelle** notwendig.
- **Rhetorische Stilmittel** sind nicht nur zu benennen und zu analysieren, sondern auch immer im Textzusammenhang in ihrer Funktion zu **deuten** und in ihrer Wirkung zu **werten**.

Bei den Interpretationsaufgaben, die sich auf den Vergleich mit einem anderen Autor bzw. einem anderen thematischen Schwerpunkt beziehen, bietet es sich manchmal an, dass Sie **zentrale lateinische Kernstellen** aus im Unterricht behandelten Texten **zitieren**. Darauf wird im vorliegenden Buch in den jeweiligen Tipps zur Aufgabenlösung hingewiesen. In den Lösungsvorschlägen finden Sie zu den lateinischen Zitaten oft die genaue Stellenangabe. Dies soll Ihnen helfen, im Rahmen Ihrer Abiturvorbereitung das betreffende Zitat nachzuschlagen und dabei den größeren Zusammenhang zu wiederholen. In der Prüfung wird jedoch nicht erwartet, dass Sie die genaue Fundstelle bezeichnen können.

Nordrhein-Westfalen – Latein Grundkurs
Übungsaufgabe 1

Text

Zu den vorbildhaften Persönlichkeiten, die der Geschichtsschreiber Livius in seinem Werk **Ab urbe condita** *auftreten lässt, gehört auch der Diktator M. Furius Camillus, der Eroberer der etruskischen Städte Veji (396 v. Chr.) sowie Falerii (394) und Befreier der Stadt Rom von den Galliern, die Rom sechs Monate belagert und mit Ausnahme der Burg und des Kapitols zerstört hatten (390). Als die Volkstribunen nach der Vertreibung der Gallier den Vorschlag machen, die Bürger sollten die Stadt Rom, die in Trümmern liege, verlassen und nach Veji übersiedeln, hält Camillus vor der Volksversammlung eine Gegenrede, aus der der folgende Textausschnitt stammt:*

„Non sine causa di hominesque hunc urbi condendae locum elegerunt: saluberrimos colles, flumen opportunum, quo ex mediterraneis locis fruges devehantur, quo maritimi commeatus accipiantur, mare vicinum ad commoditates nec expositum nimia propinquitate ad pericula classium externarum, regionem Italiae mediam – ad
5 incrementum urbis natum unice locum.
Argumentum est ipsa magnitudo tam novae urbis. Trecentesimus sexagesimus quintus annus urbis, Quirites, agitur; inter tot veterrimos populos tam diu bella geritis, cum interea, ne singulas loquar urbes, non coniuncti cum Aequis Volsci, tot tam valida oppida, non universa Etruria tantum terra marique pollens atque inter duo
10 maria latitudinem obtinens Italiae bello vobis par est.
Quod cum ita sit, quae, malum, ratio est haec expertis alia experiri, cum, iam ut virtus vestra transire alio possit, fortuna certe loci huius transferri non possit?
Hic Capitolium est, ubi quondam capite humano invento responsum est eo loco caput rerum summamque imperii fore ..."

(132 Wörter, unter Abzug der übersetzten Stelle in Z. 11)

Übersetzungshilfen

Z. 3	vicinus, -a, -um ad	nahe genug für
Z. 4	regionem Italiae mediam	eine Gegend in der Mitte Italiens
Z. 5	unice (*Adv. zu* natum)	in einzigartiger Weise
	locum	*Apposition zu* regionem
Z. 7	inter	*hier:* inmitten
Z. 8	cum interea	während hingegen / während doch
	ne ... loquar	um nicht ... zu nennen
	coniuncti cum Aequis Volsci	die mit den Aequern verbündeten Volsker *(beide latinische Gegner der frühen Römer)*
Z. 8/9	non ... non	= neque ... neque
	tot ... oppida	*Apposition zu* Volsci (Z. 8)
Z. 9	pollere, polleo	vermögen / Geltung besitzen
Z. 10	par est	*Prädikat zu* Etruria (Z. 9) *und zu* Volsci (Z. 8)

Z. 11	*Quod ... experiri ...*		Wenn die Dinge nun so liegen, welchen Grund, zum Henker, habt ihr, die ihr dieses erprobt habt, anderes zu erproben ...
	cum		da doch
	iam ut *mit potenzialem Konjunktiv*		selbst wenn
Z. 13	quondam ... invento		*der Sage nach fand man bei der Grundsteinlegung des Jupitertempels in der Erde das Haupt eines Menschen*
	respondere		*hier:* deuten/auslegen

Aufgabenstellung

I. Übersetzen Sie den lateinischen Text ins Deutsche.

II. Bearbeiten Sie die folgenden Interpretationsaufgaben:

1. Stellen Sie den Argumentationsgang der Rede dar und fassen Sie die jeweiligen Aussagen zusammen.

2. Untersuchen Sie, mit welchen sprachlich-stilistischen Mitteln der Redner Camillus in den Zeilen 1–10 seine Ausführungen unterstützt, und erläutern Sie deren Funktion im Kontext.

3. Erläutern Sie anhand der Textaussagen in den Zeilen 1 und 12–14 das Götterbild, das Livius hier zeichnet, und weisen Sie nach, dass der Autor in der Tradition der Romidee steht.

4. Camillus behauptet: *iam ut virtus vestra transire alio possit, fortuna certe loci huius transferri non possit* (Z. 11/12). Bewerten Sie diese Aussage aus der Perspektive eines Stoikers.

Lösungsvorschläge

Textstelle: Livius, Ab urbe condita 5, 54, 4–7
Inhaltliche Schwerpunkte:
- Römisches Staatsdenken
  - Rom in der Auseinandersetzung mit fremden Völkern
  - Römische Werte
  - Romidee und Romkritik
- Römisches Philosophieren
  - Gottes-/Göttervorstellungen
  - Grundbegriffe stoischer und epikureischer Philosophie
- Römische Rhetorik
  - Gattungsspezifische Merkmale der Textsorte Rede

Medien/Materialien:
- Livius, Ab urbe condita *(Auswahl aus der ersten und dritten Dekade)*
- Seneca, Epistulae morales ad Lucilium *(Auswahl)*

I. Übersetzung

Der Text besteht neben wenigen kurzen Sätzen vorwiegend aus längeren Perioden, die dank paralleler Satzstrukturen mithilfe einer genauen Satzanalyse unter Beachtung der entsprechenden Übersetzungshilfen bewältigt werden können. Sie sollten beim ersten Durcharbeiten des Textes auch schon Hyperbata kennzeichnen sowie einen Blick auf die Satzanfänge werfen und diese im Hinblick auf die Interpretation (vgl. II 1) visuell hervorheben. (Anforderungsbereich III)

„Nicht ohne Grund haben Götter und Menschen diesen Platz für die Gründung der Stadt ausgewählt: der Gesundheit äußerst dienliche Hügel, einen günstig gelegenen Fluss, auf dem die Feldfrüchte aus dem Binnenland *(wörtl. Pl.:* aus den binnenländischen Orten*)* herbeigeschafft werden, auf dem die Einfuhren über das Meer in Empfang genommen werden, das Meer, nahe genug für Annehmlichkeiten, aber nicht durch allzu große Nähe den Gefahren durch ausländische Flotten ausgesetzt, eine Gegend in der Mitte Italiens – einen Ort, der in einzigartiger Weise für das Wachstum der Stadt geschaffen ist.
Ein Beweis dafür ist gerade die Größe dieser so neuen Stadt. Das 365. Jahr der Stadt, Quiriten, wird begangen; inmitten so vieler uralter Völker führt ihr (schon) so lange Krieg *(Sg. statt Pl.)*, während doch, um nicht einzelne Städte zu nennen, weder die mit den Aequern verbundenen Volsker – so viele so mächtige Städte – noch das gesamte Etrurien, das so viel zu Lande und zu Wasser vermag und zwischen zwei Meeren die (ganze) Breite Italiens einnimmt, euch im Krieg gewachsen sind.

Wenn die Dinge nun so liegen, welchen Grund, zum Henker, habt ihr, die ihr dieses erprobt habt, anderes zu erproben, da doch, selbst wenn eure Tapferkeit anderswohin übergehen könnte, das Glück dieses Ortes sicherlich nicht übertragen werden kann? Hier ist das Kapitol, wo, als man einst ein Menschenhaupt gefunden hatte, gedeutet worden ist, an dieser Stelle werde die Hauptstadt der Welt und das Zentrum der Macht sein ..."

II. Interpretationsaufgaben

1. *Bei der Bearbeitung dieser Aufgabe ist darauf zu achten, dass der Redeverlauf genau nachvollzogen wird. Verdeutlichen Sie, dass die Argumentation durch formale Kriterien (textgliedernde Konnektoren am Satzanfang) und inhaltliche Aspekte (Sachbereiche) gestützt wird. Einzelne Textbelege und Zeilenangaben sind als Nachweis erforderlich. Die Wiedergabe der Argumentation und die Zusammenfassung der Aussagen sollen in einem Schritt erfolgen.*

(Anforderungsbereich I–II)

Camillus will mit seiner Rede erreichen, dass die römischen Bürger in der Volksversammlung **gegen den Vorschlag** der Volkstribunen stimmen, **Rom zu verlassen** und nach Veji überzusiedeln. Hierzu führt er einen zentralen Aspekt an, den er aus verschiedenen Blickwinkeln beleuchtet: Er stellt die Behauptung auf, dass der **Platz für die Stadt Rom** einst bewusst von Göttern und Menschen **ausgesucht** worden ist. Diese Behauptung wird eingeführt mit dem betonten Adverbiale *non sine causa* (Z. 1) am Satzanfang und fortgesetzt mit *di hominesque hunc ... locum elegerunt*. Die Z. 2–5 enthalten eine Auflistung von naturräumlichen Angaben, die den **Gründungsplatz Roms positiv bewerten** und damit die obige Aussage bestätigen.
In den Z. 6–10 wird der Beweis für die Behauptung erbracht, dass der Platz besondere Eignung für das **Wachsen der Stadt** besitze (*ad incrementum urbis natum unice locum*, Z. 4/5). Dieser Beweis wird mit dem zweiteiligen Prädikat, bestehend aus dem Prädikatsnomen *argumentum* und der Kopula *est*, eingeleitet, dann folgt das Subjekt *ipsa magnitudo ... urbis* am betonten Schluss (Z. 6). Als Bestätigung führt Camillus die schon **langjährige Existenz Roms** an und nennt die Kriegsgegner (Z. 8/9), die von Rom besiegt worden sind.
Mit der Wendung *quod cum ita sit* (Z. 11) fasst der Redner alle Aspekte zusammen und **appelliert** an die **Vernunft der Zuhörer**, indem er ihnen klarmacht, dass sie doch gar keinen Grund hätten, den Platz, an dem sie nur positive Erfahrungen gemacht hätten, gegen einen anderen auszutauschen (*quae ... ratio est haec expertis alia experiri*, Z. 11). Hier wird Camillus sehr **emotional**, was außer an der rhetorischen Frage auch an dem empörten Ausruf *malum* – „zum Henker" – deutlich erkennbar ist. Er begründet seine Einstellung mit der Behauptung, dass das Glück Roms und damit das der Bürger an diesen Platz gebunden sei (*fortuna certe loci huius transferri non possit*, Z. 12).

In Z. 13 wird mit dem Lokaladverb *hic* der Beweis für die Richtigkeit dieser Behauptung eingeleitet: Aus dem Fund eines Menschenkopfes auf dem **Kapitolshügel** (vgl. die Übersetzungshilfe), der durch den Jupitertempel das religiöse Zentrum Roms wurde, deutete man nach Camillus' Worten, dass hier auch das **Zentrum der Welt** sein werde (*eo loco caput rerum summamque imperii fore*, Z. 13/14).

2. *Da es sich bei dem vorliegenden Text um eine Rede handelt, lassen sich zahlreiche rhetorische Elemente finden. Diese sind zu benennen sowie zu beschreiben. Ferner ist zu verdeutlichen, wie es dem Redner (respektive dem Verfasser Livius!) durch deren Verwendung gelingt, sein Anliegen wirkungsvoll zu unterstützen. Die inhaltlichen Aspekte, die bei der Bearbeitung der Aufgabe 1 nur kurz angesprochen werden mussten, spielen jetzt hinsichtlich der Deutung der Funktion von sprachlich-stilistischen Merkmalen eine wichtige Rolle.*

(Anforderungsbereich II)

Camillus stellt sich deutlich gegen den Plan der Übersiedlung der Römer nach Veji, da dieses bedeuten würde, dass man den besonderen Platz Rom, der einst bewusst von Göttern und Menschen ausgewählt worden ist (*non sine causa di hominesque hunc urbi condendae locum elegerunt*, Z. 1), aufgäbe.

Die Besonderheit dieses Platzes wird durch die **Wahl des Pronomens** *hunc*, das die Nähe zum Sprecher und damit das emotionale Engagement des Camillus andeutet, und durch das **Hyperbaton** *hunc ... locum* (Z. 1) hervorgehoben, das die gleichsam schützende Qualität der Umgebung bei der Gründung der Stadt – *urbi condendae* – zum Ausdruck bringt (**abbildende Wortstellung**). An **betonter Anfangsstelle** findet sich die adverbiale Bestimmung *non sine causa*, die zudem durch die **Litotes** besonders pointiert klingt.

Der Zuhörer bzw. Leser erwartet jetzt die Nennung von Gründen zur damaligen Ortswahl für die Stadtgründung und wird darin nicht enttäuscht, da in den Z. 1b–5 vier hervorragende naturräumliche Bedingungen, die die Lage Roms bestimmen, ausführlich dargestellt werden. Die **asyndetische Auflistung** *colles, flumen, mare, regionem Italiae mediam* ist eine Apposition zu *locum* (Z. 1) und beinhaltet eine Erklärung für die Besonderheit des Gründungsplatzes. Dadurch, dass jede Angabe durch ein oder mehrere Attribute erweitert wird, erhalten die Begriffe eine besondere Wertung: Die Hügel, gemeint sind die sieben Hügel Roms, bekommen den Zusatz *saluberrimos* (Z. 1), wobei der Aspekt Gesundheit durch den **Elativ** noch eine Steigerung erfährt. (***Zusatz:*** Dass die Gegend des späteren Forum Romanum zunächst ein ungesundes sumpfiges Gelände war und erst unter dem König Tarquinius Priscus durch den Bau der *Cloaca maxima* entwässert wurde, ist durch Livius bekannt! Aus archäologischen Forschungen weiß man, dass zuerst nur die Hügel besiedelt wurden.)

Der Fluss, gemeint ist der Tiber, wird nicht nur durch das Attribut *opportunum* gekennzeichnet – wobei durch den **Chiasmus** *saluberrimos colles, flumen* *opportunum* (Z. 1/2) die positiv konnotierten Adjektive sich jeweils an den betonten Außenstellen finden –, sondern wird auch in seiner günstigen Lage durch zwei Attributsätze bestätigt. Die **Anapher** *quo* (Z. 2) leitet diese Attributsätze ein, die in einer von der Wortwahl her **parallelen Gegenüberstellung** die Funktion eines langen Flusses, der ins Meer mündet, verdeutlichen: Warentransport aus dem Landesinnern in die Stadt – Empfang der Waren, die auf dem Seeweg im Hafen angekommen sind (*ex mediterraneis locis fruges devehantur – maritimi commeatus accipiantur*, Z. 2/3).

Auch das Meer erhält zwei Attribute, die seine räumliche Lage zur Stadt charakterisieren: Es ist nahe genug, um seine Annehmlichkeiten zu erfahren (*vicinum ad commoditates*, Z. 3), aber andererseits so weit von der Stadt entfernt, dass man nicht dem Risiko des Einfalls ausländischer Flotten ausgesetzt ist (*nec expositum ... ad pericula classium externarum*, Z. 3/4). Das Attribut *nec expositum*, das durch die adverbiale Bestimmung *nimia propinquitate* (Z. 4) erläutert wird, steht in **Antithese** zu *vicinum*. Die Nähe des Meeres wird dadurch relativiert – sie wird aus zwei Blickrichtungen gesehen.

Größe und Bestand setzt Camillus mit kriegerischer Macht gleich, da in den Z. 7–10 die Vormachtstellung Roms gegenüber den Nachbarn, die alle Rom militärisch nicht gewachsen sind, deutlich wird. Auffällig sind hier die **Anaphern** *tot* und *tam* (Z. 7, 8/9) – in Z. 8/9 verbunden mit einer **Alliteration** (*tot tam*) – und **synonym** zu *tot* das Adverb *tantum* in **Alliteration** mit *terra* (Z. 9), die die Leistung der Römer inmitten solch herausragender Nachbarvölker als besonders großartig werten.

Durch die persönliche **Anrede** *Quirites* (Z. 7) sowie in der Wendung *non ... bello vobis par* (Z. 9/10) gelingt es dem Redner, die Bürger direkt anzusprechen und an ihren Stolz sowie an ihre Vernunft zu appellieren.

3. *Die Aufgabenstellung weist auf einen inhaltlichen Zusammenhang zwischen den Z. 1 und 12–14 hin. Diesen sollten Sie deutlich machen und mit lateinischen Begriffen belegen, wobei das Augenmerk auf die Rolle der Götter bei der Gründung Roms zu legen ist.*
Ferner sollen Sie die Textstelle unter dem Aspekt der Romidee betrachten. Dazu ist zunächst kurz zu bezeichnen, was unter der Romidee zu verstehen ist, anschließend wird die Bestätigung durch Untersuchung am Text erwartet, die das Nennen lateinischer Zitate mit einbezieht. (*Anforderungsbereich II–III*)

Da es in der Camillus-Rede darum geht, den **Platz Rom beizubehalten**, spielt der Begriff *locus* eine zentrale Rolle.
Dieser findet sich in Z. 1 als Objekt zu *elegerunt* in der Wendung *hunc urbi condendae locum* und in Z. 12 mit dem Ausdruck *fortuna ... loci huius* wieder. Die Wahl des Pronomens *hic* an beiden Stellen und das Adverb *hic* in Z. 13 zeigt die enge emotionale Beziehung des Sprechers bzw. des Autors Livius zu der Stadt Rom.

Livius lässt durch den Redner Camillus betonen, dass die Stadt Rom nicht durch Zufall an ihrem jetzigen Platz entstanden ist (*non sine causa*, Z. 1). Götter und Menschen, sagt Livius, haben den Platz bewusst ausgesucht; die Wortwahl *elegerunt* unterstreicht das **planvolle Handeln**. Da Götter und Menschen hier als Handelnde auf die gleiche Stufe gestellt werden (*di hominesque*, Z. 1), wird deutlich, dass der **Platz Roms** etwas Besonderes ist: Er ist **heilig**, da er von den Göttern bestimmt ist. Die Rolle der Götter ist hier im übertragenen Sinne zu deuten: Sie haben die Menschen bei der Auswahl des Gründungsplatzes für die Stadt Rom geleitet und auf diese Weise dafür gesorgt, dass ein in jeder Hinsicht begünstigter Ort ausgewählt wurde. Bestand und positive Entwicklung der Stadt zeigen, dass die Götter in der Folgezeit die Römer besonders unterstützt haben.

Diesem **positiven Walten der Götter** steht allerdings eine **Bedingung** gegenüber: Das Glück bzw. Schicksal der Stadt ist an den von den Göttern ausersehenen heiligen Ort gebunden; eine Ortsverlegung würde das bisherige Glück zunichtemachen, da man dieses mit Sicherheit (*fortuna certe loci huius transferri non possit*, Z. 12) nicht übertragen könne, meint Camillus/Livius, auch wenn die tapfere Haltung der Bewohner (*virtus vestra*, Z. 12) weiter bestehen würde. Damit betont Livius, dass die **Römer** in ihrem Tun letztlich auf die **Unterstützung der Götter** angewiesen sind.

Das besondere Verhältnis Götter – Römer gipfelt in der **Romidee**: Wie Vergil in der *Aeneis*, wo die Entwicklung und Herrschaftsstellung Roms als Teil eines sinnvollen göttlichen Plans gesehen wird, bringt Livius den **Weltherrschaftsanspruch Roms** in seinem Geschichtswerk zum Ausdruck (z. B. Liv. 1,16). In den Z. 13/14 des vorliegenden Textes macht Livius deutlich, dass die Bestimmung Roms als führende Macht (*caput rerum*) und Herrschaftszentrum (*summa imperii*) ortsgebunden ist (*eo loco ... fore*). Dass es sich dabei um göttliche Bestimmung handelt, lässt sich aus der religiösen Deutung eines Zeichens entnehmen (*capite humano invento responsum est*, Z. 13): Das Kapitol als religiöser Mittelpunkt Roms gilt auch als Zentrum der Welt; durch das Wortspiel *Capitolium – capite humano – caput rerum* wird dieser Aspekt hervorgehoben. Die Begriffe *caput rerum* und *summa imperii* lassen sich anhand des Wörterbuchs abgrenzen, wobei deutlich wird, dass beide metaphorisch gebraucht und letztlich synonym sind: Beide betonen die **Vormachtstellung Roms** in der Welt.

4. *Gegenstand der Aufgabe ist der Vergleich von Camillus' Position, die im genannten Zitat deutlich wird, mit der Haltung der Stoa. Sie sollen hierbei unter Heranziehen Ihrer Kenntnisse über die Stoa eine begründete Position zur Aussage des Camillus vertreten. Die zentralen Begriffe sind hier* virtus *und* fortuna, *anhand derer das jeweilige Verständnis entwickelt werden sollte.*
(Anforderungsbereich II–III)

Da alle Menschen überall auf der Welt gleichermaßen am **göttlichen *logos*** teilhaben, kann der stoische *sapiens* auch überall gemäß seiner Natur leben *(secundum naturam vivere)* und dort die *virtus* realisieren. Diese Auffassung ist die **Grundlage des stoischen Kosmopolitismus**. Aus dieser Perspektive dürfte es im vorliegenden Fall keine Rolle spielen, an welcher Stelle die Römer leben. Camillus' Aussage, dass die *virtus* eines Menschen auch anderswo zum Tragen kommt *(virtus vestra transire alio possit,* Z. 12), entspricht dabei durchaus der **stoischen Vorstellung**. Zwar versteht Camillus hier unter *virtus* eher die praktische Tatkraft als den Besitz des philosophischen *summum bonum*, aber dennoch handelt es sich in beiden Fällen um einen hohen, positiv besetzten Wertbegriff.

Ähnlich verhält es sich beim zweiten zentralen Begriff des Textes, der auch in der Stoa eine Rolle spielt. Unter *fortuna* versteht der Stoiker den „zufälligen Schicksalsschlag", der eine Verbesserung oder Verschlechterung der Lebensumstände bewirkt. Allerdings lässt sich der *sapiens* davon nicht aus dem Gleichgewicht bringen *(apatheia)*. Er weiß, dass solche Ereignisse auch zum *fatum*, zur göttlichen Vorsehung, gehören und gewissermaßen für den *sapiens* als Prüfstein fungieren, ob er auf dem richtigen Weg zur *virtus* voranschreitet.

Camillus verwendet den Begriff *fortuna* hier zunächst in einem anderen Kontext. Er meint „Glück" im landläufigen Sinn als glückliche Umstände oder als einen glücklichen Ausgang. Er glaubt, dass der äußere Erfolg Roms an den Entstehungsort geknüpft ist. Aber die damit verbundene Zuversicht, auch die erfahrene Katastrophe des Galliereinfalls könne die Entfaltung der römischen Tugend nicht verhindern, erinnert wiederum an die **stoische Unerschütterlichkeit**. Auch wenn Camillus sicherlich nicht als stoischer Weiser einzustufen ist, zeigt seine Haltung eine Weitsicht, wie sie nach der Auffassung eines antiken Geschichtsschreibers führenden Persönlichkeiten zu eigen ist.

Nordrhein-Westfalen – Latein Grundkurs
Übungsaufgabe 2

Text

Publius Sestius hat sich als Volkstribun zusammen mit seinem Kollegen Titus Milo 57 v. Chr. vehement für die Aufhebung von Ciceros Exil eingesetzt. Dabei kam es zu Konflikten und Prügeleien mit den Banden des P. Clodius Pulcher, der als Volkstribun 58 v. Chr. Ciceros Exilierung durchgesetzt hatte. Aus Rache klagten ihn 56 v. Chr. die Gefolgsleute Pulchers wegen Gewaltanwendung im Amt an. Aus Dankbarkeit für seine Rückkehr hat Cicero die Verteidigung übernommen. Der Ankläger hat in seiner Rede Sestius die Verbindung mit der „Optimatensippschaft" (natio optimatium) vorgeworfen und so versucht, ihm staatsschädigende Motive zugunsten seiner Partei zu unterstellen. Darauf reagiert Cicero folgendermaßen:

Omnes optimates sunt, qui neque nocentes sunt nec natura improbi nec furiosi nec malis domesticis impediti. esto igitur, ut ii sint, quam tu „nationem" appellavisti, qui et integri sunt et sani et bene de rebus domesticis constituti. Horum, qui voluntati, commodis, opinionibus in gubernanda re publica serviunt, defensores optimatium
5 ipsique optimates gravissimi et clarissimi cives numerantur et principes civitatis. quid est igitur propositum his rei publicae gubernatoribus, quod intueri et quo cursum suum derigere debeant? Id, quod est praestantissimum maximeque optabile omnibus sanis et bonis et beatis, cum dignitate otium. hoc qui volunt, omnes optimates, qui efficiunt, summi viri et conservatores civitatis putantur; neque enim rerum
10 gerendarum dignitate homines efferri ita convenit, ut otio non prospiciant, neque ullum amplexari otium, quod abhorreat a dignitate.

(124 Wörter)

Übersetzungshilfen

Z. 2	impeditus, -a, -um	*hier:* verstrickt
	esto …, ut	daraus folgt, dass
	sint	*Subjekt:* optimates
Z. 3	bene … constitutus, -a, -um	in guter, gefestigter Verfassung
	de	*hier:* hinsichtlich
	horum (ii), qui …	horum *bezogen auf* ii (Z. 2)
Z. 3/4	voluntati, commodis, opinionibus	*gemeint ist „der Allgemeinheit"*
Z. 6	propositum, -i n.	Ziel, Vorsatz
Z. 9/10	res gerere	Taten vollbringen (für das Gemeinwesen)
Z. 10	efferri	sich hinreißen lassen
	convenit	man stimmt darin überein

Aufgabenstellung

I. Übersetzen Sie den lateinischen Text ins Deutsche.

II. Bearbeiten Sie die folgenden Interpretationsaufgaben.

1. Arbeiten Sie Ciceros Vorstellung der *optimates* anhand charakteristischer lateinischer Begriffe und der sprachlich-stilistischen Umsetzung heraus.

2. Erläutern Sie, inwiefern die Definition der Optimaten stimmig mit der des *orator perfectus* in Ciceros rhetorischen Schriften ist.

3. Beziehen Sie aus Sicht eines Stoikers und aus Sicht eines Epikureers Stellung zu Ciceros Vorstellungen.

Lösungsvorschläge

Textstelle: Cicero, Pro Sestio 97b f.
Inhaltliche Schwerpunkte:
- Römisches Philosophieren
  - Sinnfragen des Lebens
- Römisches Staatsdenken
  - Res publica *und Prinzipat*
Medien/Materialien:
- Auswahl aus Seneca, Epistulae morales ad Lucilium

I. Übersetzung

Bedenken Sie, dass es sich um eine Rede handelt, sodass daher insbesondere bei Cicero mit einer sehr dichten sprachlichen Gestaltung (z. B. Reihung von Ellipsen) zu rechnen ist. Da es sich um einen Text handelt, ini dem definiert wird, was die Optimaten sind, ist eben mit solchen definierenden Sätzen zu rechnen. Dies kommt besonders durch die Häufung von Demonstrativa (z. B. ii/horum*) und korrelierenden Relativpronomina zum Ausdruck. Die folgende Übersetzung versteht sich als Modell, andere Formulierungen sind durchaus möglich.*

(Anforderungsbereich III)

All diejenigen sind Optimaten, die weder schädlich sind, noch von Natur aus schlecht noch von Wahnsinn befallen noch in irgendwelche häusliche Übel verstrickt. Daraus folgt also, dass diejenigen, die du „Sippschaft" genannt hast, diejenigen sind, die sowohl rechtschaffen als auch geistig gesund und in guter, gefestigter Verfassung hinsichtlich ihrer häuslichen Angelegenheiten sind. Von diesen sind diejenigen, die in der Lenkung des Staates dem Willen, dem Wohlergehen und der Meinung der Allgemeinheit dienen, die Verteidiger der Optimaten und sie selbst werden als Optimaten zu den wichtigsten und ruhmvollsten Bürgern gezählt, und daher zu den Führern der Gemeinschaft der Bürger. Was ist nun das Ziel für diese Lenker des Staates, das sie ins Auge fassen müssen und wonach sie ihren Kurs richten müssen? Genau das, was das Herausragendste und das am meisten Wünschenswerte für alle geistig Gesunden, Guten und Glücklichen ist: Muße gepaart mit Würde. Diejenigen, die dies wollen, werden alle für Optimaten, diejenigen, die dies bewirken, für die besten Männer und Bewahrer der Gemeinschaft der Bürger gehalten; denn man stimmt darin überein, dass die Menschen sich durch die Würde, Taten für die Gemeinschaft zu vollbringen, nicht so weit hinreißen lassen, dass sie sich nicht um ihre Muße kümmern, und dass sie ebenso wenig jede Form von Muße hoch schätzen, die von der Würde abweicht.

II. Interpretationsaufgaben

1. *Bedenken Sie bei dieser Aufgabenstellung, dass Sie die Kernaussagen des vorliegenden Textes in den wesentlichen Zügen strukturiert und in Ihren eigenen Worten anhand des (lateinischen) Textes darstellen sollen. Dabei handelt es sich weder um eine Inhaltsangabe noch um eine Paraphrase. Berücksichtigen Sie bei Ihren Ausführungen auch die Ausgangssituation Ciceros. Die folgende Bearbeitung erhebt nicht den Anspruch, die einzig mögliche Alternative zu sein, sondern soll der Orientierung dienen.* (Anforderungsbereich II)

Wichtig für Ciceros Vorstellung der Optimaten ist die Tatsache, dass Cicero vor folgendem Dilemma steht: Er muss zugestehen, dass P. Sestius einerseits als Volkstribun Ciceros Rückkehr betrieben hat und andererseits in den Interessen der *res publica* gehandelt hat. In der Diktion seiner Gegner habe sich P. Sestius so als Parteigänger der Optimaten gezeigt. Diesem Dilemma entzieht sich Cicero, indem er die Gruppe der Optimaten nicht parteipolitisch eingrenzt, sondern alle als **Optimaten** bezeichnet, die sich in den **Dienst der civitas Romana** stellen: Dies geschieht zunächst ex negativo, da er alle zu den Optimaten zählt, die nicht schädlich, nicht von Natur aus schlecht, nicht von schädlichen Affekten getrieben sind und nicht in katastrophalen Verhältnissen leben (*neque nocentes ... nec natura improbi nec furiosi nec malis domesticis impediti*, Z. 1/2). Er zieht daraus den geradezu logischen Schluss, dass alle moralisch Integren, alle geistig Gesunden und alle, die ihre häuslichen Verhältnisse in Ordnung halten (*integri ... et sani et bene de rebus domesticis constituti*, Z. 3), Optimaten sein müssen. Dies wird durch ein **Trikolon** einerseits und den **parallel** strukturierten Gegensatz andererseits hervorgehoben: Optimaten sind *integri*, weil sie für das Gemeinwesen nicht schädlich sind (*neque nocentes*, Z. 1), *sani*, weil sie nicht von Natur aus schlecht (*natura improbi*, Z. 1) und dem *furor* (gegen das Gemeinwesen) hingegeben sind, und weil sie ihre finanziellen Verhältnisse in Ordnung halten (und deswegen nicht den Staat plündern); demzufolge ist *sanus* gleichbedeutend mit *probus* und *modestus*. Innerhalb dieser Gruppe unterscheidet Cicero noch eine Elite, die der Öffentlichkeit (illustriert durch ein weiteres **Trikolon** der **personifizierten** *voluntas, commoda, opiniones*, Z. 3/4) in der Lenkung des Staates (*in gubernanda re publica*, vgl. Z. 4) dient, einmal mehr hervorgehoben durch ein **Trikolon**, die *defensores optimatium* (Z. 4), *gravissimi et clarissimi cives* (Z. 5) und daher *principes civitatis* (Z. 5). Das signifikante Kennzeichen dieser Gruppe ist die Zielsetzung ihres Handelns, die alle *sani* (s. o.), *boni* und *beati* verfolgen (erneut ein **Trikolon**): *cum dignitate otium* (Z. 8). Anhand dieses Kriteriums rechtfertigt er die eben genannte Unterscheidung innerhalb der Optimaten neu: Optimaten sind alle, die dieses Ziel verfolgen, und unter diesen zählen zu der Führungselite diejenigen, die es auch wirklich erreichen. Diese Definition ist wie der folgende Satz sehr dicht konzipiert: Der Satz ist **parallel** strukturiert, dem definierenden Relativsatz (*hoc qui volunt/qui efficiunt*, Z. 8/9), folgen die Bezugswörter in **Alliteration** und nach dem **Gesetz der wachsenden Glieder** (*omnes optimates/summi viri et conservatores* *civitatis*, Z. 8/9), sodass einmal mehr ein **Trikolon** erkennbar ist. Dieser Eindruck entsteht vor allem dadurch, dass der sinnvolle Zusammenhang erst durch das Prädikat in der **Schlussstellung** klar wird und dadurch ein **Spannungsbogen** erzeugt wird. Den Begriff des „Optimaten" definiert Cicero abschließend so, dass es für diesen ein Gleichgewicht zwischen der Würde, die sich durch die aktive Tat in der Lenkung des Staates ergibt, und der Muße geben muss. Sprachlich-stilistisch scheint das Gleichgewicht geradezu durch die **Parallelität** illustriert: zunächst der AcI (*neque enim rerum gerendarum dignitate homines efferri ita/neque ullum amplexari otium*, Z. 9–11) und dann der Nebensatz (*ut otio non prospiciant/quod abhorreat a dignitate*, Z. 10/11). Die Parallelität der beiden Blöcke fällt besonders deswegen auf, weil sie einerseits durch die Negationen verbunden werden, andererseits die Parallele durch das Prädikat durchbrochen und durch die unterschiedlichen Nebensätze **variiert** wird.

2. *Günstig ist es, wenn Sie zuerst Ciceros Vorstellung des* orator perfectus *darlegen. Anschließend sollen Sie diese Vorstellung Ciceros in den Kontext der Definition der Optimaten einordnen und die bestehenden inneren Beziehungen anhand aussagekräftiger Beispiele aus dem lateinischen Text nachvollziehbar verdeutlichen.* (Anforderungsbereich II–III)

Der *orator perfectus* hat nach Ciceros *de oratore* (1, 30) in einer Rede ein großes Ziel, nämlich das Publikum von der eigenen Position zu überzeugen. Dies geschieht durch *probare* im Sinne von **sachlicher Argumentation**, *delectare* im Sinne von **emotionaler Beeinflussung** und *flectere* im Sinne von abschließender **Hinwendung zu den Ansichten des Redners**. So verfügt ein Redner nach *de oratore* (1, 30–34) über die (gefährliche) Waffe, Menschen in seinem Sinne manipulieren zu können. Um dem Missbrauch entgegenzuwirken, fordert Cicero als Ziel des *orator perfectus* die *salus rei publicae*, das Wohlergehen des Staates. Daher muss der Redner über eine größtmögliche **sittliche Integrität** verfügen, seine persönlichen Anliegen stets dem allgemeinen Wohl unterordnen. Diese *virtus*, über die er verfügen sollte, besteht auch darin, dass er sich seiner rhetorischen und geistigen Fähigkeiten voll bewusst ist, diese durch fortschreitende und fortgesetzte Bildungsarbeit schult und auch zielorientiert einsetzen kann.

Zieht man die hier vorgelegte **Definition der Optimaten** heran, kann ein *orator perfectus* in diesem Sinne nur der Gruppe der *optimates* angehören: Denn wenn diese, wie Cicero sie definiert, insgesamt sittlich integer sind und insbesondere ihre Elite dadurch gekennzeichnet ist, dass sie *voluntati, commodis, opinionibus in gubernanda re publica serviunt*, können sie all dem verantwortungsbewusst nur dann nachkommen, wenn sie *oratores perfecti* sind. Dieser Zusammenhang gilt auch für das Kernmerkmal *otium cum dignitate*: Der *orator perfectus* muss sich stets bilden, das *otium* nutzen, wenn er nicht in der öffentlichen Pflicht des Redners, mithin im Dienst der *res publica*, steht und so sich seine *dignitas* verdient. *Otium* und *dignitas* müssen sich bei ihm ebenfalls entsprechen.

3. *Machen Sie sich für sich selbst zunächst die grundlegenden Prinzipien der stoischen Lehre klar und geben Sie unter Verwendung Ihres im Unterricht gewonnenen Fachwissens eine begründete Einschätzung, inwiefern es Verbindungen zu Ciceros Vorstellungen gibt.* (*Anforderungsbereich II–III*)

Ein wesentliches Ziel der Stoa ist die innere Ausgeglichenheit, die **Ataraxia** des Inneren, die sich nicht von äußeren Einflüssen und von inneren Erschütterungen, die als Affekte gelten, aus dem Gleichgewicht bringen lässt. Innerhalb dieses Rahmens wird der **Stoiker** Cicero zustimmen, wenn dieser die *optimates* gerade dadurch definiert, dass sie frei von Affekten sind, nämlich dem des *furor* in *nec furiosi*, und dass sie *sani*, d. h. *probi* sind: Dieses vernünftige Handeln sowie die psychische Gesundheit würde der Stoiker mit besonderem Nachdruck vertreten, weil für ihn diejenigen, die sich nicht von der naturgegebenen Vernunft lenken lassen und deswegen nicht im Sinne der *virtus* tugendhaft, mithin rechtschaffen, sind, im Widerstreit mit der Natur selbst stehen.

Mit einer gewissen Kritik dürfte er das dritte Kriterium betrachten, weil die Abhängigkeit von materiellem Besitz für ihn ein **Adiaphoron** ist, das keine Auswirkungen auf die Haltung eines stoischen Weisen und seine **Autonomie** haben darf. Voll unterstützen würde er im Sinne des *officiums*, der verpflichtenden Aufgabe, die jedem aufgrund des rationalen Kosmos und damit der eigenen Fähigkeiten aufgegeben ist, den **Dienst**, den die Optimaten **für den Staat** leisten. Mit dem Begriff des *otium* hätte er, ganz im Sinne der Optimaten, dann kein Problem, wenn die Zeit der Muße für die eigene Fortentwicklung im Sinne dieses *officium* genutzt würde und nicht für den sinnlosen Zeitvertreib im Sinne der Befriedigung eigener Gelüste. An dieser Stelle würde der **Epikureer** heftig widersprechen, ebenso wie er Definition der *optimates* widersprechen würde, weil er allein im **Rückzug in das Private** die **Erfüllung** des rationalen Individuums sehen würde, allein im *otium*, das allerdings zur rationalen Fortentwicklung des Einzelnen genutzt werden sollte, nicht zur hedonistischen Befriedigung. Würde man den Zusammenhang zwischen *otium*, sittlicher Integrität und Ausgeglichenheit und Dienst in der Öffentlichkeit außer Acht lassen, könnte er der Mäßigung und Ausgeglichenheit, die Optimaten kennzeichnen soll, auch etwas abgewinnen, weil er nach der inneren Seelenruhe, der **Galene** (griech. γαλήνη = Stille, Windstille), ebenso strebt wie der Stoiker nach der **Ataraxia**.

Nordrhein-Westfalen – Latein Leistungskurs
Übungsaufgabe 3

Text

Livius schildert in seinem Werk Ab urbe condita, *wie der hoch angesehene Titus Manlius Torquatus – ein sehr erfahrener General, der schon zweimaliger* dictator *gewesen war und nun zum dritten Mal das Konsulat ausübte – das römische Heer gegen abtrünnige Latiner anführte. Wegen der militärischen Ebenbürtigkeit dieses Gegners erließ Manlius als Konsul und oberster Befehlshaber den strikten Befehl, sich keinesfalls* extra ordinem *(außerhalb der Formation) zu Gefechten mit den Latinern, und seien sie noch so klein, verleiten zu lassen. Doch da kam es nach gezielten Provokationen des adligen Latiners Geminus gegenüber einem kleinen römischen Reitertrupp, den der gleichnamige Sohn des Konsuls T. Manlius kommandierte, zu einem Scharmützel, in dem dieser den Latiner spektakulär tötete.*

Spoliisque lectis ad suos revectus cum ovante gaudio turma in castra atque inde ad praetorium ad patrem tendit, ignarus fati futurique, laus an poena merita esset.
„Ut me omnes", inquit, „pater, tuo sanguine ortum vere ferrent, provocatus equestria haec spolia capta ex hoste caeso porto." Quod ubi audivit consul, extemplo filium
5 aversatus contionem classico advocari iussit.
Quae ubi frequens convenit, „Quandoque", inquit, „tu, T. Manli, neque imperium consulare neque maiestatem patriam veritus, adversus edictum nostrum extra ordinem in hostem pugnasti et, quantum in te fuit, disciplinam militarem, qua stetit ad hanc diem Romana res, solvisti meque in eam necessitatem adduxisti, ut aut rei
10 publicae mihi aut meorum obliviscendum sit, nos potius nostro delicto plectemur, quam res publica tanto suo damno nostra peccata luat; triste exemplum, sed in posterum salubre iuventuti erimus. Me quidem cum ingenita caritas liberum tum specimen istud virtutis deceptum vana imagine decoris in te movet; sed cum aut morte tua sancienda sint consulum imperia aut impunitate in perpetuum abroganda,
15 nec te quidem, si quid in te nostri sanguinis est, recusare censeam, quin disciplinam militarem culpa tua prolapsam poena restituas. I, lictor, deliga ad palum!"

(188 Wörter)

Übersetzungshilfen

Z. 1	spolia legere	*(dem getöteten Feind)* die Rüstung abnehmen
	revectus	*gemeint ist* Titus Manlius filius
	ovare	(zu)jubeln
	turma, ae f.	Schwadron, Reiterabteilung
	atque inde	und sofort
Z. 2	tendere, tendo	*hier:* eilen
Z. 3	ferre *(erg.* laudibus*)* *(mit dopp. Akk.)*	berichten, preisen, loben, anerkennen

Z. 3/4	equestria spolia capta	die von einem Reiter abgenommene Rüstung
Z. 5	classicum, -i n.	Signal *(das zur Sammlung mit der* tuba *oder dem* cornu *durch den* cornicen *gegeben wurde)*
Z. 6	quandoque	= quandoquidem: *hier kausal:* weil, da
Z. 7/8	extra ordinem	außerhalb der Formation
Z. 9	Romana res	*ergänzen Sie:* publica
Z. 11	quam	*ergänzen Sie:* ut
Z. 11/12	in posterum	für die Zukunft
Z. 12	ingenitus, -a, -um	angeboren
	liberum	= liberorum
Z. 13	vana imagine decoris	durch ein Trugbild der Ehre
Z. 15	censeam	sollte ich meinen
Z. 16	prolabi, prolabor, prolapsus sum	wanken, sinken, verfallen
	palus, -i m.	(Straf- und Hinrichtungs-)Pfahl

Zusatztext:

Die Ereignisse gehen im Anschluss weiter:

Exanimati omnes tam atroci imperio nec aliter quam in se quisque destrictam cernentes securem metu magis quam modestia quievere.
Itaque velut demerso ab admiratione animo cum silentio defixi stetissent, repente, postquam cervice caesa fusus est cruor, tam libero conquestu coortae voces sunt, ut
5 neque lamentis neque exsecrationibus parceretur spoliisque contectum iuvenis corpus, quantum militaribus studiis funus ullum concelebrari potest, structo extra vallum rogo cremaretur, Manlianaque imperia non in praesentia modo horrenda, sed exempli etiam tristis in posterum essent.
Fecit tamen atrocitas poenae oboedientiorem duci militem; et praeterquam quod
10 custodiae vigiliaeque et ordo stationum intentioris ubique curae erant, in ultimo etiam certamine, cum descensum in aciem est, ea severitas profuit. Fuit autem civili maxime bello pugna similis; adeo nihil apud Latinos dissonum ab Romana re praeter animos erat.

Übersetzung:

Alle waren entsetzt über diesen so ungeheuerlichen Befehl und sahen das Beil so, als ob es gerade gegen sie selbst gezückt sei, und hielten mehr aus Furcht als aus Selbstbeherrschung Ruhe.
Als sie daher, gleichsam in Erstaunen versunken und in Schweigen erstarrt, dage-
5 *standen hatten, erhoben sich plötzlich, nachdem der Nacken getroffen war und das Blut sich ergoss, die Stimmen in einer so ungehemmten Klage, dass man weder mit Wehklagen noch mit Verfluchungen sparte und den Leichnam des jungen Mannes, der mit der erbeuteten Rüstung bedeckt war, auf einem Scheiterhaufen außerhalb des Lagers im Rahmen eines so feierlichen Begräbnisses verbrannte, wie es mit militäri-*
10 *schen Ehren begangen werden kann, und dass „Befehle wie von Manlius" nicht nur zur damaligen Zeit Schrecken hervorriefen, sondern auch für die Zukunft Merkmal eines trauererweckenden Beispiels bildeten.*

Die Entsetzlichkeit der Strafe machte jedoch die Soldaten dem Feldherrn gegenüber gehorsamer, und abgesehen davon, dass der Wachdienst bei Tag und Nacht und die
15 *Abfolge der Feldwachen überall mit größerer Gewissenhaftigkeit wahrgenommen wurden, nützte diese Strenge auch beim abschließenden Kampf, als man zur Schlacht ausgerückt war. Der Kampf aber war einer Schlacht in einem Bürgerkrieg äußerst ähnlich; so sehr stimmte auf Seiten der Latiner alles mit den römischen Verhältnissen überein, mit Ausnahme der inneren Einstellung.*

Aufgabenstellung

I. Übersetzen Sie den lateinischen Text ins Deutsche.

II. Bearbeiten Sie folgende Interpretationsaufgaben:

1. Gliedern Sie die beiden Texte (einschließlich des lateinisch-deutschen Teils) und arbeiten Sie ihren Aufbau heraus.

2. a) Weisen Sie nach, welche allgemeinen und welche für Livius autorenspezifischen Bauelemente der antiken Geschichtsschreibung im Text erkennbar sind.

   b) Untersuchen Sie die sprachlich-stilistische Gestaltung der Rede des Konsuls T. Manlius (Z. 6–16) und erläutern Sie, wie durch diese Gestaltung die Aussageintention unterstrichen wird. Stellen Sie dabei einen Zusammenhang mit den grundsätzlichen Absichten des Livius in seinem Werk *Ab urbe condita* her.

3. Die *imperia Manliana* (vgl. Zusatztext, Z. 7) sind schon bei den Römern sprichwörtlich geworden. In seiner Schrift *De finibus* (1,23) lässt Cicero den Lucius Torquatus, einen Nachfahren des T. Manlius, als Vertreter der epikureischen Philosophie auftreten und konfrontiert ihn mit der These, sein Vorfahr habe ganz unepikureisch gehandelt und „sich, wie es scheint, vieler Freuden beraubt, insofern er das Recht der Staatshoheit und der amtlichen Vollzugsgewalt der Natur selbst und der Vaterliebe vorgezogen hätte" *(privavisse se etiam videtur multis voluptatibus, cum ipsi naturae patrioque amori praetulerit ius maiestatis atque imperii)*.

   a) Stellen Sie knapp dar, welche Position seitens der epikureischen Philosophie gegenüber den Phänomenen der Politik und des Staates eingenommen wird.

   b) Skizzieren Sie Hauptaspekte für eine Erwiderung, die ein Epikureer in Bezug auf die Kritik am unepikureischen Handeln des T. Manlius geben könnte.

Lösungsvorschläge

Textstelle: Livius, Ab urbe condita *8,7,12–19 (Zusatztext: 8,7,20–8,2)*
Inhaltliche Schwerpunkte:
- *Römisches Staatsdenken*
  - *Römische Werte*
- *Römisches Philosophieren*
  - *Grundbegriffe stoischer und epikureischer Philosophie*
  - *Sinnfragen des Lebens*
Medien/Materialien:
- Livius, Ab urbe condita *(Auswahl aus der ersten und dritten Dekade)*
- Seneca, Epistulae morales ad Lucilium *(Auswahl)*
- Cicero, De oratore *1,29–34; 2,22–36*

I. Übersetzung

Verschaffen Sie sich zu Beginn einen Eindruck von der Makrostruktur des Ihnen vorliegenden Textes. Hier prägen eine kurze Auftaktrede und eine lange, ausführliche Gegenrede den Textverlauf. Daher werden grammatikalisch Verbal- und Pronominalformen der 1. und 2. Person dominieren. Machen Sie sich besonders die Personenkonstellation klar: Wer spricht jeweils zu wem? Wer hat welche Gefühle (Sympathien, Antipathien) für wen?   *(Anforderungsbereich III)*

Nachdem er die Rüstung abgenommen hatte, kehrte er zu seinen Leuten zurück und eilte mit seiner vor Freude jubelnden Schwadron ins Lager und sofort zum Feldherrnzelt, zu seinem Vater, im Ungewissen über sein Schicksal und seine Zukunft, ob Lob oder Strafe sein Lohn seien.

„Vater", sprach er, „damit alle wirklich anerkennen, dass ich von deinem Blute abstamme, bringe ich diese Reiterrüstung, die ich, nachdem ich herausgefordert worden war, dem getöteten Staatsfeind abgenommen habe." Sobald der Konsul das gehört hatte, wandte er sich sofort von seinem Sohn ab und befahl, dass mit dem Signal eine Versammlung einberufen werde.

Sobald diese vollzählig zusammengekommen war, sprach er: „Weil du, Titus Manlius, ohne Scheu vor der konsularischen Befehlsgewalt noch vor der väterlichen Würde entgegen unserer Anordnung außerhalb der Formation gegen den Feind gekämpft hast, und du, soweit es dich betrifft, die militärische Disziplin, auf der bis zu diesem Tag das römische Gemeinwesen beruhte, aufgehoben hast und mich in diese Zwangslage gebracht hast, dass ich entweder dem Staat oder den Meinen untreu werden muss, sollen lieber wir für unser Vergehen bestraft werden, als dass das Gemeinwesen mit einem so großen Schaden für sich für unsere Schuld büße; wir werden für die Jugend ein trauriges, aber für die Zukunft heilsames Beispiel sein. Zwar nimmt mich für dich (*wörtl.:* bewegt mich dir gegenüber) sowohl meine angeborene Liebe zu meinen Kindern als auch besonders dieser Beweis der Tapferkeit ein, der durch ein Trugbild der Ehre irregeleitet worden ist, aber weil zwangsweise die Befehlsgewalt der Konsuln entweder durch deinen Tod bekräftigt oder durch deine Straflosigkeit für immer zunichtegemacht wird, sollte ich meinen, dass nicht einmal du, falls in dir etwas von unserem Blut fließt, dich weigerst, die durch deine Schuld ins Wanken gebrachte militärische Disziplin durch deine Bestrafung wiederherzustellen. Geh, Liktor, binde ihn an den Pfahl!"

II. Interpretationsaufgaben

1. *Die Frage nach der Gliederung eines Textes ist identisch mit der Frage nach der Textprogression, d. h. nach der Entfaltung eines Gedankengangs bei explikativ-theoretischen Argumentationstexten oder nach dem Voranschreiten der Handlung bei narrativen und dialogisch-dramatischen Texten. Aufgrund Ihrer Kenntnisse zur transphrastischen Texterschließung sollten Ihnen die Bedeutung der Personenkonstellation und der Gliederungswert eines Textsortenwechsels für die Textprogression klar sein. So gehört der bewusste Wechsel zwischen analytisch-narrativen Texten (insb. Erzählerkommentaren) und dramatisch-dialogischen Textpassagen zum festen Stilrepertoire bei Livius.*

(Anforderungsbereich II)

- **Erfolgreicher Ausgang des Scharmützels** für T. Manlius filius und dessen Ungewissheit über die Beurteilung seiner Tat durch seinen Vater trotz positiver Reaktion der eigenen Truppeneinheit (Z. 1/2): T. Manlius filius gelingt es, nach erfolgreichem direktem Kampf seinem Gegner die begehrten *spolia*, die persönliche Rüstung, abzunehmen. Seine eigene Truppeneinheit bejubelt *(ovante)* zwar diesen eindeutigen Erfolg, beseitigt aber nicht – womit ein Spannungsbogen aufgebaut wird – die echten Zweifel des T. Manlius filius über die Beurteilung seines Handelns durch seinen Vater *(ignarus fati futurique, laus an poena merita esset).*
- **Rechtfertigende Rede des T. Manlius filius** (Z. 3/4): Der Sohn begnügt sich mit einer knappen Erläuterung seines Handelns, indem er einerseits allgemein auf die Familienehre und andererseits konkret auf die von ihm erlebte Provokation durch den Feind verweist.
- **Gezielte Spontanreaktion des Vaters** (Z. 4/5): Der Vater gibt als Konsul die klare Anweisung *(iussit)*, unverzüglich eine Heeresversammlung einzuberufen. Dadurch, dass er sich symbolisch-körpersprachlich von seinem Sohn abwendet, gibt er einen Hinweis auf den unheilvollen Fortgang der Geschehnisse.
- **Rede des Konsuls T. Manlius vor dem Heer** mit ausführlicher inhaltlicher Begründung seines Beschlusses, seinen eigenen Sohn hinrichten zu lassen (Z. 6–16): Der Konsul fasst zunächst die konkreten Verstöße seines Sohnes im Sinne einer Anklage zusammen *(neque imperium consulare neque maiestatem patriam veritus, adversus edictum nostrum extra ordinem in hostem pugnasti,* Z. 6–8), um dann dieses Fehlverhalten allgemein als einen Fundamentalverstoß gegenüber der staatstragenden *(qua stetit ... Romana res,* Z. 8/9) römischen Militärdisziplin *(disciplinam*

militarem, Z. 8) zu brandmarken. T. Manlius sieht sich vor ein von seinem Sohn verursachtes Dilemma (*me in ... necessitatem adduxisti*, Z. 9) gestellt, nämlich zwischen seiner Vaterliebe und seiner Verpflichtung, als höchster Amtsträger des römischen Staates sich entscheiden zu müssen (*ut aut rei publicae mihi aut meorum obliviscendum sit,* Z. 9/10). Vor diese Wahl gestellt, sieht T. Manlius als Konsul völlig von privaten Belangen ab und schlägt sich ganz auf die Seite der staatlichen Erfordernisse, um auch für die Zukunft ein *exemplum* zu setzen, und sei es ein *triste exemplum* (Z. 11). Trotz vorhandener elterlicher Sympathien (*ingenita caritas liberum*, Z. 12) und trotz eines inneren Verständnisses für die Handlungsweise des eigenen Sohnes (*specimen istud virtutis*, Z. 13) fordert er von seinem Sohn eine innere Einwilligung (*nec te ... recusare censeam*, Z. 15) in den überaus harten Befehl, ihn sofort hinrichten zu lassen (*I, lictor, deliga ad palum!*, Z. 16).

- **Entsetzte Reaktion** des anwesenden Heeres auf diesen **Urteilsspruch** und **offener Protest** unmittelbar nach Vollstreckung des Urteils, der in einem feierlichen Begräbnis mit militärischen Ehren für den jungen T. Manlius endet (Zusatztext, Z. 1–8): Das anwesende Heer erscheint zunächst geschockt und paralysiert (*metu magis quam modestia quievere*, Z. 2), überwindet (*libero conquestu*, Z. 4) aber nach blutiger Vollstreckung des Urteils seine Einschüchterung und Furcht und beschimpft und verwünscht das Geschehene (*lamentis ... exsecrationibus*, Z. 5). Größter Sympathiebeweis für den Hingerichteten ist das Feuerbegräbnis mit militärischen Ehren, das für ihn außerhalb des Lagers ausgerichtet wird (Z. 6/7). Bis in Livius' Gegenwart reichender Ausdruck der Ablehnung sind die starken Negativkonnotationen, die mit „Befehlen wie von Manlius" (*Manliana imperia*, Z. 7) dauerhaft verknüpft sind.

- Positive Funktionalisierung dieser Geschehnisse für den Fortgang der römischen Geschichte (Zusatztext, Z. 9–13): Nach diesem Ausblick in die Wirkungsgeschichte der Episode lenkt Livius die Aufmerksamkeit des Lesers zurück auf den Anlass der Geschehnisse, d. h. auf den Krieg zwischen den Römern und Latinern. Entgegen der klaren Missbilligung des ursprünglichen manlianischen Befehls verweist Livius auf die **Positiveffekte im damaligen Krieg**: größerer Gehorsam (*oboedientiorem duci militem*), besserer Wachdienst (*custodiae ... erant*) und siegbringende Strenge im finalen Gefecht (*in ultimo ... certamine ... severitas*). Bei gleich großer äußerer Stärke beider Kontrahenten habe allein die innere Einstellung den Römern den Sieg verschafft (*nihil apud Latinos dissonum ... praeter animos erat*).

2. a) *Achten Sie darauf, sowohl überindividuelle, epochen- und gattungsspezifische als auch für Livius autorentypische Stilmerkmale am Text zu dokumentieren.* *(Anforderungsbereich II–III)*

Geschichtsschreibung zählte man in der Antike nicht zur Fachschriftstellerei, sondern zur Literatur. Die Historiografie folgte wie alle übrigen literarischen Gattungen einer Regelpoetik, die für die jeweilige Textgattung bestimmte inhaltliche und formale Vorgaben machte.

Typisch römisch bei **Livius** sind seine **Fortführung der Annalistik** und vor allem die **moralisierende Betrachtungsweise** historischer Ereignisse, worin er sich Ciceros Vorstellungen einer pragmatisch-pädagogischen Geschichtsschreibung gemäß dem Diktum *historia magistra vitae* verbunden weiß. In der Aufzählung der erzielten Veränderungen im Bereich der inneren Gesinnung (Zusatztext, Z. 9–11) wird dieser moralisierende Zugriff auf historische Ereignisse gut greifbar.

Die literarischen Techniken des Livius dienen der Darstellung einer **inneren Einheit aller Geschehnisse**. Makrostrukturell versucht Livius die Verdeutlichung dieser Einheit vor allem durch die **Pentadenstruktur der Bücher** innerhalb des Gesamtwerkes und durch die Beibehaltung des **annalistischen Prinzips**, wobei gleichwohl durch häufige buchinterne Themenwechsel der vom Leser gewünschten *variatio* Genüge getan wird. Regelmäßig lässt Livius auch ein **Leitmotiv** durch eines oder mehrere Bücher laufen (z. B. *libertas* und *discordia* im 2. Buch, das über die Ständekämpfe berichtet). So kann für den vorliegenden Textabschnitt für Begriffe aus dem Bereich der römischen Amtsgewalt *(imperium)* und der Militärdisziplin *(imperium consulare ... maiestatem patriam*, Text, Z. 6/7; *disciplinam militarem*, Z. 8; *consulum imperia ... disciplinam militarem*, Z. 14–16; *atroci imperio*, Zusatztext, Z. 1; *Manlianaque imperia*, Z. 7; *oboedientiorem duci militem*, Z. 9; *severitas*, Z. 11) eine Merkmaldominanz festgemacht werden. Mikrostrukturell von herausragender Bedeutung sind bei Livius **Einzelszenen** *(exempla)*, die statt einer Schilderung in großen Zügen gezielt auf Details eingehen und als Abschnittsvergrößerung einen stark bildhaften Charakter besitzen. Speziell bei Livius vollziehen sich die inneren Bewegungen derartiger Einzelszenen in der **Sphäre des Moralischen**. So ringt T. Manlius mit ethischen Kategorien um einen Entschluss (v. a. Text, Z. 12–16). Livius knüpft hier an die in der hellenistischen Literatur aufgekommene „tragische Geschichtsschreibung" an, die darauf aus ist, beim Leser Erschütterung und Mitleid zu erwecken, weshalb z. B. die Reaktionen Anwesender ausdrücklich Erwähnung finden (*cum ovante gaudio turma*, Text, Z. 1; *exanimati omnes ... metu ... quievere*, Zusatztext, Z. 1/2; *demerso ab admiratione animo cum silentio defixi stetissent*, Z. 3; *lamentis neque exsecrationibus parceretur*, Z. 5).

b) *Livius greift regelmäßig auf Bauelemente der biografisch-anekdotischen Geschichtsschreibung zurück. Oft gestaltet Livius Redepaare so, dass es zu einer pointierten Antwort kommt, „deren Wert nicht im Realistisch-Konkreten, sondern im Rhetorisch-Moralischen liegt" (E. Auerbach: Mimesis. Dargestellte Wirklichkeit in der abendländischen Literatur. Bern ²1959, S. 49). Redepaare sind bei Livius generell als dramatisch-kompositionelle Höhepunkte seiner emotional-moralisch ausgerichteten Geschichtsschreibung anzusehen, zumal Livius sich für seine Theorie der Historiografie auf Isokrates und Cicero rückbezieht, die beide die Geschichtsschreibung als eine Aufgabe für Redner ansehen.*
Das formale Gegenüber von zwei Rednern dient bei Livius in der Regel dem Ausdruck des Gegensatzes oder doch des Konfliktes von zwei Ansichten oder Werteinstellungen. Sofern Sie einen solchen Grundkonflikt (z. B. hier: Welches Recht haben individuelle Interessen gegenüber den kollektiven Interessen einer Gemeinschaft bzw. des Staates?) ausmachen können, können Sie diesen wie einen „roten Faden" Ihren Textanalysen zugrunde legen. *(Anforderungsbereich II–III)*

Die Rede des Konsuls T. Manlius ist kompositionell als die **emotional-moralische Klimax** einer hochdramatischen, ja tragischen Episode der römischen Geschichte zu begreifen, in der es um ein spektakuläres *exemplum* (Zusatztext, Z. 8) von extremer Strenge *(severitas)* geht.

Der **feingliedrige Satzbau** der **Gegenrede** des Konsuls (Text, Z. 6–16) versucht, durch zwei gewichtige, klangvolle Perioden die Amtsautorität und überlegte Urteilsfindung des vor der ganzen Heeresversammlung sprechenden Konsuls (*contionem ... advocari iussit*, Z. 5) zu unterstützen. Sie fällt dadurch wesentlich anders aus als der Ein-Satz-Beitrag des Sohnes, der durch affektierte Emotionalität geprägt ist.

Nach **direkter Anrede** des Sohnes (*tu, T. Manli*, Z. 6) führt der Konsul in einem **Participium coniunctum** erst die beiden übergreifenden und für Römer elementar wichtigen Sphären an, in denen sein Sohn sich vergangen hat: im Bereich der konsularischen Amtsgewalt (*imperium consulare*, Z. 6/7) und im Bereich der (bei den Römern besonders geachteten) väterlichen Macht (*maiestatem patriam*, Z. 7). Der **Hauptsatz** benennt das konkrete Vergehen: das trotz gegenläufigen Befehls durchgeführte Gefecht mit dem Feind (*adversus edictum nostrum extra ordinem in hostem pugnasti*, Z. 7/8), wobei das **redundante Possessivpronomen** *nostrum* den Vater als Urheber des *edictum* heraushebt.

Nach erneuter **direkter Anrede** des Sohnes (*quantum in te fuit*, Z. 8) bringt der Vater es knapp auf den Punkt: Die römische Militärdisziplin *(disciplinam militarem)* ist verletzt – ein soldatisches Vergehen, das für sich schon skandalös genug wäre. Durch einen **explizierenden Relativsatz** lässt Livius den redenden Konsul zum Ausdruck bringen, dass der Vorfall auf das Schärfste zu verurteilen ist, weil die Existenz der *res Romana* aufs Spiel gesetzt wurde.

Dadurch wird vom Konsul explizit die grundsätzliche Antithese mittels der **Kernfrage** thematisiert: Soll ich gegenüber dem Staat oder gegenüber der Familie Loyalität üben (*aut rei publicae mihi aut meorum obliviscendum sit*, Z. 9/10)? Der Konsul sieht eine tragische Schicksalsgemeinschaft von Vater und Sohn, was formal durch das **gehäufte Vorkommen** von **Verben, Personal- und Possessivpronomina** der 1. Person Plural klar zum Ausdruck kommt (*nostro delicto plectemur, nostra peccata, erimus*, Z. 10–12). Die inhaltliche Tragik und deren emotionale Dimension lässt Livius durchscheinen, indem er den hoch konzentriert agierenden Vater selber diesen Vorfall als *triste exemplum* deklarieren lässt und einen tiefen Einblick in die Gefühlslage des Vaters gewährt. Diese offenkundige spontane Hinneigung zum eigenen Sohn wird aber sogleich wieder eingeholt durch die **Antithese** *triste exemplum, sed in posterum salubre iuventuti* (Z. 11/12), in der beim Vater die stärkere Loyalität zur *res publica Romana* durchbricht und er in dieser unerhört grausamen Entscheidung sogar ein Positivum (*salubre*) zu entdecken vermag.

Obwohl die folgende **hypotaktische Satzperiode** (Z. 12–16) verheißungsvoll mit Sympathiebekundungen gegenüber dem eigenen Sohn (*me quidem ... in te movet*) beginnt, läuft sie **klimaxartig** auf den Urteilsspruch bzw. den Vollstreckungsbefehl (*I, lictor, deliga ad palum!*) hinaus. Hält sich der Vater noch zu Beginn eine angeborene Kinderliebe (*ingenita caritas liberum*) zugute, so schränkt er die Tugendleistung seines Sohnes bereits wieder ein, insofern er meint, sein Sohn wäre (eigenes?) Opfer einer gewissen trügerischen Ehrvorstellung (*specimen istud virtutis deceptum vana imagine decoris*) geworden (man beachte hier auch das distanzierend-pejorativ gebrauchte Demonstrativpronomen *istud*). Livius lässt den Konsul in den Z. 13–16 sogar suggestiv die väterliche Erwartung (*censeam*) an den eigenen Sohn aufstellen, dieser werde einsichtig und mit Respekt vor der Familienehre (*si quid in te nostri sanguinis est*) seinem eigenen Todesurteil zustimmen (*nec te quidem ... recusare censeam, quin ... poena restituas*). **Klangfiguren** wie die helle i-Assonanz in *si quid in te nostri sanguinis est* sowie das durch a- und u-Laute dunkel getönte Finale der Satzperiode (*culpa tua prolapsam poena restituas*), aber auch das durch ein **Hyperbaton** herausgestellte *culpa tua* bereiten den Leser auf den noch ausstehenden unheilvollen Urteilsspruch vor.

Der die Rede abschließende schockierende Befehl zur Hinrichtung des eigenen Sohnes weist gleich mehrere **stilistische Besonderheiten** auf. Der einsilbige Imperativ Singular *I!* fällt klanglich stark auf. Zugleich ist damit eine Änderung der Rederichtung des Vaters markiert, da dieser Befehl nicht dem eigenen Sohn ins Gesicht gesagt wird, sondern, nachdem sich der Vater von ihm abgewandt hat (inhaltliche Wiederaufnahme des *filium aversatus*, Z. 4/5, nach Ende der Rechtfertigungsrede des Sohnes), dem *lictor* erteilt wird. Der Vater verbleibt so ganz in der Rolle und in der Diktion eines für das Wohl und Wehe der *res publica* verantwortlichen römischen Magistrats.

Hauptintention des livianischen Geschichtswerks ist es, den römischen Lesern seiner Gegenwart (d. h. des Prinzipats des Augustus) durch (Re-)Konstruktion einer einheitlichen geschichtlichen Vergangenheit einen Ausweg aus den aktuellen politischen und moralischen Krisen zu weisen, indem ihnen Exponenten der römischen Geschichte und deren richtungsweisendes vorbildliches bzw. abschreckendes Verhalten *(exemplum)* mit den Mitteln eines literarischen Künstlers (nicht mit denen eines modernen kritischen Historikers!) vor Augen gestellt werden. Zu den obersten Werten der augusteischen Zeit gehört somit die Hochschätzung der altrömischen oder (vom Princeps Augustus) für altrömisch erklärten Werte *(virtutes)* wie *pietas, amor patriae, concordia, pax*.

Vor diesem Hintergrund setzt Livius in seinem Werk *Ab urbe condita* die **Manlius-Episode** gekonnt ein, um einen **pro-augusteischen Patriotismus** fortzuschreiben und die vorrangigen *virtutes* der augusteischen Epoche (z. B. die der *patria potestas*, die die Position des *pater patriae* genannten Augustus stärken soll) emotional zu verfestigen.

3. a) *Von allen Teilgebieten der Philosophie Epikurs ist der Bereich der politischen Philosophie am schmalsten ausgefallen. Vor dem Hintergrund des Niedergangs großer Staatensysteme im Zeitalter des Hellenismus bestimmt Epikur auch und gerade die politisch-sozialen Grundbedürfnisse des Individuums entscheidend anders als die übrigen klassischen und hellenistischen Schulen, insofern Epikur sehr skeptisch die (von Platon, Aristoteles und besonders von der Stoa vehement vorgetragene) These von einer naturhaft-positiven Zusammengehörigkeitstendenz beim Menschen einschätzt. Die Gemeinschaft bzw. der Staat ist bei Epikur nie Selbstzweck und Norm, sondern nur Mittel zum Zweck – und dieser besteht in der Garantie eines unbehelligten glücklichen Lebens des Individuums.*

Für die gestellte Aufgabe ergibt sich, dass alle zu entwickelnden epikureischen Verteidigungsargumente zuerst den spezifischen anthropologischen Ansatz Epikurs beim Glücksbedürfnis des Individuums plausibel machen müssen. (Anforderungsbereich I–II)

Gemäß **Epikur** sind ausnahmslos alle Handlungen einem **rationalen Lustkalkül** im Sinne eines negativen Hedonismus zu unterwerfen. Damit ist gemeint, dass einerseits Lustgewinn nicht als stete Lustmaximierung durch möglichst viele konkret-aktuelle Lusterlebnisse (positiver Hedonismus), sondern als dauerhaftes **Ausbleiben von Schmerz** und eigennütziges Leben in seelischer Ruhe (**Ataraxia**) begriffen wird. Andererseits muss bei jeder Handlung überlegt („kalkuliert") werden, ob nicht doch ein kurzfristiges Übel in Kauf zu nehmen ist, wenn dadurch eine längerfristige oder gar dauerhafte Schmerzlosigkeit gewonnen werden kann. Denn laut Epikur besteht das **Ziel** des menschlichen Lebens darin, zu eigenem Nutzen den Zustand beständiger, katastematischer Lust, der als **Unerschütterlichkeit**

(ataraxia) der Seele begriffen und mit dem Bild der Meeresstille *(galene)* veranschaulicht wird, zu erreichen. Deshalb sind konsequent alle Quellen der Ruhestörung für die Seele zu meiden oder auszuschalten, sodass Epikur unmissverständlich **von politischer Tätigkeit abrät**, da aufgrund der Meinungsverschiedenheiten in einer größeren Gesellschaft der Streit über die politische Ausrichtung der Gemeinschaft unvermeidlich ist.
Anstatt sich dem politischen Streit und Kampf auf dem Forum und im Senat auszusetzen, empfiehlt Epikur das **Leben in überschaubaren Freundeskreisen** (im „Garten" – griech.: *kepos*). Für Epikur trägt die Politik – anders als Aristoteles und die Stoa behaupten – nichts wesentlich Stabilisierendes zum persönlichen Glück bei, im Gegenteil! Politik droht, die Interessen und Energien der Menschen an der falschen Stelle zu fixieren. Die wahrhaften Gefahren für die Ataraxie besteht man dann, wenn man – im Sinne Epikurs – sich selbst in die Lage gebracht hat, ein rationales Lustkalkül zu vollziehen.

b) *Die Aufgabenstellung fordert von Ihnen, aus der Perspektive eines Epikureers Kernpunkte einer fiktiven Verteidigungsrede zu entwerfen. Wichtig wäre vor allem, die Kohärenz von innerer Überzeugung und äußerem Handeln beim Epikureer aufzuzeigen und somit den in der Aufgabenstellung zitierten Einwand als Scheinkonflikt zu entkräften.*

(Anforderungsbereich II–III)

Grundsätzlich wird ein Epikureer seine Gegner daran erinnern, dass Epikur keine Totalverweigerung seiner Anhänger gegenüber allem Politischen im Allgemeinen und staatlichen Pflichten im Besonderen gepredigt hat. Epikur rät zwar zu größter Skepsis gegenüber der Sphäre des Politischen, sieht aber gleichwohl den Epikureer dann zum **intensiven Engagement in Politik und Staat verpflichtet**, wenn der Gesamtbestand der politischen Ordnung und somit das **Fundament** für das Leben in einem *kepos* **bedroht** ist. Auf den konkreten Vorfall der *imperia Manliana* bezogen, unterstellt die These, mit der Lucius Torquatus konfrontiert wird, dass T. Manlius sich bei seiner Entscheidung nach **selbstlosen Tugenden** (wie sie Aristoteles und die Stoa proklamieren) und nicht zu eigenem Nutzen nach dem rationalen Lustkalkül Epikurs **ausgerichtet** habe. Die epikureische Ethik sei also in einen Selbstwiderspruch geraten und habe ihren Wahrheitsanspruch damit selber widerlegt.
Eine epikureische Erklärung eines solchen extremen konkreten Handelns des T. Manlius könnte etwa folgendermaßen formuliert werden: Der Konsul T. Manlius führte einen äußerst schweren und wichtigen **Krieg** gegen die Latiner, der über den **Bestand der römischen Herrschaftsordnung** in Italien entscheidet, die mit ihrer *pax Romana* die **Rahmenbedingungen** für ein ruhiges, **stabiles Leben** im *kepos* zur Verfügung stellt. Da die Truppen der Latiner kontingentmäßig ebenbürtig sind, kann der siegbringende Vor-

sprung für die römischen Truppen nur auf dem Gebiet der Disziplin und Strategie liegen. Indem nun der Konsul T. Manlius durch den Befehl zur Hinrichtung seines eigenen Sohnes einerseits sanktionierend die Militärdisziplin *(disciplina militaris)* der Truppe wiederherstellt und andererseits präventiv die Beachtung seiner Befehlsgewalt *(imperium)* durch die Furcht vor Strafe sicherstellt, legt er die **Grundlagen für den späteren Sieg** über die Latiner. Und eben dadurch hätte der epikureische Konsul offenkundig für das **Heil** seiner römischen Mitbürger gesorgt, aber auch für den **Erhalt** seiner eigenen **epikureischen Lebensform**, insofern diese nur in der damaligen, politisch stabilen Ordnung der *res publica Romana* hätte realisiert werden können.

Nordrhein-Westfalen – Latein Leistungskurs
Übungsaufgabe 4

Text

Nach dem Raub der Sabinerinnen kam es zwischen den Römern und den Sabinern zum Krieg. Über das Ende dieses Krieges schreibt Ovid Folgendes:

Pace tamen sisti bellum nec in ultima tantum
decertare placet Tatiumque excedere regno. –
Occiderat Tatius, populisque aequata duobus,
Romule, iura dabas: posita cum casside Mavors
5 talibus adfatur divumque hominumque parentem:
„tempus adest, genitor, quoniam fundamine magno
res Romana valet nec praeside pendet ab uno,
praemia (sunt promissa mihi dignoque nepoti)
solvere et ablatum terris inponere caelo.
10 tu mihi concilio quondam praesente deorum
(nam memoro memorique animo pia verba notavi)
‚unus erit, quem tu tolles in caerula caeli!'
dixisti: rata sit verborum summa tuorum!"
adnuit omnipotens et nubibus aera caecis
15 occuluit tonitruque et fulgure terruit orbem.
quae sibi promissae sensit rata signa rapinae,
innixusque hastae pressos temone cruento
inpavidus conscendit equos Gradivus et ictu
verberis increpuit pronusque per aera lapsus
20 constitit in summo nemorosi colle Palati
reddentemque suo iam regia iura Quiriti
abstulit Iliaden: corpus mortale per auras
dilapsum tenues, ceu lata plumbea funda
missa solet medio glans intabescere caelo;
25 pulchra subit facies et pulvinaribus altis
dignior est qualis trabeati forma Quirini.

(171 Wörter)

Übersetzungshilfen

V. 1	sistere	*hier:* einstellen, beenden
	in ultima	bis zum Äußersten
V. 2	Tatius, -i	Tatius *(König der Sabiner)*
V. 4	Mavors, Mavortis m.	= Mars
V. 9	imponere	*ergänzen Sie:* eum (= nepotem = Romulum)
V. 11	pius, -a, -um	liebevoll, gütig, *hier:* zuverlässig, verbindlich
V. 12	in caerula	in die blauen Höhen

V. 13	rata sit	er/sie/es soll in Erfüllung gehen
	summa	*hier:* die (Kern-/Haupt-)Aussage
V. 15	occulere (-culo, -cului, -cultum)	verdunkeln
V. 16	ratus, -a, -um	gültig
	signa	*prädikativ zu* quae *(relativ. Satzanschluss) zu übersetzen*
	promissae ... rapinae	*Genitivattribut zu* signa
V. 17	temo, -onis m.	Deichsel
V. 18	equos	*gemeint ist der Wagen mit den Pferden*
	Gradivus, -i	= Mars
V. 19	increpare	anfeuern, antreiben
V. 21	iura reddere	Recht sprechen
	Quiris, Quiritis	Quiritenvolk *(ursprünglicher Name der Bewohner der sabinischen Stadt Cures; hier kollektiver Singular für alle Bürger Roms nach der Vereinigung der Römer und Sabiner)*
V. 22	Iliades	der Sohn der Ilia (= Rhea Silvia)
V. 23	dilabi, dilabor, dilapsus sum	sich auflösen; *ergänzen Sie:* est
	lata	*prädikativ zu übersetzen*
	funda, -ae f.	Schleuder
V. 24	glans, glandis f.	Geschoss
	intabescere	dahinschwinden
V. 25	subire	nachrücken, an die Stelle treten
	facies, -ei f.	Gestalt, Bild
	alta pulvinaria	*gemeint:* göttliche Verehrung (pulvinar *ist das Götterpolster, auf das bei Tempelfesten die Götterbilder gestellt und mit einer vorgesetzten Speise geehrt wurden)*
V. 26	trabeatus, -a, -um	mit dem Königsmantel (trabea) bekleidet
	forma	*Subjekt zu* dignior est *und Bezugswort zu* qualis ... Quirini
	Quirinus	*Name des Romulus nach seiner Apotheose, hier prädikativ gebraucht*

Zusatztext:

His immortalibus editis operibus cum ad exercitum recensendum contionem in campo ad Caprae paludem haberet, subito coorta tempestas cum magno fragore tonitribusque tam denso regem operuit nimbo ut conspectum eius contioni abstulerit; nec deinde in terris Romulus fuit. Romana pubes sedato tandem pavore postquam ex
5 tam turbido die serena et tranquilla lux rediit, ubi vacuam sedem regiam vidit, etsi satis credebat patribus qui proximi steterant sublimem raptum procella, tamen velut orbitatis metu icta maestum aliquamdiu silentium obtinuit. Deinde a paucis initio facto, deum deo natum, regem parentemque urbis Romanae salvere universi Romulum iubent; pacem precibus exposcunt, uti volens propitius suam semper
10 sospitet progeniem. Fuisse credo tum quoque aliquos qui discerptum regem patrum manibus taciti arguerent; manavit enim haec quoque sed perobscura fama; illam alteram (famam) admiratio viri et pavor praesens nobilitavit.

Übersetzung:

Als er diese unsterblichen Taten vollbracht hatte und eine Versammlung für eine Heeresmusterung auf dem Feld nahe des Ziegensumpfes abhielt, kam plötzlich ein Sturm mit gewaltigem Donnern und Krachen auf und umgab den König mit einer so dichten Wolke, dass sein Anblick der Versammlung entrückt wurde. Und dann war
5 *Romulus nicht mehr auf Erden. Sobald die römische Jugend, nachdem sich der erste Schrecken endlich gelegt hatte und nach einem so stürmischen Tag heiteres und ruhiges Licht zurückgekehrt war, den leeren Thron des Königs erblickt hatte, war sie – obwohl sie zur Genüge den Senatoren, die am nächsten gestanden hatten, Glauben schenkte, dass er vom Thron in den Himmel weggerissen worden sei – dennoch,*
10 *gleichsam geschlagen von der Sorge, verwaist zu sein, eine Zeit lang sprachlos vor Kummer. Dann, nachdem einige wenige den Anfang gemacht hatten, grüßten sie alle Romulus als einen Gott, geboren von einem Gott, als König und Vater der römischen Stadt. In Gebeten erbaten sie Frieden, damit er in huldvoller Gnade stets seine Nachfahren behüte. Ich glaube, dass es damals auch einige gegeben hat, die stillschwei-*
15 *gend den Vorwurf erhoben, dass der König durch die Hände der Senatoren zerstückelt worden sei. Denn auch dies verbreitete sich, wenn auch als ein sehr dunkles Gerücht. Jenes andere Gerücht machten die Bewunderung für diesen Mann und der gegenwärtige Schrecken bekannt.*

Aufgabenstellung

I. Übersetzen Sie den lateinischen Text ins Deutsche.

II. Bearbeiten Sie folgende Interpretationsaufgaben:

1. a) Fassen Sie den Text zusammen, indem Sie ihn in einzelne Abschnitte unterteilen und diese näher bezeichnen.

    b) Arbeiten Sie die sprachlich-stilistischen Mittel heraus, durch die Ovid die Argumentation des Mars in den Versen 6–13 untermauert.

    c) Analysieren Sie die Verse 25/26 metrisch. Untersuchen Sie, in welcher Beziehung die Zäsuren und der Satzbau zueinander stehen, und erläutern Sie dann die zentrale Bedeutung dieser beiden Verse für den Textausschnitt.

2. Vergleichen Sie Ovids Darstellung der Apotheose des Romulus mit der im Zusatztext aus *ab urbe condita* von Livius. Charakterisieren Sie im Vergleich die Gemeinsamkeiten und spezifischen Unterschiede der Autoren und ihrer Gattungen.

3. Arbeiten Sie vor dem Hintergrund der sogenannten augusteischen Autoren das Rombild Ovids heraus.

Lösungsvorschläge

Textstelle: Ovid, Metamorphosen, *14,803–828*
(Zusatztext: Livius, Ab urbe condita, *1,16)*
- Römisches Staatsdenken
  – Romidee und Romkritik
  – Res publica *und Prinzipat*
- Römisches Philosophieren
  – Gottes-/Göttervorstellungen
Medien/Materialien:
- Ovid, Metamorphosen, *Buch 1, 1–150, Buch 15*
- Livius, Ab urbe condita *(Auswahl aus der ersten und dritten Dekade)*

I. Übersetzung

Bedenken Sie bei der Übersetzung, dass ein Dichter die Wörter so stellt, wie es seiner dichterischen Intention im Rahmen des Metrums entspricht. Berücksichtigen Sie daher präzise die Bezüge und stellen Sie gegebenenfalls den Satz so um, wie er als Prosatext geschrieben sein müsste. In diesem Zusammenhang sei auf die genustypischen Hyperbata hingewiesen. Insbesondere für Ovid gilt, dass er gerne Spannungsbögen durch eine sehr späte Nennung des Prädikats (V. 10–13) oder des Subjekts (V. 16–18) aufbaut. (Anforderungsbereich III)

Dennoch beschließt man, um des Friedens willen den Krieg einzustellen und nicht bis zum Äußersten zu kämpfen und Tatius aus seinem Königreich zu vertreiben. – Tatius war gestorben und du, Romulus, stiftetest Recht, das beiden Völkern angemessen war, als Mars seinen Helm abnahm und zum Vater der Götter und Menschen sprach: „Vater, da die Sache Roms nun aufgrund einer guten Basis stark genug ist (*wörtl.:* mit einem großen Fundament kräftig ist) und nicht von der Führung eines Einzelnen abhängt, ist die Zeit gekommen, die Belohnung einzulösen (die mir und deinem würdigen Nachfahren versprochen ist) und ihn von der Erde fortzunehmen und zum Himmel emporzuführen. Du hast mir [nämlich] einst in Gegenwart des versammelten Rates der Götter (denn daran erinnere ich mich und ich habe mir die verbindlichen Worte in meine Erinnerung eingeschrieben) gesagt: ‚Es wird einen geben, den du in die blauen Höhen des Himmels emporheben wirst.' Die Aussage deiner Worte soll in Erfüllung gehen." Der Allmächtige stimmte durch sein Nicken zu, verdunkelte die Luft mit finsteren Wolken und ließ den Erdkreis mit Donner und Blitz erzittern. Mars merkte, dass dies als gültiges Zeichen der ihm versprochenen Entrückung gegeben wurde, und bestieg, auf seine Lanze gestützt, ohne Furcht den Wagen, dessen Pferde von der blutbefleckten Deichsel niedergedrückt werden, trieb sie mit den Schlägen seiner Peitsche an, jagte vorwärts geneigt durch die Lüfte, kam auf dem Gipfel des waldreichen Palatins zum Stehen und nahm den Sohn der Ilia fort, der gerade seinem Quiritenvolk als König (*wörtl.:* königliches) Recht sprach. Der sterbliche Körper hat sich aufgelöst in den feinen Lüften, gleich wie das bleierne Geschoss, das von der Schleuder weit entsandt worden ist, mitten im Himmel dahinzuschwinden pflegt. Ein schönes Aussehen tritt an dessen Stelle und ist göttlicher Verehrung würdiger, beschaffen wie die Gestalt des mit dem Königsmantel bekleideten Quirinus.

II. Interpretationsaufgaben

1. a) *Berücksichtigen Sie bei der Strukturierung dieser Passage Ovids sprachliche Hinweise (Konjunktionen/wörtliche Rede u. Ä.). Denken Sie daran, Ihre Ausführungen durch Textbelege zu stützen.*
(Anforderungsbereich I–II)

V. 1–2: Beendigung des Krieges zwischen Römern und Sabinern durch Friedensschluss
V. 3–4a: Tod des Tatius; Verschmelzung beider Völker unter der königlichen Rechtsprechung des Romulus
V. 4b–13: Rede des Mars
V. 14/15: Jupiters Zustimmung
V. 16–20: Ekphrasis (Beschreibung) der Wagenfahrt des Mars
V. 21–26: Apotheose des Romulus

b) *Unterteilen Sie am besten für die Bearbeitung dieser Aufgabe die Rede des Mars und stellen Sie dar, mit welchen sprachlich-stilistischen Mitteln die Aussagen des Textes hervorgehoben werden.* *(Anforderungsbereich II)*

Anlass der Bitte (V. 6/7)
Mars wendet sich an den Göttervater, da er die Zeit zum Einlösen seines Versprechens für gekommen hält. Dementsprechend beginnt er seine Rede mit diesem Kernbegriff *(tempus)*. Bezeichnend ist die **Anfangsstellung** von *tempus (adest)* und die unmittelbar folgende emphatische **Anrede** an den Göttervater *(genitor)*. Das Argument wird dann in den folgenden drei Halbversen ausgeführt, und zwar durch den Verweis auf das *fundamen magnum*, das als **bildhafter Ausdruck** schon per se hervorgehoben ist und in V. 7 durch *res Romana valet* sowie *nec ... pendet ab uno* erläutert wird. Insbesondere dieser V. 7 ist auffällig gestaltet durch zwei **Alliterationen** *(res Romana, praeside pendet)*, ein **Hyperbaton** *(praeside ... uno)* und die **Antithese** zwischen *res Romana*, das der zeitgenössische Leser mit *res publica* bzw. *res populi* (vgl. Cic. rep. 1,39) gleichsetzt, und *uno*.

Verpflichtung Jupiters durch früheres Versprechen (V. 8–11)
Auch hier steht an erster Stelle der Kernbegriff, betont durch die **Alliteration** *(praemia ... promissa)*. Die Schlussstellung hat *digno nepoti* inne. Die Begriffe an den Außenstellen korrespondieren miteinander, weil der *nepos* Romulus der *praemia promissa* Jupiters würdig *(digno)* ist. Insofern konstruiert Romulus zu Beginn seiner Rede ein gewichtiges Argument, womit

er den Göttervater an seine innerfamiliären Versprechungen erinnert (daher auch später *pia verba*, V. 11). Durch den Infinitiv *(solvere*, V. 9) ist dieser zweite Abschnitt eng mit dem Beginn in V. 6 verzahnt *(tempus adest)*, da er das Anfangswort von V. 8 *praemia* aufnimmt und auf diese Weise ein **Enjambement** zwischen den V. 8 und 9 erzeugt wird. Eine besonders dichte Gestaltung liegt im zweiten Teil von V. 9 vor, der eine Konkretisierung der *praemia* bedeutet: *ablatum terris inponere caelo*. Ovid hat durch die **Ellipse** das direkte Bezugswort zu *ablatum* entfallen lassen – der konkrete Bezug zu Romulus liegt auf der Hand –, sodass die *praemia* als allgemein gültig verstanden werden können. Des Weiteren ist die Passage zwar als **Parallelismus** konstruiert (Verbform – Ablativ/Verbform – Ablativ), aber gleichzeitig liegt eine **Variatio** vor, weil es sich um unterschiedliche Verbformen handelt.

Eine ähnliche Verzahnung der einzelnen Abschnitte schafft Ovid auch in den nächsten Versen, weil das Prädikat zu *tu* (V. 10) erst in V. 13 auftaucht *(dixisti)*, mithin *tu* und *dixisti* die V. 10–12 gleichsam umklammern, gleichzeitig aber die Verse eigenständige Sinn- bzw. Satzeinheiten bilden. Ovid stellt die beiden „Gesprächspartner" zu Beginn des V. 10 Mars und Jupiter gleichsam **antithetisch** einander gegenüber *(tu mihi)*. Den Rest des Verses nehmen als weitere „Gesprächsteilnehmer" und Zeugen die übrigen Götter ein. Auch hier ist dieser zweite Teil stilistisch gestaltet, denn *concilio* ist nicht nur Bezugswort zu *deorum*, das gleichsam die Zeugenschaft (*quondam praesente*, V. 10) umschließt, sondern auch zu *praesente*. Auf die Zeugenschaft des Götterrats baut Mars im folgenden Vers (V. 11) auf, wenn er mit äußerstem Nachdruck durch ein **Polyptoton** *(memoro memorique)* die Erinnerung an das Versprechen wachruft, letztlich eine **abundante** Ausdrucksweise, da *memoro*, *memori animo* und *notavi* dasselbe bezeichnen.

Die Forderung (V. 12)
Letztlich findet sich auch hier ein ähnliches Grundschema, nämlich ein kurzer Versteil zu Beginn und ein längerer, durchgestalteter daran anschließend und konkretisierend: *unus erit* betont, dass Mars jetzt auf diesen einen, dessen Apotheose ihm versprochen worden ist, zurückkommen wird. Der zweite Teil, die eigentlichen *praemia*, ist herausgehoben durch die beiden **Alliterationen** *(tu tolles in caerula caeli)*, deren zweite zudem durch die **Assonanz** verstärkt wird.

Emphatische Schlussmahnung (V. 13)
Auf die Funktion des so spät genannten Prädikats zu *tu* in V. 10 ist schon hingewiesen worden. *Dixisti* korrespondiert inhaltlich allerdings auch mit dem Halbvers nach der Penthemimeres *verborum summa tuorum* und klammert insofern die Kernforderung, *rata sit*, ein. Diese Kernforderung ist erneut durch zwei verschränkte **Hyperbata** *(rata ... summa/verborum ... tuorum)* herausgehoben, zumal das zweite ein **Homoioteleuton** darstellt.

c) *Nehmen Sie zuerst die Skandierung (unter Berücksichtigung der Zäsuren) und die stilistische Analyse vor. Überlegen Sie dann, auf diesen Ergebnissen aufbauend, welches Ziel Ovid mit dieser Gestaltung verfolgt haben könnte. Belegen Sie Ihre Ausführungen durch aussagekräftige Beispiele aus dem lateinischen Text.* (Anforderungsbereich II–III)

$$\text{pulchra subit} \parallel \text{facies} \parallel \text{et pulvinaribus altis}$$
$$\text{dignior est} \parallel \text{qualis} \parallel \text{trabeati forma Quirini.}$$

T = Trithemimeres (Zäsur nach der 2. Hebung)
P = Penthemimeres (Zäsur nach der 3. Hebung)

Im ersten Vers wird durch die **Zäsuren** die *facies* hervorgehoben, die *neue* schöne Gestalt des Romulus nach seiner „Reinigung" durch die Apotheose in den drei Versen zuvor. Sie wird auch deswegen hervorgehoben, weil sie zusammen mit *pulchra* ein **Hyperbaton** bildet, das *subit* einschließt. Durch die Zäsuren und das Stilmittel wird also im ersten Halbvers die **Metamorphose des Romulus** während seiner Apotheose **herausgehoben**. Dem entspricht der letzte Halbvers, da *forma* nahezu als Synonym von *facies* angesehen werden kann. Zudem entsteht dieser Halbvers ebenfalls durch die Zäsur und ist auch durch ein **Hyperbaton** (*trabeati ... Quirini*, V. 26) geprägt. Insofern wird im ersten Halbvers die Metamorphose zum Ausdruck gebracht und im letzten deren Ergebnis, zusammen entsteht so das **Aition des Quirinus**.

Diese miteinander **korrespondierenden Halbverse** rahmen ihrerseits die zweite Aussage der beiden Verse ein, die als Enjambement angelegt ist *(et pulvinaribus altis dignior est* (sc. *forma))*, in der die hohe Würde der neuen Gestalt zum Ausdruck gebracht wird, insbesondere durch die entlegene Wortwahl *pulvinar*, in der sich wie auch bei *trabeati* der *poeta doctus* ausdrückt. Durch die **Zäsuren** wird *qualis* hervorgehoben, das seinerseits auf die (herausragende) Eigenschaft der neuen *forma Qurini* vorverweist.

Zentrale Bedeutung haben diese Verse, weil Ovid in kunstvoller Form am Ende der Romulus-Episode die **aitiologische Metamorphose** des alten (menschlichen) Romulus zum neuen (von allem Irdischen bereinigten = vergöttlichten) Quirinus zum Ausdruck bringt und durch die intensive und umfassende Gestaltung dieser Verse sein dichterisches Können unter Beweis stellt.

2. *Analysieren Sie zunächst den Zusatztext (Liv. 1,16). Grundlage Ihrer Arbeit ist der lateinische Text, auf den Sie sich bei Ihrer Bearbeitung beziehen müssen. Die Übersetzung dient lediglich der schnelleren Orientierung. Beschreiben Sie die Darstellung der Apotheose bei den beiden Autoren und arbeiten Sie Gemeinsamkeiten und Unterschiede heraus.* (Anforderungsbereich I–II)

Der Zusatztext beginnt mit der Beschreibung, wie während einer Heeresversammlung, die Romulus leitet, ein gewaltiger Sturm aufzieht (Z. 1–4) und den römischen König verschwinden lässt (*nec deinde in terris Romulus fuit*, Z. 4). Die erste Reaktion der Jugend ist verschrecktes Schweigen (*orbitatis metu; maestum ... silentium*, Z. 7), während die führenden Senatoren *(patres)* die Geschehnisse sofort als Apotheose des Romulus deuten (Z. 6). Diese Deutung wird schließlich allgemein übernommen (Z. 8–10), was zur Verehrung des Romulus als Gott, Sohn eines Gottes (d. h. des Mars), König und Vater der Stadt Rom führt (*deum deo natum, regem parentemque urbis Romanae*, Z. 8), den man um Schutz der Stadt und des Volkes anfleht. Dabei betont Livius, dass diese Verehrung zunächst nur von wenigen (*a paucis*, Z. 7) ausging und dann so populär wurde, dass alle sie trugen (*universi*, Z. 8). Im Kontext ist davon auszugehen, dass Livius die *pauci* mit den *patres* gleichsetzen dürfte, die als Erste die Apotheose des Romulus vertraten. Als Ursache für die Verbreitung nennt Livius später die *admiratio viri* (= *Romuli*, Z. 12) und den *pavor praesens* (Z. 12). Insgesamt bezeichnet er auch diese Version des Verschwindens von Romulus als *fama* (Z. 11) wie auch eine weitere obskure Variante (*perobscura fama*, Z. 11): Demzufolge hätten manche den *patres* vorgeworfen, sie hätten Romulus insgeheim ermordet und die Apotheose nur vorgeschoben (Z. 10/11).

Livius erweist sich hier als ein **Historiograf**, der den Methoden der Geschichtsschreibung seit Thukydides und Polybios verbunden ist: Er wägt verschiedene Varianten ab, stellt sie vor und beurteilt beide Darstellungen zum Ende des Romulus mit **skeptischer Rationalität**, da er die eine wie die andere als *fama* ansieht. Es wird ausdrücklich darauf verwiesen, dass die *patres* geäußert hätten, es habe eine Apotheose gegeben und dass die Jugend ihnen Glauben geschenkt habe *(credebat)*. Entsprechendes wird evoziert, wenn es später heißt, *pauci* hätten den Götterkult um Romulus initiiert und verbreitet. Darüber hinaus gibt Livius eine ganz **rationale Motivation** für diese *fama* und betont sie auch zweimal: *metus orbitatis* und *pavor praesens*. Dazu kommt die *admiratio*, welche die Apotheose in den Augen der Bevölkerung plausibel erscheinen ließ. Um eine lähmende Starre, die das junge Rom gefährden könnte, zu vermeiden, sei demnach diese *fama* entwickelt worden. Die Variante, derzufolge die Senatoren den Körper des Romulus zerstückelt hätten, geht letztlich ebenfalls von derselben Motivation aus und unterstellt den *patres* nur noch größere Skrupellosigkeit. Die **Distanz des Livius** wird auch dadurch deutlich, dass die **Rolle der Götter** vollkommen in den **Hintergrund** tritt. Letztlich dient etwa der zitierte Verweis auf seine göttliche Abstammung nur dazu, ihn zu überhöhen (Z. 7–9: *a paucis initio facto, deum deo natum ...*

salvere universi Romulum iubent). Völlig unklar bleibt auch, durch welche Macht Romulus in den Himmel entrissen worden ist.

Demgegenüber folgt **Ovid** ganz seinem **dichterischen Programm**, in seinem mythologischen Werk Metamorphosen darzustellen (vgl. das Proömium in Met. 1,1–4). Ohne historiografische Kritik wird der Mythos der Apotheose des Romulus – nach Livius wäre er als *fama* zu bezeichnen – im Dienste des Themas verarbeitet und seine Darstellung auf das Ziel, die läuternde Metamorphose des menschlichen Königs Romulus zum schützenden Gott Quirinus, ausgerichtet. In diesen **mythologischen Rahmen** fügt sich auch schlüssig der **Götterapparat**, dessen sich Ovid bedient: Es ist der Vater des Romulus, Mars, der für seinen Sohn die Apotheose erbittet. Auf der anderen Seite steht Jupiter als höchste Instanz der Götter, der allein eine solche Ehrung für einen Menschen bewilligen könnte.

Dabei gibt es durchaus **inhaltliche Parallelen**, etwa den gewaltigen Sturm und das Verschwinden des Körpers; man könnte in diesem Zusammenhang vermuten, dass Ovid wohl eher die zweite Variante, die bei Livius erwähnt wird, benutzt hat, weil sich letztlich auch bei ihm der Körper des Romulus auflöst *(dilapsum/discerptum)*. Darüber hinaus nutzt Ovid die Apotheose, um sich ganz als *poeta doctus* in epischer Tradition darzustellen: Abgesehen von der Apostrophe in V. 4, wo er Romulus bei seinem gängigen Namen anspricht, nutzt er für den König, aber auch für die Bevölkerung oder den Mars entlegene Namen *(Iliaden; Quiris; Mavors, Gradivus)* und zieht außergewöhnliche Worte der **Kultsprache** heran *(pulvinar/trabeatus)*. Er nutzt die Gelegenheit der Apotheose, um zwei typische **Topoi des Epos** umzusetzen, nämlich die **flehende Ansprache** eines Gottes vor dem Göttervater für seinen Schützling (z. B. Venus für Aeneas im 1. Buch der *Aeneis,* Athene für Odysseus im 1. Buch der Odyssee, Thetis für Achill im 1. Buch der Ilias) sowie die **Ekphrasis** (Beschreibung) eines Gottes und seiner Fahrt durch die Lüfte (z. B. Merkur im 4. Buch der *Aeneis*, Hermes im 5. Buch der Odyssee, Poseidon durch das Meer im 13. Buch der Ilias).

Hier zeigt sich, dass **Ovid** den Mythos für seine **dichterischen Zwecke** benutzt, und insofern beweist er als Dichter eine ähnlich **kritische Distanz zum Mythos** der Apotheose wie Livius als Geschichtsschreiber.

3. *Legen Sie zunächst dar, welches Rombild die sogenannten augusteischen Autoren (z. B. Vergil, Livius, Horaz) zeichnen, dann, welches Bild von Rom Ovid in den Metamorphosen zum Ausdruck bringt, um in einem abschließenden Schritt den Vergleich zu ziehen.* (Anforderungsbereich II–III)

Vergils *Aeneis* ist von einem **teleologischen** (also auf ein Ziel ausgerichteten) **Bild Roms** geprägt: Es ist das vom göttlichen *fatum* bestimmte Schicksal Roms, den *orbis terrarum* zu lenken. Von Aeneas auf göttliches Geheiß hin in Latium begonnen, von Ascanius Iulus fortgesetzt und über Romulus und die Heroen der Republik weitergeführt, vollendet Augustus den **göttlichen Plan**

der **römischen Weltherrschaft** in seiner Friedensordnung. Roms Auftrag ist ebenso ein zivilisatorischer, weil es die (hochmütigen) Völker bändigen und sie gemäß einer vernunftorientierten und von den Göttern gewollten Ordnung beherrschen soll (Aen. 6,851–853): *tu regere imperio populos, Romane, memento – hae tibi erunt artes – pacique imponere morem, parcere subiectis et debellare superbos.* Dies zeigt sich auch im 4. Buch in der Ansprache Jupiters an Merkur, der Aeneas aus Karthago zurückführen soll, oder bei der Schildbeschreibung im 8. Buch.

Auch bei **Livius** kommt diese **zivilisatorische Überlegenheit Roms** zum Ausdruck. Im Gegensatz zu den Karthagern seien die Römer von *fides, pietas* und *virtus* geprägt, wovon insbesondere die frühen *exempla* aus der Königszeit zeugen. Mit der Überlegenheit der römischen Ordnung über die zerstrittenen Poleis und die Verderbtheit der östlichen Potentaten wird auch die **Expansion Roms** in den griechisch geprägten Osten **legitimiert**.

Diesem **Bild des *fatum*** Roms, seiner politischen wie kulturell zivilisatorischen Überlegenheit ist **Ovid** zwar auch verpflichtet, wenn er am Ende des 15. Buches die Apotheose Caesars beschreibt und so eine Vorausschau des römischen *fatum* unmittelbar vor der Apotheose Caesars konstruiert und sein Werk vor dem Schlusswort mit einem **Loblied der *pax Augusta*** als Vollendung des göttlichen Willens seit dem Aufbruch des Aeneas ausklingen lässt. Jedoch zeigt sich darin erneut die völlig **andere Schwerpunktsetzung** als bei seinem dichterischeb Vorbild: Denn Ovid rezipiert die *Aeneis*, konkret die Vorausschau des Anchises im sechsten Buch.

Während Vergil seine poetische Kunst zur Umsetzung des teleologischen Konzeptes in der *Aeneis* nutzt, nutzt Ovid dieses Konzept zur Umsetzung seiner poetischen Kunst. Vergil zeigt sich als *poeta doctus*, um Rom, dem Imperium und der *pax Augusta* eine mythisch-religiöse Legitimation zu geben, während Ovid sich als *poeta doctus* um der Dichtung willen zeigt. Diese Umkehrung ist auch vor dem Hintergrund der Biografie verständlich: Ovid ist fast eine Generation nach Vergil, Augustus oder Livius geboren, die Katastrophen der Bürgerkriege nach 50 v. Chr. waren für Ovid nicht mehr in der Weise präsent wie für sie und die augusteische Friedensordnung und die römische Herrschaft standen für ihn nicht mehr infrage.

Nordrhein-Westfalen – Latein Leistungskurs
Übungsaufgabe 5

Text

Publius Sestius hat sich als Volkstribun zusammen mit seinem Kollegen Titus Milo 57 v. Chr. vehement für die Aufhebung von Ciceros Exil eingesetzt. Dabei kam es zu Konflikten und Prügeleien mit den Banden des P. Clodius Pulcher, der als Volkstribun 58 v. Chr. Ciceros Exilierung durchgesetzt hatte. Aus Rache klagten ihn 56 v. Chr. die Gefolgsleute Pulchers wegen Gewaltanwendung im Amt an, aus Dankbarkeit für seine Rückkehr hat Cicero die Verteidigung übernommen. Am Ende fasst Cicero seine Gedankengänge folgendermaßen zusammen:

Sed ut extremum habeat aliquid oratio mea et ut ego ante dicendi finem faciam quam vos me tam attente audiendi, concludam illud de optimatibus eorumque principibus ac rei publicae defensoribus, vosque, adulescentes, et qui nobiles estis, ad maiorum vestrorum imitationem excitabo, et qui ingenio ac virtute nobilitatem potestis
5 consequi, ad eam rationem in qua multi homines novi et honore et gloria floruerunt cohortabor. haec est una via, mihi credite, et laudis et dignitatis et honoris: a bonis viris sapientibus et bene natura constitutis laudari et diligi; nosse discriptionem civitatis a maioribus nostris sapientissime constitutam; qui cum regum potestatem non tulissent, ita magistratus annuos creaverunt, ut consilium senatus rei publicae
10 praeponerent sempiternum, deligerentur autem in id consilium ab universo populo aditusque in illum summum ordinem omnium civium industriae ac virtuti pateret. senatum rei publicae custodem, praesidem, propugnatorem conlocaverunt; huius ordinis auctoritate uti magistratus et quasi ministros gravissimi consili esse voluerunt; senatum autem ipsum proximorum ordinum splendorem confirmare,
15 plebis libertatem et commoda tueri atque augere voluerunt. haec qui pro virili parte defendunt, optimates sunt, cuiuscumque sunt ordinis; qui autem praecipue suis cervicibus tanta munia atque rem publicam sustinent, hi semper habiti sunt optimatium principes, auctores et conservatores civitatis.

(196 Wörter)

Übersetzungshilfen

Z. 1	extremum	Ende
Z. 2	illud	*gemeint ist das, was er bisher gesagt hat*: meine Ausführungen
Z. 3	et qui	= et vos, qui …
Z. 5	consequi	*wird im Lateinischen mit Akkusativ konstruiert*
	ratio	*hier:* Verhalten, Lebensweise
Z. 6	unus, -a, -um	ein, einzig
Z. 7	bene natura constitutus	von Natur aus gut
	discriptio, -onis f.	*hier:* Ordnung
Z. 8	constitutam	*ergänzen Sie:* esse
	qui	*gemeint sind die* maiores nostri

Z. 10	praeponere + Dat.	jmd. voran-/an die Spitze stellen
	sempiternus, -a, -um	ewig, ständig
	deligerentur	*Subjekt sind die* maiores nostri *als zukünftige Mitglieder des Senats*
Z. 11	ordo	Stand
Z. 12	custodem, praesidem, propugnatorem	Prädikativa zu *senatum* und *collocaverunt* („als")
Z. 14	voluerunt	*Subjekt sind die* maiores nostri
Z. 15	pro virili parte	nach Kräften
Z. 16	cuiuscumque sunt ordinis	zu welchem Stand sie auch gehören
Z. 17	habere + dopp. Akk.	jmd. für etw. halten

Aufgabenstellung

I. Übersetzen Sie den lateinischen Text angemessen ins Deutsche.

II. Bearbeiten Sie folgende Interpretationsaufgaben:

1. Arbeiten Sie die Rolle, die Cicero den *maiores* zuweist, anhand charakteristischer lateinischer Begriffe und der sprachlich-stilistischen Umsetzung heraus.

2. Vergleichen Sie diese Haltung mit der bei Livius.

3. Beziehen Sie Stellung zu diesen Vorstellungen aus Sicht eines Stoikers und aus Sicht eines Epikureers.

Lösungsvorschläge

Textstelle: Cicero, Pro Sestio *136ff.*

Inhaltliche Schwerpunkte:
- *Staat und Gesellschaft*
  - *politische, soziale und ökonomische Strukturen des römischen Staates*
  - *römische Werte*
- *römische Geschichte und Politik*
  - *Romidee und Romkritik*
  - *Rom in der Auseinandersetzung mit fremden Völkern*
- *römisches Philosophieren*
  - *stoische und epikureische Philosophie*

I. Übersetzung

Bedenken Sie, dass es sich um eine Rede handelt, sodass insbesondere bei Cicero daher mit einer sehr dichten sprachlichen Gestaltung zu rechnen ist. Dies gilt insbesondere für Ellipsen (gleich zu Beginn). Die folgende Übersetzung versteht sich als Modell, andere Formulierungen sind durchaus möglich.

(Anforderungsbereich III)

Aber damit meine Rede nun irgendein Ende hat und damit ich früher meinem Sprechen ein Ende setze, als ihr aufhört, mir so aufmerksam zuzuhören, will ich meine Ausführungen über die Optimaten und ihre Anführer und Verteidiger der Republik beenden, und will euch, junge Männer, die ihr zum Adel gehört, zur Nachahmung eurer Vorfahren anregen und euch, die ihr durch eure Begabung und eure Tüchtigkeit dem Adel folgen könnt, zu der Lebensweise ermutigen, mit der viele *homines novi* zu Ehren und Ruhm gekommen sind. Dies ist der einzige Weg, glaubt mir, von Lob, Würde und Ruhm: von guten, weisen Männern und solchen, die von Natur aus gut sind, gelobt und geschätzt zu werden; die Ordnung unseres Gemeinwesens, das von unseren Vorfahren so überaus weise errichtet worden ist, genau zu kennen; als diese die Macht der Könige nicht mehr hatten ertragen können, schufen sie in der Form jährliche Beamte, dass sie ein ständiges Gremium, (nämlich) den Senat, dem Staat an die Spitze stellten, (*ergänzen Sie:* die Mitglieder) aber vom gesamten Staatsvolk in diesen Rat gewählt wurden und der Zugang in diesen höchsten Stand dem Einsatz und der Tüchtigkeit aller Bürger offenstand. Den Senat setzten sie als Wächter, Vorsitzenden und Verteidiger des Staates ein. Sie wollten, dass die Beamten den Einfluss dieses Standes nutzen und gleichsam Diener dieses hochehrwürdigen Rates seien; sie wollten, dass der Senat selbst aber den Glanz der ihm nächsten Stände sichere und die Freiheit der *plebs* und ihre Vorteile schütze und fördere. Diejenigen, die dies nach Kräften verteidigen, sind Optimaten, zu welchem Stand sie auch gehören. Diejenigen aber, die ganz besonders so große Aufgaben und den Staat auf ihre Schultern laden, diese sind stets für die Führer der Optimaten gehalten worden, als Förderer und Beschützer der Gemeinschaft.

II. Interpretationsaufgaben

1. *Bedenken Sie bei dieser Aufgabenstellung, dass Sie die Kernaussagen des vorliegenden Textes in den wesentlichen Zügen strukturiert und in Ihren eigenen Worten anhand des (lateinischen) Textes darstellen sollen. Dabei handelt es sich weder um eine Inhaltsangabe noch um eine Paraphrase. Berücksichtigen Sie bei Ihren Ausführungen auch die Lebenssituation Ciceros. Die folgende Bearbeitung erhebt nicht den Anspruch, die einzig mögliche Alternative zu sein, sondern soll der Orientierung dienen.* (Anforderungsbereich II)

Um am Ende gemäß den grundsätzlichen Regeln der Rhetorik die Aufmerksamkeit und das Wohlwollen seiner Zuhörer zu erhalten, wie er selbst ausdrücklich betont (*ut ego ante dicendi finem faciam quam vos me tam attente audiendi*, Z. 1/2), appelliert er an seine Zuhörer, sich die Vorfahren zum Vorbild zu nehmen, betont durch das **Homoioteleuton** und die **Assonanz** (*ad maiorum vestrorum imitationem excitabo*, Z. 3/4). Die *imitatio maiorum* hält er für den einzigen Weg, innerhalb Roms eine herausragende Stellung zu erlangen. Dies wird durch die simple Syntax und das **Trikolon** hervorgehoben (*haec est una via, mihi credite, et laudis et dignitatis et honoris*, Z. 6). Wie entscheidend die Struktur des Gemeinwesens ist, „das von unseren Vorfahren so überaus weise errichtet worden ist", wird durch das **Hyperbaton** unterstrichen (***discriptionem*** *civitatis a maioribus nostris sapientissime* ***constitutam***, Z. 7/8). Diese Struktur legt Cicero nun in seinem Sinne aus, wobei er den Schwerpunkt auf den Senat als das führende Gremium des Gemeinwesens (*consilium*) legt. Sprachlich wird dies durch das **Trikolon** (*rei publicae custos, praeses, propugnator*, vgl. Z. 12) ausgeschmückt. Entscheidend ist für Cicero nun, dass der Zugang zu diesem Gremium nach dem Willlen der Vorfahren nicht durch die soziale Herkunft bedingt sein soll, sondern durch die Wahl des gesamten Volkes und durch Fleiß und Tapferkeit (*industria ac virtus*, Z. 11). Hier ist es schlüssig, dass er von dem „höchsten Stand aller Bürger" spricht und nicht von einem exklusiv elitären Klub. Der Zusammenhang zwischen Senat und allen Bürgern wird durch das **Homoioteleuton** betont (*summum ordinem omnium civium*, vgl. Z. 11). Dem entspricht auch die Aufgabe des Senats, der nicht den persönlichen Interessen seiner Mitglieder, sondern dem *splendor proximorum ordinum* und den *plebis libertas et commoda* dienen solle. Alle, die sich in besonderem Maße für den Staat innerhalb dieser Gruppe hervortun, sind seine Anführer und *optimatium principes, auctores et conservatores civitatis*. Dieses scheinbare **Trikolon** greift die dreiteilige Funktion des Senats selbst (s. o.) auf und erklärt die Führer des Senats aufgrund ihrer Tätigkeit damit zur Essenz des Gremiums selbst. Damit meint und legitimiert Cicero sich selbst, da er es allein, ohne den Beistand einer *gens*, nur aufgrund seiner rhetorischen und politischen Fähigkeiten geschafft hat, zum Senat zu gehören und sich in den Dienst der *res publica* zu stellen. Indem er die Struktur der *res publica Romana* und ihrer *civitas* so deutet und insgesamt auf den Willen der *maiores nostri* zurückführt, rechtfertigt er seine eigene

Stellung durch die ursprüngliche Absicht der Vorfahren und entzieht sich somit dem Vorwurf der Parteilichkeit. Sprachlich betont er diese Rolle der Vorfahren durch dasselbe Subjekt (nur einmal in *qui*) in den Zeilen 8–16 und insbesondere durch den **Parallelismus** in Z. 11–17 mit demselben Prädikat in der **Schlussstellung** (*voluerunt*).

2. *Günstig ist es, wenn Sie zuerst Livius' Vorstellung der* maiores nostri *darlegen. Ermitteln Sie im Anschluss Gemeinsamkeiten, Ähnlichkeiten und Unterschiede zwischen Livius' und Ciceros Bild der Rolle der Vorfahren und stellen Sie diese begründet dar.* (Anforderungsbereich II–III)

Im Proöm hält Livius expressis verbis fest: *Hoc illud est praecipue in cognitione rerum salubre ac frugiferum, omnis te exempli documenta in inlustri posita monumento intueri; inde tibi tuaeque rei publicae, quod* **imitere**, *capias, inde foedum inceptu, foedum exitu, quod vites.*

Demnach sollen die Vorfahren bei Livius in seiner Aufzeichnung ihrer Taten den Lesern als (moralische) *exempla* dienen, in ihren, wie er zuvor schreibt, *mores, artes* und ihrer *vita*. Dabei betont Livius ausdrücklich die **Bedeutung** nicht für sich selbst, sondern auch **für den Staat** *(tibi tuaeque rei publicae)*: Vorbildhafte gute Taten und Leistungen haben in der Vergangenheit zur Größe der *res publica* geführt. In dieser Hinsicht trifft er sich in allgemeinerer Form also mit Ciceros Vorstellung, der die *maiores* als Vorbild zur Nachahmung (*imitationem*, Z. 4) empfehlen will, insbesondere in der von ihm gedeuteten Struktur der *res publica*.

Der **wesentliche Unterschied** besteht allerdings darin, dass **Cicero** – ganz ausgerichtet auf sein Ziel, den eigenen Lebensweg zu rechtfertigen und den *ordo senatorius* und die Optimaten von dem Ruch der Fraktionsbildung zu befreien – allein ein **positives Bild** sieht, **Livius** hingegen darauf verweist, dass er auch *exempla* aufführen wird, deren Verhalten man ablehnen soll *(...foedum exitu, quod vites)*, um gleichsam aus dem **Gegenbild** die positiven Konsequenzen für sich und seine Lebensführung (im Dienste der *res publica*) zu ziehen. So führt er auch Beispiele an, die zeigen, dass schlechte Handlungen zum Niedergang der *res publica* führten und daher zu vermeiden sind.

3. *Machen Sie sich für sich selbst zunächst die grundlegenden Prinzipien der stoischen und epikureischen Lehre klar und geben Sie unter Verwendung Ihres im Unterricht gewonnenen Fachwissens eine begründete Einschätzung, inwiefern es Verbindungen zu Ciceros Vorstellungen gibt.*
(Anforderungsbereich II–III)

Eine wesentliche Ansicht der **Stoa** ist die *ratio recta*, d. h. die richtige Einsicht, die in höchstem Maße rationale Struktur der Weltordnung, in der nach der *Heimarmene* (griech.: εἱμαρμένη) der Einzelne aufgrund seiner rationalen Anteilnahme an der „Weltvernunft" einen bestimmten Platz hat. Innerhalb dieses Rahmens wird ein Stoiker demnach **Cicero folgen**, der die *optimates* gerade dadurch definiert, dass sie sich in den Dienst der *res publica* stellen. Dieses *officium*, d. h. die verpflichtende Aufgabe, die jedem aufgrund des rationalen Kosmos und damit der eigenen Fähigkeiten aufgegeben ist, den **Dienst**, den die Optimaten **für den Staat** leisten also, würde der **Stoiker voll unterstützen**. Der Definition der *optimates* und dieser Definition von pflichtgemäßem Verhalten würde der **Epikureer** heftig widersprechen, weil er allein im **Rückzug in das Private die Erfüllung** des rationalen Individuums sehen würde, allein im *otium*, das allerdings zur rationalen Fortentwicklung des Einzelnen genutzt werden sollte, nicht zur hedonistischen Befriedigung.

Nordrhein-Westfalen: Latein als fortgeführte Fremdsprache 2014
Grundkurs – Aufgabe 1

Text

König Aeacus erzählt von der großen Pest, die auf seiner Insel Aegina ausgebrochen ist und durch die schon die allermeisten Bewohner gestorben sind. Völlig verzweifelt habe er sich mit einem Gebet an seinen Vater Jupiter gewandt und um ein göttliches Zeichen gebeten. Den darauf folgenden Blitz und Donner habe er als günstiges Zeichen gedeutet. Dann habe er mit seinen Gefährten in der Nähe eine alte, dem Jupiter heilige Eiche erblickt. Aeacus setzt seine Erzählung fort:

Hic nos frugilegas adspeximus agmine longo
grande onus exiguo formicas ore gerentes
rugosoque suum servantes cortice callem.
Dum numerum miror, „totidem, pater optime", dixi,
5 „tu mihi da cives et inania moenia supple!"
Intremuit ramisque sonum sine flamine motis
alta dedit quercus. Pavido mihi membra timore
horruerant stabantque comae; tamen oscula terrae
roboribusque dedi nec me sperare fatebar,
10 sperabam tamen atque animo mea vota fovebam.
Nox subit et curis exercita corpora somnus
occupat. Ante oculos eadem mihi quercus adesse
et ramos totidem totidemque animalia ramis
ferre suis visa est pariterque tremescere motu
15 graniferumque agmen subiectis spargere in arvis;
crescere quod subito maius maiusque videtur
ac se tollere humo rectoque adsistere trunco
et maciem numerumque pedum nigrumque colorem
ponere et humanam membris inducere formam.   *(122 Wörter)*

Schließlich treten die Verwandelten als Untertanen vor König Aeacus, als dieser aus dem Schlaf erwacht ist.

Übersetzungshilfen

V. 2	formica, -ae f.	Ameise
V. 3	callem servare	den Pfad einhalten
V. 4	numerum	*ergänzen Sie:* formicarum
V. 6	flamen, -inis n.	Windhauch
V. 7	pavidus timor	*hier:* Schrecken und Angst
V. 9	robur, roboris n.	Eichenholz
	roboribus	*dichterischer Plural*
V. 10	votum fovere	Wunsch bewahren

V. 11	subire, -eo, -ii	sich nähern, herankommen
	exercitus, -a, -um	geplagt
	corpora	*dichterischer Plural*
V. 12–15	adesse … spargere	*alle Infinitive abhängig von* visa est *(V. 14)*
V. 13	animalia	= formicae
V. 15	agmen	*ergänzen Sie:* formicarum
	subiectis spargere in arvis	auf dem darunter liegenden Feld ausstreuen
V. 16	quod	*relativischer Satzanschluss*
V. 17	truncus, -i m.	Rumpf, Körper
V. 19	ponere	*hier:* ablegen

Aufgabenstellung

I. Übersetzen Sie den lateinischen Text ins Deutsche.

II. Bearbeiten Sie die folgenden Interpretationsaufgaben: Punkte

1. Gliedern Sie den lateinischen Text. Beziehen Sie dabei die deutsche Fortsetzung mit ein. 6

2. a) Arbeiten Sie heraus, wie die Beziehung zwischen dem Menschen Aeacus und dem Gott Jupiter in den Versen 4–10 dargestellt ist, und belegen Sie Ihre Aussagen am Text. 8
   b) Fassen Sie das Ergebnis in einem Fazit zusammen. 2

3. a) Analysieren Sie die Verse 18–19 metrisch. 4

   V. 18 et maciem numerumque pedum nigrumque colorem

   V. 19 ponere et humanam membris inducere formam.

   b) Untersuchen Sie, mit welchen inhaltlichen und sprachlich-stilistischen Mitteln das Traumbild gestaltet ist, und erläutern Sie die Funktion dieser Gestaltungsmittel unter Berücksichtigung der Zäsuren in V. 18 und V. 19 im Kontext. 18
   c) Bestimmen Sie abschließend die Funktion des Traumbildes im Kontext. 4

4. Stellen Sie dar, inwiefern sich die Göttervorstellung der Epikureer von der im Text vorkommenden unterscheidet, und fassen Sie das Ergebnis kurz zusammen. Berücksichtigen Sie dabei auch Ihre im Unterricht erworbenen Kenntnisse. 8

Lösungsvorschläge

Textstelle: Ovid, Metamorphosen 7, 624–642
Inhaltliche Schwerpunkte:
- Römisches Philosophieren
  - Grundbegriffe stoischer und epikureischer Philosophie
  - Gottes-/Göttervorstellungen
- Römisches Staatsdenken
  - Römische Werte

Medien/Materialien:
- Ovid, Metamorphosen, Buch 1, 1–150; Buch 15
- Auswahl aus Seneca, Epistulae morales ad Lucilium

I. Übersetzung

- *Da als poetische Lektüre Ovids Metamorphosen vorgegeben sind, wissen Sie, dass der Textauszug aus diesem Werk stammt und für das Nachschlagen von Vokabeln Angaben für Ovid sowie die metaphorischen und metonymischen Bedeutungen eine Rolle spielen werden. Zum Teil werden Sie im Wörterbuch sogar Wendungen aus dem vorliegenden Text entdecken, wenn Sie Wörter im Kontext nachschlagen. Sie kennen das Versmaß des Hexameters und die Zäsuren (u. a. wichtig für die Interpretationsaufgabe Nr. 3). Rechnen Sie mit poetischer Wortwahl, dem Vorkommen von Hyperbata und Besonderheiten wie historischem Präsens und dichterischem Plural; auf Letzteren wird in den Übersetzungshilfen verwiesen. Es ist sinnvoll, diese kursiv gedruckten Hinweise durch Markierungen hervorzuheben oder sich einen Vermerk am Textrand zu machen. Kennzeichnen Sie zudem beim ersten Durchlesen des Textes die zahlreichen Hyperbata, die Enjambements und weitere sprachlich-stilistische Mittel, die Ihnen auffallen. Machen Sie Satzgrenzen deutlich und markieren Sie Konnektoren für Teilsätze und Satzglieder.*
- *In der Einleitung erfahren Sie, was der vorliegenden Textstelle inhaltlich vorausgeht: Der verzweifelte König Aeacus hat sich mit einem Gebet an den Gott Jupiter gewandt, der mit Zeichen geantwortet hat. Donner und Blitz sind Attribute Jupiters; ferner wird eine alte Eiche als heiliger Baum Jupiters hervorgehoben. Mit dem Adverb* hic, *das auf den Standort der genannten heiligen Eiche verweist, setzt der Übersetzungstext ein.*
Kennzeichnen Sie in der Einleitung mit unterschiedlichen Farben die Aeacus und Jupiter zugehörigen Begriffe und verwenden Sie diese auch im Text (vor allem in den Versen 4–10 im Hinblick auf die Interpretationsaufgabe Nr. 2, in der es um die Beziehung Mensch – Gott geht).
Dass es wie in allen Metamorphosen Ovids auch hier eine Verwandlung gibt, können Sie der deutschen Fortsetzung des Textes entnehmen, die das Ergebnis der Verwandlung beschreibt. Der eigentliche Verwandlungsvorgang wird demnach in den vorhergehenden Versen dargestellt. Durch die Einleitung, das

rückverweisende Adverb hic *in V. 1, den in der 2. Interpretationsaufgabe genannten Aspekt und die deutsche Fortsetzung sind Sie thematisch gut auf den Text vorbereitet.* (Anforderungsbereich III)

Hier erblickten wir früchtesammelnde Ameisen, die in einem langen Zug eine große Last mit ihrem winzigen Mund trugen und ihren Pfad auf der rissigen (*wörtlich:* runzeligen) Baumrinde einhielten. Während ich mich über die Anzahl der Ameisen wunderte, sagte ich: „Ebenso viele Bürger, bester Vater, gib du mir und bevölkere wieder die leere Stadt!" Es erbebte die hohe Eiche und gab mit ihren Ästen, die sich ohne einen Windhauch bewegt hatten (*alternativ*: ohne dass sie von einem Windhauch bewegt worden waren), einen Klang (*alternativ*: ein Rauschen) von sich. Vor Schrecken und Angst hatten sich mir die Glieder geschaudert und standen mir die Haare zu Berge; dennoch gab ich der Erde und dem Eichenholz Küsse, aber gestand nicht ein, dass ich Hoffnung hatte, hoffte trotzdem und bewahrte meine Wünsche im Herzen. Die Nacht kommt heran und Schlaf überkommt meinen von Sorgen geplagten Körper *(hist. Präs).* Vor meinen Augen schien mir dieselbe Eiche da zu sein und ebenso viele Äste (zu tragen) und ebenso viele Ameisen auf ihren Ästen zu tragen und in gleicher Weise in einer Bewegung zu erbeben und den körnertragenden Zug von Ameisen auf dem darunter liegenden Feld auszustreuen; dieser scheint *(hist. Präs.)* plötzlich mehr und mehr (*alternativ:* höher und höher) zu wachsen und sich vom Boden zu erheben und mit aufrechtem Körper stehenzubleiben und die Magerkeit und Anzahl der Füße und die schwarze Farbe abzulegen und Menschengestalt anzunehmen.

II. Interpretationsaufgaben

1. *Die Gliederung in Sinnabschnitte soll durch Versangaben und zusammenfassende Überschriften gekennzeichnet werden. Eine Einteilung in Unterabschnitte bietet sich bei diesem Text an – vergleichen Sie dazu das lateinische Original mit Ihrer Übersetzung. Die Lösung dieser Aufgabe erfordert, dass Sie entsprechende formale (z. B. Personenwechsel, Tempuswechsel, wörtliche Rede) und inhaltliche Hinweise (z. B. Wechsel von Beschreibung, Aktion und Reaktion) erkennen und berücksichtigen. Letztere werden hier durch die Formulierungen in den Interpretationsaufgaben 2a und 3b sowie durch die deutsche Fortsetzung gegeben. Gliederungskriterien als Begründung werden nicht verlangt.* (Anforderungsbereich II)

   V. 1–3: Beschreibung des Ameisenzuges unter der heiligen Eiche

   V. 4–10: Darstellung der **Beziehung zwischen dem Menschen Aeacus und dem Gott Jupiter**
   - V. 4–5: Königs Aeacus' Hilferuf an seinen göttlichen Vater Jupiter
   - V. 6–10: Folgen des Hilferufs
     – V. 6–7a: Signale der heiligen Eiche
     – V. 7b–10: Reaktion des Aeacus → Erschrecken und Hoffen

V. 11–19: Beschreibung des Traumbildes, das dem König erschienen ist
- V. 11–12a: Überleitung zu der folgenden Darstellung des Traumbildes
- V. 12b–15: Bild der Eiche und Aussaat der Ameisen
- V. 16–19: Verwandlung der Ameisen in Menschen

dt. Text: Verwirklichung des Traumbildes → die Ameisen sind auch in der Realität in Menschen verwandelt worden

2. a) *In den Versen 4–10 geht es um die Beziehung zwischen Aeacus und Jupiter. Sie sollen diese in einzelnen Schritten herausarbeiten und Ihre Aussagen anhand von Textstellen belegen.*   *(Anforderungsbereich II)*

- König Aeacus ist, wie man schon in der Texthinführung erfährt, verzweifelt und hat sich an Jupiter, den obersten Gott, um Hilfe gewandt. Durch den darauffolgenden Blitz und Donner hat er seiner Deutung nach ein Zeichen des Gottes erhalten.
- Jetzt ruft er beim Anblick einer alten Eiche, die dem Gott heilig ist, und eines unermesslich großen und geordneten Ameisenzuges erneut seinen Vater Jupiter an (*pater optime, ... tu da ... et supple*, V. 4/5).
- Die große Anzahl der Ameisen erweckt in ihm die Vorstellung von einer ebenso großen Anzahl Menschen, die sein Reich wieder bevölkern sollen und um die er Jupiter bittet (*totidem tu mihi da cives et inania moenia supple*, V. 4/5).
- Auf diesen Hilferuf hin erfolgt ein neuerliches Zeichen Jupiters: Die diesem geweihte Eiche zeigt eine Bewegung und ein Rauschen, das nicht durch einen äußeren Einfluss hervorgerufen worden ist (*intremuit ramisque sonum sine flamine motis alta dedit quercus*, V. 6/7).
- Da Aeacus sich dieses Zeichen nicht erklären kann, reagiert er zunächst mit Schrecken und Angst, Gefühlen, die sich auch körperlich zeigen (*pavido ... membra timore horruerant stabantque comae*, V. 7/8a).
- Trotzdem *(tamen)* erweist er dem Ort und der Eiche – und damit Jupiter – seine Ehrerbietung (*oscula terrae roboribusque dedi*, V. 8/9).
- Er wagt es noch nicht, sich seine Hoffnung auf Erfüllung seines Wunsches deutlich einzugestehen (*nec me sperare fatebar*, V. 9), hofft aber innerlich trotzdem darauf (*sperabam tamen atque animo mea vota fovebam*, V. 10).

b) *Ihr Fazit darf kurz sein und soll eine Verallgemeinerung der oben beschriebenen Beziehung zwischen Aeacus und Jupiter darstellen.*
(Anforderungsbereich II)

Die dargestellte Beziehung zwischen Mensch und Gott zeigt einerseits Nähe, da der Mensch sich vertrauensvoll mit einer Bitte an die Gottheit wenden kann. Andererseits besteht eine Distanz gegenüber dem Gott: der Mensch weiß nicht, ob bzw. wie er auf sein Gebet reagieren wird. Der Gott bleibt ihm verborgen, äußert sich allerdings durch Zeichen. Auch wenn diese zunächst Furcht erwecken, hat der Mensch letztlich Hoffnung auf göttlichen Beistand.

3. a) *Im Unterricht haben Sie Ovids Metamorphosen behandelt und dabei das Versmaß des Hexameters und die Lage der Zäsuren sowie die jeweiligen Begriffe dafür kennengelernt. Ein Tipp: Der Prüfungstext wird im schriftlichen Abitur vorgelesen. Dabei können Sie mit Bleistift die Betonungsakzente setzen und haben so eine Hilfe für die Lösung der metrischen Analyseaufgabe. Lesen Sie sich dann die Verse 18/19 noch einmal mit deutlicher Betonung und Sprechpausen vor und setzen Sie die Zeichen für kurze und lange Silben sowie für Zäsuren. Tragen Sie die Bezeichnungen für die Zäsuren mit den entsprechenden Anfangsbuchstaben ein.*
(Anforderungsbereich II)

$$\text{V. 18}\quad \overset{\_}{et}\, \overset{\smile\smile}{maciem}\, \|\, \overset{\_\,T\,\smile\smile}{numerumque}\, \overset{\_}{pe}\overset{\smile}{dum}\, \|\, \overset{\smile}{nig}\overset{\_\,H}{rumque}\, \overset{\_}{co}\overset{\smile\smile}{lorem}\, \overset{\_\,\times}{}$$

$$\text{V. 19}\quad \overset{\_\,\smile}{poner(e)}\, \overset{\_}{et}\, \overset{\_}{huma}\overset{\_\,P}{nam}\, \|\, \overset{\_}{mem}\overset{\_\,H}{bris}\, \|\, \overset{\_}{indu}\overset{\smile\smile}{cere}\, \overset{\_\,\times}{formam}.$$

T = Trithemimeres
P = Penthemimeres
H = Hephthemimeres

b) *Es wird laut Aufgabe erwartet, dass Sie das Traumbild inhaltlich und sprachlich-stilistisch untersuchen und die poetische Gestaltung im Kontext verdeutlichen. Den Zäsuren in den Versen 18/19 kommt hier eine besondere Bedeutung zu. Das Traumbild setzt erst in V. 12b ein; Sie sollten aber auch die Überleitung in V. 11/12a berücksichtigen.*
(Anforderungsbereich II–III)

- In der Überleitung zu dem Traum des Aeacus wird das Einsetzen der Nacht und der die Sorgen betäubende Schlaf durch den Tempuswechsel zum **dramatischen/historischen Präsens** (*subit, occupat*, V. 11/12) sowie durch die **besondere Wortwahl** betont.
- Das Traumbild setzt ein mit dem Bild der Eiche, die Aeacus vorher in der Realität gesehen hat (*ante oculos eadem mihi quercus adesse ... visa est*, V. 12ff). Er sieht auch im Traum die unzähligen Ameisen,

deren Anblick ihn zuvor zu seiner Bitte um ebenso viele Menschen in seiner Stadt geführt hat. Der Begriff *totidem* aus V. 4 wird hier durch die **Iteratio** (V. 13) aufgegriffen, die einerseits die Äste und andererseits die Ameisen charakterisiert und in Verbindung mit dem **Chiasmus** (V. 13) (*et ramos totidem totidemque animalia ramis*) und dem **Enjambement** *ramis ... suis* (V. 13/14) die Vorstellung der wimmelnden Ameisen und ihrer Unzählbarkeit sowie der Ununterbrochenheit des Zuges hervorhebt.

- Die Parallelität von Traum und Realität wird auch durch die Wortwahl in den Versen 12–15 verdeutlicht: *eadem* (V. 12), *pariter* (V. 14), *tremescere* (V. 14) im Vergleich zu *intremuit* (V. 6).
- Wie Samen werden die Ameisen von den Zweigen der Eiche geschüttelt und auf dem Boden verstreut, als würden sie gesät: Dieser **Vergleich** wird in V. 15 durch die **betonte Anfangsstellung** des Attributs *graniferum* und die **zentrale Stelle** des Infinitivs *spargere* in Verbindung mit dem **Hyperbaton** *subiectis ... arvis* unterstützt. Zu der Vorstellung der Aussaat passt das folgerichtige Wachsen, das durch die **betonte Anfangsstellung** des Verbs *crescere* und die **Iteratio** *maius maiusque* in V. 16 beschrieben wird.
- Abhängig von dem Prädikat *videtur* in V. 16, das durch Verwendung des **dramatischen Präsens** hervorgehoben ist, wird das Wachsen der „Ameisensaat" und die Verwandlung in Menschengestalt in fünf Infinitivkonstruktionen in einer **Parataxe** ausgedrückt (V. 16–19).
- Das Wachsen wird in den Versen 16/17 durch das **Polysyndeton** *ac* und *-que* in Verbindung mit einer **Variatio** der Begriffe aus diesem Wortfeld widergespiegelt: *crescere ... maius maiusque ... ac se tollere humo rectoque adsistere trunco.*
- In V. 18 werden die einzelnen Stadien der Verwandlung durch das **Polysyndeton** *et ... -que... -que* verdeutlicht, wobei die drei Phasen jeweils zusätzlich durch die Zäsuren gekennzeichnet werden: das Ablegen der Magerkeit durch die **Trithemimeres** nach *maciem*, das der Anzahl der Füße durch die **Hephthemimeres** nach *pedum*; und die letzte Phase, das Ablegen der schwarzen Farbe *(nigrum colorem)*, stellt das dritte Objekt zu dem Infinitiv *ponere* (V. 19) dar. Auffällig ist ferner der Gleichklang in V. 18 auf *-em* bzw. *-um*, ein **Homoioteleuton**, das durch die Zäsuren besonders deutlich wird.
- Das Ergebnis des Verwandlungsvorgangs, das Annehmen der menschlichen Gestalt, wird durch das **Hyperbaton** *humanam ... formam* (V. 19) ausgedrückt, wobei die **Penthemimeres** nach *humanam* die Zugehörigkeit zu *formam* auch durch das **Homoioteleuton** hervorhebt.

c) *Das Traumbild ist in Bezug zur Realität zu setzen, die im Textzusammenhang vorliegt.* *(Anforderungsbereich II)*

- Im Traum erlebt Aeacus die gleiche Situation wie zuvor: die Beobachtung, die in den Versen 1–3 geschildert wird, und das Signal der heiligen Eiche nach der Äußerung seines Wunsches an Jupiter.
- Der Traum führt das Geschehen aber weiter, denn durch eine Metamorphose entstehen aus den Ameisen Menschen. So zeigt sich für Aeacus im Traum, dass sein Wunsch in Erfüllung gehen wird.
- Der Traum kann also als Zeichen Jupiters gedeutet werden, dass die Hoffnung auf seine Hilfe nicht vergeblich sein muss.

4. *Zur Darstellung der Göttervorstellung der Epikureer müssen Sie auf Ihre unterrichtlichen Kenntnisse zurückgreifen. Dieser stellen Sie dann zum Vergleich die Göttervorstellung gegenüber, die sich im vorliegenden Ovidtext zeigt. Die anschließende Zusammenfassung soll einen grundlegenden Unterschied, aber auch eine mögliche Gemeinsamkeit beinhalten.*
(Anforderungsbereich II–III)

Epikureer:
- Da nach den Vorstellungen der Epikureer alles, auch die Welt, eine Verbindung von Atomen darstellt, sind keine Götter für Veränderungen nötig. Veränderungen entstehen von Natur aus, da sich die Atome immer wieder neu zusammensetzen.
- Götter existieren zwar als reale Wesen, aber auch sie sind Atomverbindungen; sie leben in sogenannten Intermundien. Um die Menschen kümmern sie sich laut Epikur nicht; sie haben keinen Einfluss auf das Schicksal der Menschen.
- Die epikureischen Götter werden auch nicht von Gefühlen beeinträchtigt, die den Menschen beherrschen können, z. B. von Neid oder Hass. Sie leben in dem für Epikureer erstrebenswerten Zustand der Unerschütterlichkeit (Ataraxie) und Leidenschaftslosigkeit (Apathie).

Ovid:
- Ovid zeigt im vorliegenden Text ein mythisches Götterbild: Nach den Vorstellungen der Menschen des Mythos existieren Götter in der Himmelsregion und in der Unterwelt.
- Diese Götter können belohnen oder strafen, sie können Wünsche erfüllen oder ablehnen. Sie haben demnach Einfluss auf das Leben der Menschen.

Zusammenfassung:
- Die Anrufung des Gottes Jupiter durch Aeacus und die Erfüllung seines Wunsches durch göttliches Bewirken könnten von Epikur nicht akzeptiert werden, weil es für ihn keine Einflussnahme der Götter auf die Welt gibt.
- Einen Wandel in der Natur aber, den Ovid hier und in anderen Metamorphosen darstellt, gibt es auch in der Vorstellung der Epikureer – allerdings nicht durch Götter bewirkt, sondern durch Zufallsverbindungen von Atomen.

> **Nordrhein-Westfalen: Latein als fortgeführte Fremdsprache 2014**
> **Grundkurs – Aufgabe 2**

Text

Im 2. Punischen Krieg war ein Notstandsgesetz erlassen worden, das den persönlichen Luxus der Frauen einschränkte: So war ihnen das Tragen prachtvoller Kleidung wie das Fahren in Wagengespannen in Rom untersagt; auch der zulässige Besitz an Goldschmuck war eingeschränkt. Als nach Kriegsende von zwei Volkstribunen ein Antrag auf Abschaffung des Gesetzes eingebracht worden war, solidarisierten sich die Frauen in der Öffentlichkeit und belagerten die Straßen zum Forum. Sie drängten die Beamten und stimmberechtigten Männer, die sich dorthin begaben, für die Abschaffung des Gesetzes zu stimmen.
In den Beratungen bezieht der Konsul Marcus Porcius Cato unerbittlich Position für die Beibehaltung des Gesetzes. Er beginnt seine Rede an das römische Volk folgendermaßen:

„Si in sua quisque nostrum matre familiae, Quirites, ius et maiestatem viri retinere instituisset, minus cum universis feminis negotii haberemus. Nunc domi victa libertas nostra impotentia muliebri hic quoque in foro obteritur et calcatur et, quia singulas sustinere non potuimus, universas horremus. Equidem fabulam et fictam rem
5 ducebam esse virorum omne genus in aliqua insula coniuratione muliebri ab stirpe sublatum esse; ab nullo genere non summum periculum est, si coetus et concilia et secretas consultationes esse sinas. Atque ego vix statuere apud animum meum possum, utrum peior ipsa res an peiore exemplo agatur. Quorum alterum ad nos consules reliquosque magistratus, alterum ad vos, Quirites, magis pertinet. Nam
10 utrum e re publica sit necne id, quod ad vos fertur, vestra existimatio est, qui in suffragium ituri estis."

(128 Wörter)

Übersetzungshilfen

Z. 1	mater familiae	Frau des Hauses, Gattin
Z. 2	negotium, -ii n.	*hier:* Mühe, Schwierigkeit, Last
	negotii	*abhängig von* minus
Z. 3	impotentia, -ae f.	*hier:* Unbeherrschtheit
Z. 3/4	singulas …, universas	gemeint sind die Frauen
Z. 4	sustinere, -eo, -ui, -tentum	in Schranken halten, zügeln
Z. 5	ducere, -o, duxi, ductum	*hier:* glauben, meinen
	ab stirpe	mit Stumpf und Stiel
Z. 5/6	virorum omne genus … sublatum esse	fügen Sie den AcI in Ihre Übersetzung wie eine nähere Erklärung ein: … dass (nämlich) …
Z. 6	genus, -eris n.	*hier:* Sorte von Menschen
	ab nullo genere non summum periculum est	*übersetzen Sie:* ab omni genere summum periculum est
Z. 7	sinere, -o, sivi, situm	zulassen

Z. 8	ipsa res	*ergänzen Sie* sit *(gemeint ist der Antrag auf Abschaffung des Gesetzes)*
	an peiore exemplo agatur	*übersetzen Sie:* oder ob die Art, wie hier gehandelt wird, das schlechtere Vorbild darstellt
Z. 8/9	quorum alterum …, alterum …	das eine davon …, das andere …
Z. 10	e re publica	*hier:* im Interesse des Staates
Z. 10/11	in suffragium ire	zur Abstimmung gehen

Aufgabenstellung

I. Übersetzen Sie den lateinischen Text ins Deutsche.

II. Bearbeiten Sie die folgenden Interpretationsaufgaben: Punkte

1. a) Arbeiten Sie am vorliegenden Text heraus, mit welchen Aussagen und Argumenten Cato gezielt versucht, auf seine Zuhörer Einfluss zu nehmen.   12
   b) Analysieren Sie, mit welchen sprachlich-stilistischen Mitteln die Rede in den Zeilen 1–7 gestaltet ist, und erläutern Sie deren Funktion im Kontext.   16

2. Erörtern Sie, ob Cato in diesem Text wie ein *orator perfectus* dargestellt wird.   12

3. Zeigen Sie unter Berücksichtigung gattungsspezifischer Merkmale, inwiefern der Text typische Elemente der Geschichtsschreibung des Livius enthält.   10

Lösungsvorschläge

Textstelle: Titus Livius, Ab urbe condita *34, 2, 1–5*
Inhaltliche Schwerpunkte:
- *Römisches Staatsdenken*
  - *Romidee und Romkritik*
  - res publica *und Prinzipat*
  - *Römische Werte*
- *Römische Rhetorik*
  - *Philosophische Grundlegung und politische Bedeutung der Redekunst*
  - *Ideal des Redners*
  - *Gattungsspezifische Merkmale der Textsorte „Rede"*

Medien/Materialien:
- *Auswahl aus der ersten und dritten Dekade von Livius,* Ab urbe condita
- *Cicero, Auszüge aus* Pro P. Sestio oratio
- *Cicero,* De oratore, *1, 29–34; 2, 22–36 (nur in Übersetzung)*

I. Übersetzung

- Nutzen Sie die umfangreiche Einleitung für die Kennzeichnung der Ausgangssituation der Rede Catos, indem Sie unterschiedliche Aspekte durch farbige Markierung hervorheben: das Notstandsgesetz und seine inhaltliche Bedeutung, den Antrag auf Abschaffung und die daraus resultierende Solidarisierung der Frauen als Betroffene, die Gegenposition des Redners Cato in seiner Funktion als Konsul. Damit haben Sie eine solide Grundlage für das Übersetzungsverständnis hinsichtlich der Tendenz der Rede: Cato wird gegen die Frauen polemisieren und ihr Verhalten als Negativbeispiel herausstellen, andererseits wird er im Interesse des Staates argumentieren, um die Männer in der Volksversammlung zu einer Abstimmung in seinem Sinne zu bewegen. Sie können also mit Begriffen für die jeweiligen Sachbereiche und entsprechend konnotierten Wörtern rechnen.
- Da es sich bei dem vorliegenden Text um eine Rede handelt, sind folgende formale Elemente zu erwarten: Der Adressat ist die römische Volksversammlung, d. h. die stimmberechtigten Männer; also wird es eine entsprechende Anrede geben und die 2. Person Plural wird vorkommen; der Redner wird seine Position in der 1. Person Singular vertreten, aber auch die 1. Person Plural verwenden, wenn er sich mit den Zuhörern identifiziert. Um seinen Argumenten Nachdruck zu verleihen, wird er verschiedene sprachlich-stilistische Mittel verwenden, die Sie schon beim ersten Durcharbeiten des Textes kennzeichnen sollten, wenn sie Ihnen auffallen – auch im Hinblick auf die Interpretationsaufgabe Nr. 1 b).
- Werfen Sie, bevor Sie an die Übersetzungsarbeit gehen, einen Blick auf die Übersetzungshilfen und markieren Sie die kursiv gedruckten Hinweise. Sie bieten Ihnen wertvolle Hilfe bei der Textanalyse. *(Anforderungsbereich III)*

„Wenn jeder von uns es unternommen hätte, Quiriten, bei seiner eigenen Gattin das Recht und die Würde des Mannes zu bewahren, hätten wir (jetzt) weniger Mühe mit allen Frauen zusammen. Nun wird unsere Freiheit, nachdem sie zu Hause durch die weibliche Unbeherrschtheit überwältigt worden ist, auch hier auf dem Forum vernichtet (*alternativ*: zertreten) und mit Füßen getreten und weil wir sie nicht einzeln zurückhalten konnten, schaudern wir jetzt vor ihnen allen zusammen zurück (*alternativ:* entsetzen wir uns jetzt vor …). Ich freilich glaubte (immer / lange) (*alternativ*: war … der Meinung) (*Imperfekt zum Ausdruck der Dauer)*, dass es ein Märchen und eine Erfindung sei, dass (nämlich) das gesamte Geschlecht der Männer auf irgendeiner Insel durch eine weibliche Verschwörung (*alternativ*: eine Verschwörung von Frauen) mit Stumpf und Stiel vernichtet (*alternativ*: ausgerottet) worden sei; von jeder Sorte von Menschen geht jedoch (*Gegensatz zu „equidem ducebam")* höchste Gefahr aus, wenn man *(2. P. Sg., unpersönlich gemeint)* zulässt, dass es Zusammenkünfte (*alternativ*: Zusammenrottungen), Versammlungen und geheime Beratungen gibt. Und ich kann kaum bei mir (*alternativ*: für mich) entscheiden, ob die Sache an sich schlechter ist oder ob die Art, wie hier gehandelt wird, das schlechtere Vorbild darstellt. Das eine davon betrifft mehr uns Konsul und die übrigen Beamten, das andere mehr euch, Quiriten. Denn ob das, was euch (zur Abstimmung) vorgelegt wird, im Interesse des Staates ist oder nicht, ist eure Einschätzung, die ihr im Begriff seid, zur Abstimmung zu gehen."

II. Interpretationsaufgaben

1. a) *Die Beeinflussung der Zuhörer ist das Anliegen eines Redners. Formulieren Sie zunächst, was Cato erreichen möchte, und stellen Sie dann die Aussagen und Argumente dar, die er benutzt, um sein Anliegen durchzusetzen. Ein Beleg mit Textstellen ist laut Aufgabe nicht erforderlich; Sie sollten aber die entsprechenden Textzeilen anführen.*

(Anforderungsbereich II)

- Cato will die Volksversammlung dazu bringen, für die Beibehaltung des Notstandsgesetzes zu stimmen, obwohl der betreffende Notstand nicht mehr besteht. (Argumente, die begründen, warum man das Gesetz zur Einschränkung des persönlichen Luxus der Frauen weiterhin beibehalten sollte, werden im vorliegenden Text nicht genannt, da es sich um den Beginn der Rede handelt. Es ist aber damit zu rechnen, dass im Verlauf der Rede solche Argumente angeführt werden.) Um sein Anliegen durchzusetzen, beginnt er seine Rede damit, die stimmberechtigten Männer aufzurütteln und ihnen die Gefahr vor Augen zu führen, die besteht, wenn sie den Frauen nachgeben würden.
- Cato beginnt mit dem Vorwurf, die Männer hätten im privaten Bereich nicht genug dafür getan, ihre Rechte und ihre Würde gegenüber ihren Frauen zu behaupten; als Folge hätten sie nun Schwierigkeiten, sich ihnen in der Öffentlichkeit gegenüber durchzusetzen (Z. 1/2).
- Der Verlust der Freiheit im privaten Bereich bewirke eine Einschränkung der *libertas* im öffentlichen Bereich (Z. 2/3).
- Wenn man schon mit den einzelnen Frauen Probleme habe, seien die Frauen als Gesamtheit eine angstmachende Bedrohung (Z. 4).
- Diese Befürchtung steigert Cato, indem er auf eine Sache hinweist, die er selbst bisher für ein Märchen gehalten habe, nämlich die Ausrottung aller Männer auf einer Insel durch eine Verschwörung der Frauen (Z. 4–6). So deutet er indirekt an, dass er zwar nicht eine solche, aber doch eine in der Wirkung entsprechende Bedrohung für möglich hält.
- Die Angst verstärkt er nochmals, indem er herausstellt, dass Zusammenkünfte und geheime Beratungen immer eine Gefahr darstellen (Z. 6/7).
- Dann bringt er seine persönliche Meinung zu dem Antrag auf Abschaffung des Gesetzes und zur Art der Auseinandersetzung damit ein: er hält beides für verwerflich (Z. 7/8).
- Zum Schluss verweist er auf die Verantwortung der Konsuln und der anderen Staatsbeamten – also auch der Volkstribunen, die den Antrag eingebracht haben – und appelliert an die Volksversammlung, bei der

Abstimmung genau abzuwägen, ob der Antrag zur Abschaffung des Gesetzes im Interesse des Staates liegt (Z. 9–11).

b) *Die sprachlich-stilistische Gestaltung der Rede in den Zeilen 1–7 soll wie die obige inhaltliche Analyse unter dem Aspekt der Beeinflussung der Zuhörer analysiert werden. Beschreiben und benennen Sie die formalen Elemente und erläutern Sie ihre Funktion im Textzusammenhang.*
(Anforderungsbereich II–III)

- Am Beginn der Rede steht ein **Irrealis** (*si ... quisque nostrum ... instituisset, minus ... negotii haberemus*, Z. 1/2), der deutlich macht, dass die gegenwärtige Schwierigkeit, die man jetzt mit der Gesamtheit der Frauen hat, geringer wäre, wenn man sich vorher im privaten Bereich anders verhalten hätte. Dabei stellt sich Cato in Bezug auf privates Fehlverhalten durch die Verwendung der **1. Person Plural** auf eine Stufe mit den Zuhörern, macht aber gleichzeitig durch die **formelle Anrede** *Quirites* in der Mitte des Bedingungssatzes den Bezug zur politischen Dimension deutlich. Durch das **Hyperbaton** *minus ... negotii* steigert der Komparativ zu Beginn des Hauptsatzes die Erwartung auf die Feststellung, welche Erleichterung man durch ein anderes Verhalten jetzt hätte.

- Das **Hendiadyoin** in der Wendung *libertas nostra obteritur et calcatur* (Z. 2/3) – „unsere Freiheit wird vernichtet/zertreten und mit Füßen getreten" ist gleichzeitig eine **Metapher**, die bildhaft darstellt, wie nach Ansicht Catos die Entscheidungsfreiheit der Bürger in der Volksversammlung und damit im Staat durch den Aufruhr der Frauen gefährdet ist. (Betont wird dieser Aspekt auch durch die Wortwahl: In Gegenüberstellung zu *domi* steht für den Bereich des Staates als **Pleonasmus** *hic quoque in foro*, Z. 3)

- In Z. 3/4 wird durch den **Parallelismus** *singulas sustinere non potuimus – universas horremus* und die **Antithese** in der Wortwahl wieder an die Verantwortung der einzelnen Bürger appelliert, wobei Cato sich selbst durch die Verwendung der 1. Person Plural miteinbezieht.

- Seine frühere persönliche Ansicht zu der Wahrscheinlichkeit der Geschichte über den Männermord stellt Cato in Z. 4/5 durch die **1. Person Singular** *(ducebam)*, verstärkt durch das **betonende** *equidem* **an erster Stelle** des Satzes, heraus. Den Aspekt der vermeintlichen Erfindung betont er durch **Alliteration** und **Hendiadyoin:** *fabulam et fictam rem*. Mit der **Metapher** *ab stirpe sublatum esse* (Z. 5/6) übertreibt er die Gefahr, die für die Männer von den unbeherrschten Frauen ausgeht.

- Die **Litotes** in Z. 6 *ab nullo genere non summum periculum est* hebt hervor, dass letzlich jede Sorte von Menschen als Gruppe zu einer Gefahr werden kann.

- Dass eine Gruppe, die bestimmte Ziele verfolgt – wie im vorliegenden Fall die Gruppe der Frauen –, eine Gefahr darstellen kann, verdeutlicht Cato in Z. 6/7 durch ein **Trikolon** von Substantiven mit gleichem Anlaut – **Alliteration** –, die als **Klimax** von *coetus* (einfachen Zusammenkünften) über *concilia* (speziellen Versammlungen) zu *secretas consultationes* (geheimen Beratungen) angeordnet und jeweils durch den Konnektor *et* – **Polysyndeton** – verbunden sind. So macht Cato der Volksversammlung klar, dass es eine derartige Gruppierung im Interesse des Staates nicht geben kann und man dieser Gruppe keine Zugeständnisse machen darf.

2. *Definieren Sie zunächst auf der Grundlage Ihrer Kenntnisse aus der unterrichtlichen Beschäftigung mit einem Auszug aus Ciceros Abhandlung* De oratore *das Ideal des* orator perfectus. *Dann ist zu untersuchen, inwiefern Cato diesem Ideal entspricht, indem Sie entsprechende Aspekte aus dem vorliegenden Text anführen. Abschließen sollten Sie Ihre Untersuchung mit einem Fazit.* (Anforderungsbereich III)

Definition des *orator perfectus*
- Der *orator perfectus* benötigt nach Cicero eine umfassende Bildung – er muss den Gegenstand, über den er redet, gut kennen. Vor allem soll er auf den Gebieten des Rechts und der Philosophie universal bewandert sein.
- Er muss sich mit seiner Redekunst für das Wohl der *res publica* einsetzen.
- Er muss die Kunst der Rede beherrschen: er sollte fähig sein, in Versammlungen die Aufmerksamkeit der Menschen zu fesseln, sie zu gutem Verhalten anzufeuern und von Lastern abzuhalten – also die Zuhörer zu beeinflussen.

Cato als *orator perfectus* – auf der Grundlage des vorliegenden Textes
- Cato ist sicher in der Lage, die Menschen zu beeinflussen: An den Anfang seiner Rede (Z. 1–7) setzt er die Darstellung einer Gefahr, die die *libertas*, eines der höchsten Güter, bedroht. Er zeigt den stimmberechtigten Männern, dass der Protest der Frauen und ihr Wunsch nach Luxus für sie (die Männer) persönlich und auch für den Staat eine Gefahr darstellen kann. Er appelliert damit an ihre Verantwortung für das Wohlergehen des Staates und erweist sich damit als *vir vere Romanus*. (Seine Argumentation verstärkt er durch die Verwendung zahlreicher und geschickt eingesetzter sprachlich-stilistischer Mittel.)
- Cato macht den Zuhörern deutlich, welche Bedeutung der politische Einsatz der Bürger und damit ihre Abstimmung in der Volksversammlung hat (*utrum e re publica sit necne ... vestra existimatio est*, Z. 10). Das Interesse des Staates ist zu beachten! Er setzt sich also klar für das Wohl der *res publica* ein.

- Durch direkte Anrede (*ad vos, Quirites*, ... *pertinet*, Z. 9; *ad vos fertur*, Z. 10; *vestra existimatio*, Z. 11; *qui* ... *ituri estis*, Z. 10/11) feuert Cato die Zuhörer an, ihrer Aufgabe als Staatsbürger gerecht zu werden.

Fazit
Hinsichtlich der Kunst, die Menschen zum rechten Verhalten zu bewegen, und des unbedingten Engagements für das Staatswohl zeigt sich Cato hier als *orator perfectus*.

3. *Durch eigene Untersuchungen am Text sollen Sie bestätigen, dass typische Elemente der Geschichtsschreibung des Livius vorkommen. Dazu müssen Sie zunächst darstellen, welche Merkmale für römische Geschichtsschreibung und speziell den Geschichtsschreiber Livius charakteristisch sind. Hier können Sie – auch unter Verwendung entsprechender Fachtermini – auf Ihre Erfahrungen mit der Livius-Lektüre zurückgreifen. Dann untersuchen Sie, inwieweit sich diese Merkmale auf den vorliegenden Text anwenden lassen.*
(Anforderungsbereich II–III)

Typische Merkmale der Geschichtsschreibung des Livius
- Wie allen römischen Geschichtsschreibern geht es auch Livius nicht in erster Linie um sachliche Informationen, sondern darum, auf die Leser bzw. Hörer eine bestimmte Wirkung auszuüben und damit ihre politischen Einstellungen zu beeinflussen.
- Durch die Darstellung der Vergangenheit und ihrer traditionellen römischen Werte möchte Livius im Sinne des „Reformators" Augustus die *mores maiorum*, die Sitten der Vorfahren, wiedererwecken und für seine Zeitgenossen als erstrebenswerte Richtlinien hervorheben.
- Das versucht er durch die Darstellung von *exempla*: er stellt beispielhafte Persönlichkeiten der Römer oder ihrer Gegner dar, deren Handeln eine vorbildhafte oder abschreckende Wirkung haben soll. Dabei ist immer ein Bezug zur *res publica* vorhanden.
- Entsprechend kann man römische bzw. Livianische Geschichtsschreibung als eine moralische Geschichtsschreibung bezeichnen.
- Ein besonderes Mittel der Geschichtsschreibung des Livius ist die Charakterisierung einer Hauptperson durch eine wörtliche Rede, die allerdings eine Fiktion des Autors ist. Die Rede ist von der betreffenden Person nie gehalten bzw. sie ist nicht überliefert worden; aber die Umstände, die Stellung und der Charakter der historischen Person legen die Vorstellung nahe, dass die Rede in der gegebenen Form gehalten worden sein könnte.

Bezug zum vorliegenden Text
- Der Text ist der Beginn einer fiktiven Rede, die Livius dem Konsul M. Porcius Cato, also einer historischen Persönlichkeit, nämlich einem berühmten Politiker der römischen Republik, in den Mund legt.
- In der Rede wird das (historisch belegte) Verhalten der Frauen mit ihrem persönlichen Wunsch nach Luxus begründet und somit von Cato bzw. Livius als negatives *exemplum* vor Augen geführt. Ihre Haltung ist nicht mit dem Interesse des Staates vereinbar und bedeutet daher eine Gefährdung für dessen Wohlergehen.
- Cato wird von Livius als positives *exemplum* herausgestellt: Der Konsul macht durch seine Rede deutlich, dass er ein konservativer Politiker ist, der die Bewahrung des traditionellen Rollenverständnisses als Grundlage für den Bestand des Staates ansieht; andernfalls sieht er die *libertas* im Sinne von Entscheidungsfreiheit in der Volksversammlung durch negative Beeinflussung gefährdet.
- Durch die Figur des Cato übt der Geschichtsschreiber Livius Gegenwartskritik: Mit Catos Rede kritisiert er das Streben nach Luxus *(luxuria)*, das wohl auch im Rom seiner Zeit herrschte, und macht deutlich, dass eine Haltung gemäß den Sitten der Vorfahren erstrebenswert und für den Bestand des Staates und damit das Wohlergehen aller Bürger unerlässlich ist.

> **Nordrhein-Westfalen: Latein als neu einsetzende Fremdsprache 2014**
> **Grundkurs**

Text

Seneca gibt Lucilius im vorliegenden Text Empfehlungen für ein glückliches Leben.

Tu nobis te, ut facis, fortem praesta et sarcinas contrahe! Nihil ex his, quae habemus, necessarium est. Ad legem naturae revertamur! Divitiae paratae sunt; aut gratuitum est, quo egemus, aut vile: Panem et aquam natura desiderat. Nemo ad haec pauper est, intra quae, quisquis desiderium suum clusit, cum ipso Iove de felicitate
5 contendat, ut ait Epicurus, cuius aliquam vocem huic epistulae involvam. „Sic fac", inquit, „omnia, tamquam spectet Epicurus!" Prodest sine dubio custodem sibi imposuisse et habere, quem respicias, quem interesse cogitationibus tuis iudices. Hoc quidem longe magnificentius est, sic vivere tamquam sub alicuius boni viri ac semper praesentis oculis; sed ego etiam hoc contentus sum, ut sic facias, quaecumque facies,
10 tamquam spectet aliquis: Omnia nobis mala solitudo persuadet. Cum iam profeceris tantum, ut sit tibi etiam tui reverentia, licebit dimittas paedagogum. *(132 Wörter)*

Übersetzungshilfen

Z. 1	se praestare *(mit Akk.)*	sich zeigen (als)
	sarcinas contrahere	das Marschgepäck beschränken
Z. 3	egere, -eo, egi *(mit Abl.)*	(etwas) brauchen
Z. 3/4	ad haec …, intra quae, quisquis …	im Hinblick auf diese Dinge *(gemeint sind* panis *und* aqua*)* …, bei denen jeder, der …
Z. 4	cludere, -o, clusi	*hier:* einschränken
Z. 5	contendat	er/sie/es könnte wetteifern
	aliqua vox	*hier:* nennenswerte Äußerung
	involvere, -o	*hier:* beifügen
Z. 7	habere, quem …	*übersetzen Sie:* mit ihm jemanden zu haben, den …
	quem … iudices	von dem du glaubst, dass er …
Z. 8	longe magnificentius	*hier:* ganz besonders großartig
Z. 11	tantum *(Adv.)*	*hier:* so weit
	tui reverentia	Achtung vor dir
	licebit dimittas	= licebit, ut dimittas

Aufgabenstellung

I. Übersetzen Sie den lateinischen Text ins Deutsche.

II. Bearbeiten Sie die folgenden Interpretationsaufgaben: Punkte

1. a) Arbeiten Sie aus dem Text Senecas Empfehlungen für ein glückliches Leben heraus. Belegen Sie Ihre Aussagen am Text. 12
   b) Ordnen Sie die im Text genannten Vorstellungen von einem glücklichen Leben in den Gesamtzusammenhang der stoischen Philosophie ein. Berücksichtigen Sie bei Ihren Ausführungen auch Ihre im Unterricht erworbenen Kenntnisse. 10

2. Analysieren Sie, mit welchen sprachlich-stilistischen Mitteln Seneca seinen Empfehlungen an Lucilius Nachdruck verleiht, und erläutern Sie deren Funktion im Kontext. 16

3. Vergleichen Sie, ausgehend vom vorliegenden Text, die Vorstellungen Senecas mit denen Epikurs. 10

Lösungsvorschläge

Textstelle: Seneca, Epistulae morales ad Lucilium 25, 4–6
Inhaltliche Schwerpunkte:
- *Römisches Leben in literarischer Spiegelung*
  - *Mensch und Mitmensch*
  - *otium und negotium*
  - *Römische Werte*
- *Römisches Philosophieren*
  - *Grundbegriffe stoischer und epikureischer Philosophie*
  - *Philosophische Durchdringung des Alltags*
  - *Sinnfragen des Lebens*

Medien/Materialien:
- *Lehrbuch und Sachbuch*
- *Auswahl aus Briefen von Plinius und Seneca*

I. Übersetzung

- *Bevor Sie sich dem lateinischen Text zuwenden, sollten Sie die Einleitung, die Übersetzungshilfen und die Interpretationsaufgaben genau durchlesen: Sie stimmen auf die Thematik und Besonderheiten des Textes ein und können der Übersetzungsarbeit dienlich sein.*

- Der Hinweis vor dem Text gibt Ihnen zwei für die Übersetzungsarbeit nützliche Informationen:
  1. Die Angabe des Autors Seneca und des Adressaten Lucilius weist darauf hin, dass der Text ein Ausschnitt aus den Epistulae morales darstellt, in denen Seneca als „Lehrer" dem jüngeren Freund Lucilius Empfehlungen für ein Leben gemäß den Richtlinien der Stoa gibt. Aus der Behandlung entsprechender Texte im Unterricht kennen Sie den typischen Schreibstil Senecas und wissen, dass Sie mit folgenden Phänomenen rechnen können, die auch hier vorkommen: Anrede in der 2. Person Singular; Verwendung entsprechender Pronomina; Prädikate in der 2. Person Singular und im Imperativ Singular, wenn es um den Adressaten geht; ferner tritt die 1. Person Singular auf, wenn Seneca seine eigene Haltung hervorheben möchte, sowie die 1. Person Plural und entsprechende Pronomina, wenn er sich mit den Menschen allgemein identifiziert oder sich mit dem Adressaten auf eine Stufe stellt, wobei er seine Ansicht u. a. in eine Aufforderung als Hortativ kleidet. Kurze prägnante Sätze finden sich neben längeren, die z. T. durch parallele Wortstellung oder Anaphern unterteilt sind. Auffällig sind auch verallgemeinernde Relativsätze, Relativsätze mit konsekutivem Nebensinn sowie Vergleiche, die durch sic – tamquam ausgedrückt werden. Die Wortstellung weicht manchmal von der grammatisch üblichen ab, sodass Sie ein Prädikat am Satzanfang oder ein Objekt vor dem Subjekt finden. Achten Sie schon beim ersten Durchlesen auf die genannten typischen Phänomene und kennzeichnen Sie diese im Text. Halten Sie im Hinblick auf die zweite Interpretationsaufgabe auch weitere sprachlich-stilistische Mittel fest, die Ihnen beim Lesen auffallen.
  2. Sie erfahren ferner das Thema des Textes: Es geht um Empfehlungen für ein glückliches Leben, also um einen zentralen Bereich der stoischen Philosophie. Sie assoziieren damit Aussagen wie „ein glückliches Leben ist ein naturgemäßes Leben"; „äußere Dinge wie Besitz und Ansehen sind belanglos". Rechnen Sie also mit Begriffen aus diesen Sachbereichen. Dass Seneca sich in seinen Briefen häufig mit Epikur und dessen philosophischen Vorstellungen auseinandersetzt, haben Sie im Unterricht erfahren und es wird Ihnen sofort im vorliegenden Text auffallen, da zweimal der Name Epicurus vorkommt und ein Zitat dieses Philosophen angeführt wird. Auf Epikur wird auch in der dritten Interpretationsaufgabe verwiesen.

(Anforderungsbereich III)

Du zeige dich uns, wie du es (schon) tust, als tapfer (*alternativ*: energisch) und beschränke das Marschgepäck! Nichts von dem, was wir besitzen, ist notwendig (*alternativ*: unentbehrlich). Lass uns zum Gesetz der Natur zurückkehren! Reichtum steht bereit; entweder ist umsonst, was wir brauchen, oder billig: Brot und Wasser verlangt die Natur. Niemand ist im Hinblick auf diese Dinge arm, bei denen jeder, der sein Bedürfnis eingeschränkt hat, mit Jupiter selbst um das Glück wetteifern könnte, wie Epikur sagt, dessen nennenswerte Äußerung ich diesem Brief beifügen möchte. „So mach alles", sagt er, „als ob Epikur zusähe!"

Es nützt ohne Zweifel, für sich einen Wächter eingesetzt zu haben und mit ihm jemanden zu haben, den du beachtest, von dem du glaubst, dass er an deinen Gedanken teilnimmt. Dies jedenfalls ist ganz besonders großartig, so zu leben, als ob man unter den Augen eines sittlich guten und immer gegenwärtigen Mannes lebt; aber ich bin auch damit zufrieden, dass du alles, was du machst, so machst, als ob irgendjemand zuschaut: Zu allem Schlechten überredet uns die Einsamkeit. Wenn du schon so weit fortgeschritten bist, dass du sogar vor dir selbst Achtung hast, wird es dir erlaubt sein, den Ratgeber zu entlassen.

II. Interpretationsaufgaben

1. a) *Aus dem Unterricht kennen Sie Aussagen Senecas, die die stoischen Vorstellungen von einem glücklichen Leben betreffen; entsprechende Gedanken finden Sie im vorliegenden Text. Markieren Sie die zutreffenden Aussagen, die Sie laut Aufgabe als Textbelege anführen sollen. Stellen Sie Senecas Empfehlungen in der Abfolge des Textes dar.*

   (Anforderungsbereich II)

   - Lucilius soll sich auf das beschränken, was lebensnotwendig ist (*sarcinas contrahe*, Z. 1); dazu gehört die Erkenntnis, dass das, was man besitzt, nicht dazugehört (*nihil ex his, quae habemus, necessarium est*, Z. 1/2).
   - Man soll sich an das Gesetz der Natur halten (*ad legem naturae revertamur*, Z. 2).
   - Die Natur hält für den Menschen reichhaltig bereit, was er benötigt (*divitiae paratae sunt*, Z. 2); was man wirklich nötig hat, ist umsonst oder billig (*aut gratuitum est, quo egemus, aut vile*, Z. 2/3); man braucht nur Brot und Wasser (*panem et aquam natura desiderat*, Z. 3).
   - Zur Verwirklichung dieser Einsicht in der Lebensführung sollte man laut Seneca nach Epikurs Empfehlung so leben, als schaue einem dieser selbst zu (*sic fac omnia, tamquam spectet Epicurus*, Z. 5/6); alternativ kann man sich einen anderen Menschen als Kontrollinstanz vorstellen, vor dem man Achtung haben kann und der sich für sein Gegenüber interessiert (*prodest sine dubio custodem sibi imposuisse et habere, quem respicias, quem interesse cogitationibus tuis iudices*, Z. 6/7).
   (Ein solcher Mensch könnte ein Philosoph wie Seneca sein, der als Ratgeber/Lehrer dem Freund Lucilius in seinen Briefen Empfehlungen zur richtigen Lebensweise gibt.)
   - Dieser Mensch sollte sittlich gut sein und man sollte sich seine Anwesenheit in jeder Lebenslage vergegenwärtigen können (*sub alicuius boni viri ac semper praesentis oculis*, Z. 8/9).
   - Seneca hält es sogar schon für ausreichend, wenn man sich überhaupt vorstellt, dass es bei allem Tun eine Kontrolle gibt (*sed ego etiam hoc contentus sum, ut sic facias, quaecumque facies, tamquam spectet aliquis*, Z. 9/10). Denn wenn diese imaginäre Kontrolle fehlt, ist die

Folge schlechtes Denken und Tun (*omnia nobis mala solitudo persuadet*, Z. 10).
- Wenn man allerdings in seinem Denken und Handeln schon so weit fortgeschritten ist, dass man sich selbst so wie den imaginären Wächter achten kann, darf man auf einen solchen verzichten (*cum iam profeceris tantum, ut sit tibi etiam tui reverentia, licebit dimittas paedagogum*, Z. 10/11). In dem Fall handelt man nämlich schon richtig, d. h. sittlich gut.

b) *Hier sind die Vorstellungen von einem glücklichen Leben, die Sie anhand des Textes dargestellt haben, in den Gesamtzusammenhang der Stoa einzuordnen. Sie haben Aspekte der Stoa durch die Behandlung von Senecas Briefen an Lucilius im Unterricht kennengelernt und sollen auf Ihre Kenntnisse zurückgreifen. Zitieren Sie in Ihren Ausführungen die lateinischen Begriffe und Aussagen, die stoische Vorstellungen wiedergeben, wobei an passender Stelle auch entsprechende Kerngedanken aus dem Text mit angeführt werden sollten.* (Anforderungsbereich I–II)

- Es ist das höchste Ziel eines Stoikers, ein *vir sapiens*, ein Weiser, zu werden und damit glücklich zu leben *(beate vivere)*. Um diesem Ziel nahe zu kommen, muss er sich an der sittlichen Vollkommenheit *(virtus)* orientieren. Der Weg dorthin ist schwierig – eigentlich ist es für einen Menschen, sogar für einen wie Seneca, unmöglich, dieses Ziel letztlich zu erreichen –, aber schon zu den „Fortschreitenden" zu gehören, kann ein erstrebenswertes Ziel sein (*cum iam profeceris ...*, Z. 10).
- Der richtigen, d. h. glücklichen Lebensführung entspricht ein Leben gemäß der Natur *(secundum naturam vivere)*. Seneca drückt hier diesen Gedanken aus mit der Forderung *ad legem naturae revertamur* (Z. 2). Der Reichtum, den die Natur bietet (*panem ... aquam*, Z. 3), ist für den Menschen ausreichend – man soll sich darauf beschränken (*sarcinas contrahe*, Z. 1); materieller Besitz ist nicht wichtig (*nihil ex his, quae habemus, necessarium est*, Z. 1/2).
- Das richtige Denken und Handeln erfordert entsprechende Erkenntnis und Einsicht, die laut der Stoa durch die *ratio*, die Vernunft, verkörpert wird. Bis der Mensch von sich aus vernünftig handelt, benötigt er eine Kontrollinstanz. Diese Instanz kann ein anderer Mensch sein (z. B. ein Philosoph als Ratgeber) oder auch nur die Vorstellung, dass irgendein Mensch sein Handeln kontrolliert und bestimmt (Z. 5–11). Die reale oder innere Gemeinschaft ist erforderlich, da Alleinsein zu schlechtem Handeln verführt (*omnia nobis mala solitudo persuadet*, Z. 10).
- Ein Mensch, der gemäß der Vernunft handelt, ist frei von Affekten und besitzt somit die innere Ruhe, die *tranquillitas animi*, die für ein glückliches Leben, eine *vita beata*, unabdingbar ist.

2. Seneca fungiert gegenüber Lucilius als Lehrer und untermauert seine Empfehlungen mit sprachlich-stilistischen Mitteln. Diese sollen Sie herausfinden und jeweils erläutern, welche Funktion sie im Textzusammenhang erfüllen. Dazu gehört, dass Sie die sprachlich-stilistischen Mittel vorher benennen und die Belegstelle anführen. *(Anforderungsbereich II–III)*

- Seneca beginnt seine Empfehlungen in Z. 1 mit der eindringlichen **Anrede** *tu* und den **Imperativen** *praesta* und *contrahe*. Die Aufforderungen sollen Lucilius ermuntern, den von Seneca angezeigten rechten Weg weiter zu gehen. Das enge Lehrer-Schüler-Verhältnis wird verdeutlicht durch die Nebeneinanderstellung der **Pronomina** *tu* und *nobis*. Unterstrichen wird die Aufforderung zu energischem Handeln gemäß den Richtlinien der Philosophie durch die **Alliterationen** *tu ... te* und *facis ... fortem*.
- Dass man sich auf das Nötigste beschränken soll, verdeutlicht die **Metapher** in Z. 1 *sarcinas contrahe*. Wie Marschgepäck *(sarcinae)* bei einer Wanderung hinderlich ist, wenn es zu groß ist, ist zu großer materieller Besitz, also Reichtum, hinderlich auf dem Weg zum glücklichen Leben.
- Mit dem **Hortativ** *revertamur* in Z. 2 stellt sich Seneca auf eine Stufe mit Lucilius und unterstreicht so zur Motivation ihre Gemeinsamkeit in dem Bemühen, gemäß der Forderung der Stoa zu leben.
- In Z. 4/5 liegt mit dem Ausdruck *cum ipso Iove de felicitate contendat* eine **Hyperbel** vor: Wer sich auf das Nötigste beschränkt, könnte sich in Bezug auf einen Glückszustand sogar mit den Göttern messen, denn er ist schon nahe am höchsten Ziel.
- Die **Voranstellung** des Prädikats *prodest* und die **Kombination** mit dem Ausdruck *sine dubio* in Z. 6 unterstreichen einerseits die vorhergehende Empfehlung, so zu handeln, als ob Epikur es sähe – wieder eine Aufforderung im **Imperativ** *(fac, Z. 5)* –, andererseits die Bedeutung der nachfolgenden Erläuterung, wie wertvoll es ist, einen Wächter zur Seite zu haben.
- Die Bedeutung eines solchen Wächters wird in Z. 7 durch die **Anapher** *quem ..., quem* in Verbindung mit dem **Asyndeton** hervorgehoben.
- In Z. 9 betonen das **Polyptoton** *facias ... facies* und der **verallgemeinernde Relativsatz** *quaecumque facies*, dass Seneca seine Empfehlungen auf jede Art von Handlung bezogen wissen will.
- Die **Personifikation** *solitudo persuadet* (Z. 10) zeigt die Einsamkeit als Negativfaktor und hebt damit die Gemeinsamkeit mit einem realen oder imaginären Wächter als besonders wertvoll hervor.

3. *Bei dem geforderten Vergleich sind Gemeinsamkeiten und Unterschiede in den Vorstellungen Senecas und Epikurs hinsichtlich der rechten Lebensgestaltung ausgehend vom Text darzustellen. (Anforderungsbereich II–III)*

- Mit der vergleichenden Aussage *ut ait Epicurus* (Z. 5) verdeutlicht Seneca, dass eine maßvolle Lebensgestaltung, wie er sie in den Zeilen 1–3 hervorhebt, auch bei Epikur eine grundlegende Forderung ist. Das wiedergegebene Zitat Epikurs in Z. 5/6 entspricht den vorhergehenden Äußerungen Senecas.
- Ein Unterschied liegt allerdings in der Zielrichtung vor: Bei Epikur bzw. den Epikureern ist das höchste Ziel die Gewinnung von Lust, bei Seneca bzw. den Stoikern ein Leben, das frei von Affekten und dadurch glücklich ist.
- Gemeinsam ist beiden, dass sie für den Menschen, der dieses Ziel erreichen möchte, eine Hilfestellung als notwendig erachten. Diese soll durch einen realen oder imaginären Wächter gegeben werden, der bei allem Denken und Tun zugegen ist. Dieser Wächter sollte als *vir bonus* dazu geeignet sein.
- Im Unterschied zu Epikur, der laut Senecas Zitatwiedergabe nur sich selbst, d. h. seine Lehre, als Maßstab anführt (*sic fac ..., omnia, tamquam spectet Epicurus*, Z. 5/6), reicht es nach Seneca auch aus, wenn man sich nur vorstellt, dass irgendjemand als Kontrolle fungiert (*tamquam spectet aliquis*, Z. 10).
- Diese Kontrollinstanz kann man nach Seneca irgendwann sogar selbst sein (*licebit dimittas paedagogum*, Z. 11), wenn man erkannt hat, dass man auf dem rechten Weg, also ein „Fortschreitender" ist (*cum iam profeceris tantum*, Z. 10/11), da man dann sein Denken und Handeln entsprechend ausrichtet.

Nordrhein-Westfalen: Latein als fortgeführte Fremdsprache 2014
Leistungskurs – Aufgabe 1

Text

Aeneas und die Trojaner haben Italien erreicht und sind dort von Latinus, dem König von Latium, gastfreundlich aufgenommen worden. Latinus erkennt dabei in Aeneas den nach einer Weissagung vorgesehenen Ehemann für seine Tochter Lavinia.
Juno, die das Geschehen aus der Höhe beobachtet, kann sich nicht damit abfinden, dass die verhassten Trojaner trotz all ihrer Versuche, dies zu verhindern, Italien erreicht haben. In einem Selbstgespräch setzt sie sich zunächst mit ihrer Situation auseinander, bevor sie weitere Schritte unternimmt. Sie fährt fort:

„Ast ego, magna Iovis coniunx, nil linquere inausum
quae potui infelix, quae memet in omnia verti,
vincor ab Aenea. Quod si mea numina non sunt
magna satis, dubitem haud equidem implorare, quod usquam est:
5 Flectere si nequeo superos, Acheronta movebo.
Non dabitur regnis – esto – prohibere Latinis,
atque immota manet fatis Lavinia coniunx:
At trahere atque moras tantis licet addere rebus;
at licet amborum populos exscindere regum."
10 Haec ubi dicta dedit, terras horrenda petivit;
luctificam Allecto dirarum ab sede dearum
infernisque ciet tenebris, cui tristia bella
iraeque insidiaeque et crimina noxia cordi.
Odit et ipse pater Pluton, odere sorores
15 Tartareae monstrum: Tot sese vertit in ora,
tam saevae facies, tot pullulat atra colubris.
Quam Iuno his acuit verbis ac talia fatur:
„Hunc mihi da proprium, virgo sata Nocte, laborem,
hanc operam, ne noster honos infractave cedat
20 fama loco, neu conubiis ambire Latinum
Aeneadae possint Italosve obsidere finis.
Tu potes unanimos armare in proelia fratres
atque odiis versare domos, tu verbera tectis
funereasque inferre faces, tibi nomina mille,
25 mille nocendi artes. Fecundum concute pectus,
dissice compositam pacem, sere crimina belli!
Arma velit poscatque simul rapiatque iuventus." *(184 Wörter)*

Übersetzungshilfen

V. 1	ast	= at
V. 1/2	ego ... nil linquere inausum quae potui infelix	stellen Sie folgende Wortreihenfolge her: ego ... infelix, quae nil linquere inausum potui
V. 1	nil linquere inausum	nichts ungewagt lassen
V. 2	memet in omnia verto (vertere, -o, verti, versum)	*hier:* ich greife zu jedem Mittel
V. 3	quod si	= quodsi
V. 4	quod usquam est	was es irgendwo gibt
V. 5	Acheron, -ontis m. (Acheronta *Akk. Sg.*)	die Unterwelt *(gemeint sind die Götter der Unterwelt im Gegensatz zu den* superi*)*
V. 6	non dabitur	*hier:* es wird nicht gestattet werden
	esto	dann sei es so, dann soll es so sein
	prohibere	*ergänzen Sie als Akkusativobjekt* eum *(damit ist Aeneas gemeint)*
V. 7	immota	*hier:* unverrückbar
	manet	*ergänzen Sie als Dativobjekt* ei *(damit ist ebenfalls Aeneas gemeint)*
V. 8	trahere	*hier:* den Vollzug des Schicksals verschleppen
V. 9	ambo reges	gemeint sind Aeneas und Latinus
V. 10	dictum, -i n.	Wort
V. 11	Allecto f. (*Akk. Sg. ebenfalls* Allecto)	Allekto *(eine der drei Rachegöttinnen)*
V. 12	ciere, -eo	*hier:* zu Hilfe rufen
V. 13	cordi	*ergänzen Sie:* sunt
	cordi esse	am Herzen liegen
V. 14	et	= etiam
	odere	= oderunt
V. 15	os, oris n.	*hier:* Fratze
V. 16	tam ... colubris	*fügen Sie folgende Passage in Ihre Übersetzung ein:* so fürchterlich sind ihre Schreckensgestalten, so viele Schlangen bringt sie hervor aus ihrem schwarzen Haar
V. 18	sata Nocte	Tochter der Nacht
V. 19	infractus, -a, -um	gebrochen
V. 19/20	loco cedere, -o	das Feld räumen
V. 20	conubiis ambire *(mit Akk.)*	*(jemanden)* mit Heiratswünschen umwerben
V. 22	in proelia armare	zum Kampf gegeneinander bewaffnen
V. 23	versare	*hier:* zerstören
	domus, -us f.	*hier:* Familie
V. 23/24	verbera tectis inferre	*hier:* Gewalttaten in Häuser (hinein)tragen
V. 24	funerea fax	*hier:* todbringender Brand
	tibi	*ergänzen Sie:* sunt

Aufgabenstellung

I. Übersetzen Sie den lateinischen Text ins Deutsche.

II. Bearbeiten Sie die folgenden Interpretationsaufgaben: Punkte

1. Gliedern Sie Junos Selbstgespräch (V. 1–9) und ihre Ansprache an Allekto (V. 18–27). Fassen Sie den Inhalt der einzelnen Abschnitte kurz zusammen. 6

2. a) Analysieren Sie die Verse 5 –7 metrisch. 6

   V. 5   Flectere si nequeo superos, Acheronta movebo.

   V. 6   Non dabitur regnis – esto – prohibere Latinis,

   V. 7   atque immota manet fatis Lavinia coniunx:

   b) Untersuchen Sie, wie Junos Selbstgespräch (V. 1–9) sprachlich-stilistisch gestaltet ist, und erläutern Sie, wie diese Mittel dazu beitragen, Junos innere Verfassung zum Ausdruck zu bringen. Beziehen Sie die Ergebnisse Ihrer metrischen Analyse in die Untersuchung mit ein. 20

3. a) Arbeiten Sie auf der Grundlage der Verse 11–15 heraus, wie Allekto charakterisiert ist. 6

   b) Untersuchen Sie, hiervon ausgehend, welche Strategie Juno in ihrer Ansprache an Allekto (V. 18–27) einsetzt, um diese für ihr Anliegen zu gewinnen. Berücksichtigen Sie dabei inhaltliche und sprachlich-stilistische Aspekte. 6

   c) Fassen Sie das Ergebnis Ihrer Untersuchung aus den Aufgaben a) und b) in einem Fazit zusammen. 2

4. Nehmen Sie Stellung dazu, ob Junos Rede gegenüber Allekto (V. 18–27) den Vorstellungen Ciceros von der Redekunst und vom Redner entsprechen könnte. 10

Lösungsvorschläge

Textstelle: Vergil, Aeneis 7, 308–340
Inhaltliche Schwerpunkte:
- *Römisches Staatsdenken*
  - *Romidee und Romkritik*
  - *Römische Werte*
- *Römische Rhetorik*
  - *Philosophische Grundlegung und politische Bedeutung der Redekunst*
  - *Ideal des Redners*
  - *Gattungsspezifische Merkmale der Textsorte „Rede"*

Medien/Materialien:
- *Vergil, Aeneis, Buch 4*
- *Cicero, De oratore, 1, 29–34; 2, 22–36*
- *Cicero, Auszüge aus* Pro P. Sestio oratio

I. Übersetzung

Bedenken Sie bei Ihrem Vorgehen, dass das Lateinische über eine freie Wortstellung verfügt. Das bedeutet, dass der jeweilige Autor die Worte so stellen kann, wie er es will. Dies gilt insbesondere für die Dichtung, zumal der Autor den Text in Einklang mit dem Metrum bringen will. Beachten Sie daher sehr präzise die Bezüge und Formen. Die folgende Übersetzung ist in ihrer Wortwahl nicht bindend, sondern dient als Orientierung. (Anforderungsbereich I/II)

„Ich hingegen, Jupiters machtvolle Gattin, ich Unglückliche, die ich nichts ungewagt habe lassen können, die ich zu jedem Mittel gegriffen habe, ich werde von Aeneas besiegt. Wenn also meine göttliche Macht nicht groß genug ist, dann will ich jedenfalls nicht zögern, anzuflehen, was es irgendwo gibt: Wenn ich die himmlischen Gottheiten nicht umzustimmen vermag, werde ich die der Unterwelt bewegen. Es wird mir nicht gestattet werden, ihn von der Herrschaft über Latium fernzuhalten – dann soll es eben so sein! – und unverrückbar bleibt aufgrund des Fatums für ihn Lavinia als Gattin. Aber es ist mir erlaubt, den Vollzug des Schicksals zu verschleppen und so große Entwicklungen (*wörtlich*: Dinge) zu verzögern. Aber es ist mir erlaubt, die Völker beider Könige auszulöschen." Sobald sie diese Worte verkündet hatte, eilte sie, Schrecken erregend, zur Erde. Sie ruft die Unheil bringende Allekto vom Sitz der schrecklichen Göttinnen und aus der schattenreichen Finsternis zuhilfe, der Trauer erregende Kriege, Zorn, Hinterlist und Schaden bringende Verbrechen am Herzen liegen. Auch ihr Vater Pluto selbst, auch die eigenen Schwestern aus dem Tartarus hassen das Ungeheuer: In so viele Fratzen verwandelt es sich, so fürchterlich sind seine Schreckensgestalten, so viele Schlangen bringt es hervor aus seinem schwarzen Haar. Dieses stachelt Juno mit folgenden Worten auf und sagt dabei Folgendes: „Diesen dir eigenen Dienst, diese Mühe, Jungfrau, Tochter der Nacht, gewähre mir, damit nicht meine Ehre oder mein Ruhm gebrochen das Feld räumen und damit nicht die Aeneaden Latinus mit Heiratswünschen umwerben oder das italische Gebiet besetzen können. Du kannst Brüder einigen Sinnes zum Kampf gegeneinander bewaffnen und durch den Hass Familien zerstören, Gewalttaten und todbringende (*alternativ:* tödliche) Brände in Häuser tragen, tausend Namen, tausend Künste, um zu schaden, stehen dir zur Verfügung. Gib deinem fruchtbaren Herzen einen Stoß, zerfetze den geschlossenen Frieden, säe die Verbrechen des Krieges. In einem Augenblick soll die Jugend (*alternativ*: die jungen Männer) Waffen wollen, fordern und an sich reißen.

II. Interpretationsaufgaben

1. *Beachten Sie, dass die Zusammenfassung sich nur auf die Reden Junos bezieht. Die folgende Lösung ist als eine Möglichkeit von mehreren zu verstehen, an der Sie sich orientieren können.* (*Anforderungsbereich II/III*)

   - V. 1–3a: Einleitung: Junos Scheitern. Trotz aller Gegenversuche ist sie, die große, himmlische Göttin, von Aeneas, einem Menschen, besiegt worden.
   - V. 3b–5: Folge I: Da ihr die Hilfe der himmlischen Götter versagt bleibt, wird sie sich an die der Unterwelt wenden.
   - V. 6–9: Folge II: Da sie das *fatum* grundsätzlich nicht ändern kann, will sie seinen Vollzug verzögern, auch durch die Vernichtung zweier Völker.
   - V. 18–21: Junos Bitte: Juno bittet Allekto um den Dienst, die Trojaner an der Brautwerbung und der Ansiedelung in Italien zu hindern, weil sonst Junos Ehre geschmälert würde.
   - V. 22–25a: Junos Werbung: Allein Allecto kann diesen Dienst erfüllen, aufgrund ihrer einzigartigen Fähigkeiten, mit deren Lob Juno sie umwirbt: sie vermag Zorn, Hass, Zwietracht, Krieg, Tod und Verderben zu bringen.
   - V. 25b–27: Emphatischer Aufruf: Juno schließt mit einem Appell an Allekto, die Männer in den Krieg zu treiben.

2. a) *Berücksichtigen Sie bei der metrischen Analyse auch die Zäsuren und gegebenenfalls Synizesen oder Synaloephen.* (*Anforderungsbereich II/III*)

   V. 5 Flectere si ‖ nequeo ‖ superos, ‖ Acheronta movebo.

   V. 6 Non dabitur ‖ regnis ‖– esto –‖ prohibere Latinis,

   V. 7 atqu(e) immota manet ‖ fatis ‖ Lavinia coniunx:

   T = Trithemimeres
   P = Penthemimeres
   H = Hephthemimeres

b) *Sie sollten zunächst die entscheidenden sprachlich-stilistischen Mittel benennen, um sie in einem zweiten Schritt in ihrer Zielsetzung zu beurteilen. Orientieren Sie sich an der Strukturierung aus der ersten Interpretationsaufgabe.*
Der folgende Lösungsvorschlag nennt nicht alle Mittel, aber diejenigen, die für die Deutung entscheidend sind. (Anforderungsbereich II/III)

Sprachlich-stilistische Mittel
- In der Einleitung wird durch das Verwenden der ersten Person Junos Perspektive betont (*potui ... verti ... vincor*, V. 2/3), ebenso durch die **Anfangsstellung** von *ast ego* (V. 1) und von *vincor* (V. 3). Auch sind die Relativsätze, die Junos Lage näher erläutern, **asyndetisch** aneinandergefügt und einmal negativ, einmal positiv formuliert. Hinzu kommen die **Iteratio** von *quae* im selben Vers (V. 2), das **Hyperbaton** *magna ... coniunx* in V. 1 und die **Antithese** zwischen *vincor* (= *magna Iovis coniunx*) und *ab Aenea* (V. 3)
- In der ersten Schlussfolgerung setzt sich der Einsatz dieser Mittel fort: *Dubitem*, das Prädikat des Hauptsatzes, steht an **erster Stelle**, die Verneinung ist untypisch nachgestellt. Die erste Person wird durch *equidem* noch weiter hervorgehoben (V. 4). Junos Entschluss ist durch den **antithetischen Chiasmus** *nequeo superos, Acheronta movebo* (V. 5) geprägt, dessen Antithese auf der inhaltlichen Ebene durch *flectere ... nequeo* wieder aufgehoben wird.
- Die zweite Schlussfolgerung in V. 6/7. ist geprägt durch die **Antithese** zwischen *non dabitur*, das zudem durch die Anfangsstellung in V. 6 betont wird, und den Möglichkeiten, die Juno verbleiben (V. 8/9), formuliert durch die **Iteratio** von *licet*. Vertieft wird die Antithese durch die **Anapher** von *at* in diesen Versen.
In Vers 7 fällt zudem das **Hyperbaton** *immota ... coniunx* auf, in den Versen 8 und 9 die Hyperbata *tantis ... rebus* und *amborum ... regum*.

Erläuterung
- In der Einleitung bringt Vergil die tiefe Kränkung der Göttermutter zum Ausdruck, zum einen durch die starke Betonung der ersten Person, zum anderen durch die Antithese zwischen der großen und machtvollen Göttermutter auf der einen Seite, die auf der anderen Seite durch den Menschen Aeneas besiegt worden ist. Die Emotionalität der Göttin wird betont durch die Iteratio in Vers 2.
- In der ersten Schlussfolgerung dienen die Stilmittel dazu, Junos Entschlossenheit zum Ausdruck zu bringen, sich der Niederlage entgegenzustemmen. Dies wird nicht nur durch die deutliche Verneinung zu Beginn klar, sondern auch durch die Antithese im Chiasmus, die ihrerseits durch die metrische Gestaltung vertieft wird: Die Zäsuren heben *nequeo* hervor, und damit die Machtlosigkeit Junos im Kreise der olympischen Götter.

- Die zweite Schlussfolgerung führt diese Antithese weiter: Obwohl Juno das unverrückbare *fatum* akzeptiert, was betont wird durch die Anfangsstellung, den Einschub, die Zäsuren (V. 7: *fatis*) und das Hyperbaton der *immota ... coniunx*, nimmt sie Zuflucht zu den ihr noch zur Verfügung stehenden Mitteln, um es hinauszuzögern. Dies wiederum wird betont durch die Iteratio und besonders durch die Anapher des deutlichen Wortes *at*.

3. a) *Belegen Sie Ihre Ausführungen durch Textverweise oder Zitate.*
       (Anforderungsbereich II)

   Allekto ist eine Gottheit, die Trauer bringt (V. 11: *luctificam*) und zu den schrecklichen Göttinnen gehört (V. 11: *dirarum ... dearum*). Sie stammt aus der düsteren Unterwelt (V. 12: *infernis ... tenebris*) und ist nur Ursache für Schlechtes (V. 12 f.), sodass sie ihrer eigenen Familie, Vater wie Schwestern, verhasst ist (V. 14) – ein *monstrum* schlechthin. So sind die Verse 11–15 letztlich nur ein Katalog der furchtbaren Eigenschaften dieser Göttin.

   b) *Gehen Sie von der Strukturierung aus Aufgabe 1 aus. Belegen Sie Ihre Ausführungen am Text und berücksichtigen Sie nur die stilistischen Mittel, die Vergil Ihrer Meinung nach für die Strategie Junos nutzt.*
      (Anforderungsbereich II)

   Zu Beginn umwirbt Juno die finstere Gottheit mit der euphemistischen Anrede *virgo sata Nocte* (V. 18) und mit der Betonung, nur Allekto sei in der Lage, ihr, der Königin der Götter, zu helfen. Diesen Aspekt betont Vergil durch die sprachliche Gestaltung, das versumspannende Hyperbaton (V. 18: *hunc ... proprium ... laborem*) und die Doppelung des „Dienstes" (V. 18: *laborem*; V. 19: *operam*). Auch im Folgenden bleibt Juno bei dieser Strategie. In V. 19 betont sie als Erstes die Ehrverletzung, die (nur) durch Allekto getilgt werden könne, und in den Versen 22 bis 25 konkretisiert sie den *proprius labor*, die wesenseigenen Fähigkeiten Allektos, Zorn, Hass, Zwietracht, Krieg, Tod und Verderben zu bringen. Verstärkt wird diese Allekto schmeichelnde Konkretisierung durch die asyndetische Reihung, die Anapher, das Polyptoton und die Iteratio *(tu ... tu ... tibi ... mille, mille)*. Die Emphase am Ende betont Vergil durch die asyndetische Reihe kurzer, als Imperativ formulierter Sätze (V. 25 b/26: *concute ... dissice ... sere*), die sich dann steigert zu einer Aufforderung im Konjunktiv, formuliert in einer polysyndetischen Klimax (V. 27: *velit poscatque ... rapiat*).

c) *Fassen Sie Ihre Ergebnisse hier kurz zusammen. Bedenken Sie, dass es darum geht, Ihre Erkenntnisse prägnant zum Ausdruck zu bringen, nicht noch einmal eine ausführliche, am Text belegte Argumentation zu entfalten.* *(Anforderungsbereich II/III)*

Gemäß ihrem Entschluss, die Erfüllung des *fatums* auch um den Preis des Wohlergehens zweier Völker hinauszuzögern, möchte Juno die Rachegottheit für sich und ihren Plan gewinnen. Dabei geht sie geschickt vor, indem sie zunächst die Göttin umschmeichelt und gleichzeitig für ihre Ehre in die Pflicht nimmt. Im Folgenden legt sie das *proprium* der Göttin dar, deren Wesen Junos Argumentation nach optimal zur Umsetzung ihrer Ziele passt. Die Emphase am Ende soll Allektos Affekte und Destruktivität anregen.

4. *Bei dieser Aufgabenstellung ist es sinnvoll, zunächst die Vorstellungen Ciceros grundsätzlich darzulegen, um auf dieser Basis eine abwägende Stellungnahme zu formulieren.* *(Anforderungsbereich II/III)*

Grundsätzlich geht Cicero davon aus, dass der Redner die Zuhörer *attenti* machen, mithin ihre Aufmerksamkeit erregen, sie informieren *(dociles facere)* und sie sich gewogen *(benevolens)* machen möchte. Daher sollte der Redner selbst gebildet sein *(doctus/peritus)*, sodass er die notwendigen Informationen zum geeigneten Zeitpunkt zielsicher in angemessener Weise einsetzen kann. Das bedeutet, er muss nicht nur über inhaltliche, sondern eben auch über methodische Kenntnisse verfügen, um sein rednerisches Ziel, die Überzeugung oder Beeinflussung des Partners, zu erreichen. Dieses Ziel muss unter moralischen Gesichtspunkten betrachtet einwandfrei sein.
Methodisch gesehen ist Junos Rede vor diesem Hintergrund geradezu vorbildlich. Im Hinblick auf ihr Ziel und die innere Konstitution der Adressatin gestaltet sie ihre Rede nahezu vollkommen, indem sie das affektgesteuerte, zerstörerische Wesen der ihr untergebenen Gottheit allein mit emotionalen Argumenten zu beeinflussen sucht.
Dem Kernanliegen Ciceros, der moralischen Integrität des Redners, entspricht die Göttin Juno jedoch in keiner Weise. Sie handelt aus verletztem Stolz, weil sie von einem Menschen besiegt wurde (V. 1–3). Die Verletzung durch das Parisurteil spielt hier keine Rolle, sondern vielmehr der personenbezogene Hass auf Aeneas, weil dieser sie besiegt hat. Sie fügt sich nur scheinbar dem *fatum*, also der höheren göttlichen Instanz, und manipuliert die Gesprächspartnerin zu einem amoralischen Zweck, erfüllt somit Ciceros Kriterien nicht.

Nordrhein-Westfalen: Latein als fortgeführte Fremdsprache 2014
Leistungskurs – Aufgabe 2

Text

Während der Regentschaft des Kaisers Claudius wurde der britannische Stammesfürst Caratacus nach langjährigem, heftigem Widerstand schließlich bezwungen und nach Rom gebracht. Sein Ruf hatte sich inzwischen in ganz Italien verbreitet.

Ne Romae quidem ignobile Carataci nomen erat; et Caesar, dum suum decus extollit, addidit gloriam victo. Vocatus quippe ut ad insigne spectaculum populus: Stetere in armis praetoriae cohortes campo, qui castra praeiacet. Tunc incedentibus regiis clientulis phalerae, torques quaeque bellis externis quaesiverat, traducta; mox fratres
5 et coniunx et filia, postremo ipse ostentatus. Ceterorum preces degeneres fuere ex metu. At non Caratacus aut vultu demisso aut verbis misericordiam requirens, ubi tribunali adstitit, in hunc modum locutus est: „Si, quanta nobilitas et fortuna mihi fuit, tanta rerum prosperarum moderatio fuisset, amicus potius in hanc urbem quam captus venissem, neque dedignatus esses claris maioribus ortum, plurimis gentibus
10 imperitantem foedere et pace accipere. Praesens sors mea ut mihi informis, sic tibi magnifica est. Habui equos, viros, arma, opes: Quid mirum, si haec invitus amisi? Nam si vos omnibus imperitare vultis, sequitur, ut omnes servitutem accipiant? Si statim deditus traherer, neque mea fortuna neque tua gloria inclaruisset. Et supplicium mei oblivio sequetur. At si incolumem servaveris, aeternum exemplar
15 clementiae ero." Ad ea Caesar veniam ipsique et coniugi et fratribus tribuit.

(175 Wörter)

Übersetzungshilfen

Z. 1	dum	*hier:* indem
	decus extollere	das Ansehen erhöhen
Z. 2	vocatus	*ergänzen Sie:* est
	quippe	denn
Z. 3	praetoriae cohortes	Praetorianerkohorten *(Leibwache des Kaisers)*
	praeiacere *(mit Akk.)*	(vor etwas) liegen
Z. 3/4	regius clientulus, -i m.	*hier:* königlicher Gefolgsmann (d. h. Gefolgsmann des Caratacus)
Z. 4	phalerae, -arum f.	Phalerae *(Brustschmuck der Soldaten als militärische Auszeichnung)*
	quaeque	*übersetzen Sie:* et ea, quae …, traducta sunt
	quaerere, -o, quaesivi, quaesitum	*hier:* erbeuten *(ergänzen Sie Caratacus als Subjekt zu* quaesiverat)
	traducere	*hier:* vorbeiführen
Z. 5	degener, -eris	entwürdigend, unwürdig
Z. 6	at non Caratacus aut … aut … requirens	*übersetzen Sie:* at Caratacus neque … neque … requirens
Z. 7/8	si, quanta nobilitas et fortuna … fuit, tanta … moderatio fuisset, …	*übersetzen Sie:* Si tanta … moderatio fuisset, quanta nobilitas et fortuna … fuit, …

Z. 7	fortuna, -ae f.		*hier:* königlicher Rang
Z. 8	moderatio, -nis f.		Ausmaß
Z. 9/10	dedignari (-or, dedignatus sum) ... foedere et pace accipere		für unwürdig halten ... in ein Friedensbündnis aufzunehmen
	ortum, ... imperitantem		*gemeint ist Caratacus*
Z. 10	imperitare *(mit Dat.)*		herrschen *(über jemanden)*
	informis, -e		*hier:* erniedrigend
Z. 12/13	si statim deditus traherer		Wenn ich mich sofort ergeben hätte und hierher geschleppt worden wäre
Z. 13	et		= etiam
Z. 14	incolumem		*ergänzen Sie:* me
Z. 15	ad ea		infolgedessen, daraufhin

Aufgabenstellung

I. Übersetzen Sie den lateinischen Text ins Deutsche.

II. Bearbeiten Sie die folgenden Interpretationsaufgaben: Punkte

1. Beschreiben Sie die in den Zeilen 2–7 dargestellte Szenerie und das Verhalten der gefangenen Britannier. 4

2. a) Arbeiten Sie die Intention und den Argumentationsgang der Rede des Caratacus (Z. 7–15) heraus. 10
   b) Analysieren Sie die sprachlich-stilistischen Gestaltungsmittel in der Rede des Caratacus (Z. 7–15), und erläutern Sie deren kontextuelle Funktion. 16
   c) Weisen Sie die Rede einer Redegattung zu, und begründen Sie Ihre Entscheidung am Text. 4

3. a) Erläutern Sie die römische Einstellung zur Herrschaft über andere Völker, und untersuchen Sie, welche Position in der Rede des Caratacus zum Ausdruck kommt. 10
   b) Erörtern Sie, inwiefern Tacitus mit der Darstellung des Caratacus Traditionen der römischen Geschichtsschreibung fortführt, die auch bei Livius nachzuweisen sind. 12

Lösungsvorschläge

Textstelle: Tacitus, Annales *12, 36,2 – 37,4*
Inhaltliche Schwerpunkte:
- Römisches Staatsdenken
  – Römische Werte
  – res publica *und Prinzipat*
  – *Rom in der Auseinandersetzung mit fremden Völkern*
- Römische Rhetorik
  – *Philosophische Grundlegung und politische Bedeutung der Redekunst*
  – *Ideal des Redners*
  – *Gattungsspezifische Merkmale der Textsorte „Rede"*

Medien/Materialien:
- *Tacitus,* Agricola
- *Auswahl aus der ersten und dritten Dekade von Livius,* Ab urbe condita
- *Cicero,* De oratore, *1,29–34; 2,22–36*
- *Cicero, Auszüge aus* Pro P. Sestio oratio

I. Übersetzung

Das Lateinische verfügt über eine sehr freie Wortstellung. Insbesondere bei Tacitus ist zudem von einer sehr verknappten Darstellungsweise auszugehen, von Ellipsen, einer Häufung der Partizipialkonstruktionen etc. Beachten Sie daher sehr präzise die Bezüge und Formen.
Die folgende Übersetzung ist in ihrer Wortwahl nicht bindend, sondern dient als Orientierung. (Anforderungsbereich II)

Nicht einmal in Rom war der Name Caratacus unbekannt; und der Kaiser verlieh, indem er sein Ansehen erhöhte, dem Besiegten noch mehr Ruhm. Denn das Volk wurde wie zu einem herausragenden Schauspiel zusammengerufen: Die Praetorianerkohorten standen unter Waffen auf dem freien Platz, der vor dem Lager lag. Dann wurden, während die königlichen Gefolgsleute herankamen, die Phalerae, Halsketten und alles, was Caratacus in auswärtigen Kriegen erbeutet hatte, vorbeigeführt; bald wurden die Brüder, die Ehefrau, die Tochter und schließlich er selbst gezeigt. Die Bitten der Übrigen waren infolge ihrer Furcht entwürdigend. Doch Caratacus, der weder mit gesenktem Blick noch mit seinen Worten um Erbarmen flehte, sprach vielmehr, als er vor dem Podium stand, auf folgende Weise: „Wenn das Ausmaß meines Glücks so groß gewesen wäre, wie meine adelige Abstammung und mein königlicher Rang es gewesen sind, dann wäre ich eher als Freund in diese Stadt gekommen statt als Gefangener und du hättest es nicht für unwürdig gehalten, den Sproß berühmter Vorfahren und Herrscher über sehr viele Stämme in ein Friedensbündnis aufzunehmen. Wie mein gegenwärtiges Schicksal für mich erniedrigend ist, so ist es für dich großartig. Ich hatte Pferde, Männer, Waffen, Reichtümer: Was ist verwunderlich, wenn ich dies alles gegen meinen Willen verloren habe? Denn wenn ihr über alle herrschen wollt, folgt daraus, dass alle die Knechtschaft annehmen? Wenn ich mich sofort ergeben hätte und sofort hierher geschleppt worden wäre, hätten weder mein Schicksal noch dein Ruhm derart strahlend geleuchtet. Auch meiner Hinrichtung wird das Vergessen folgen. Aber wenn du mich unversehrt bewahrst, werde ich ein ewiges Beispiel deiner Milde sein." Daraufhin gewährte Caesar ihm selbst, seiner Frau und seinen Brüdern Gnade.

II. Interpretationsaufgaben

1. *Es handelt sich gleichsam um eine Paraphrase der bezeichneten Passage. Beschränken Sie sich dabei auf das Wesentliche.* *(Anforderungsbereich II/III)*

   In einer Art Triumphzug, einem pompös anmutenden Schauspiel, lässt Kaiser Claudius die britannischen Gefangenen vorführen. Vor dem Volk und der in voller Bewaffnung aufmarschierten Prätorianergarde werden die Gefolgsleute des Häuptlings Caratacus gezeigt, sein Besitz, seine Brüder, die Ehefrau und die Kinder und schließlich als Krönung er selbst. Caratacus' Verhalten unterscheidet sich grundsätzlich von dem der anderen Britannier: Während diese demütig und entwürdigend um Gnade betteln, tritt er stolz vor den siegreichen Kaiser, als wäre er ihm ebenbürtig, und spricht ihn an.

2. a) *Arbeiten Sie knapp und präzise Caratacus' Argumentation und Intention heraus, wie sie in seiner Rede deutlich wird.* *(Anforderungsbereich II/III)*

   Um den Tod von sich und seiner Familie abzuwenden, betont Caratacus zunächst seine Abstammung und seinen monarchischen Status, der ihn letztlich auf dieselbe Stufe wie den (siegreichen) Kaiser stellt. Daraus formuliert er den Anspruch, unter anderen Bedingungen als *amicus* des römischen Volkes und gleichwertiger Partner – durch eine vertragliche Friedensvereinbarung *(foede et pace)* – gelten zu können (Z. 7–10). Die momentane Situation führt er auf das zufällige Spiel des Schicksals *(sors)* zurück, nicht auf die militärischen Leistungen der Römer. Er argumentiert weiterhin, dass sein Widerstand gegen den Kaiser diesem zu größerem Ruhm verholfen habe, als es bei einer kampflosen Kapitulation der Fall gewesen wäre. Damit ist das Hauptargument angedeutet, das Caratacus im Folgenden deutlich zum Ausdruck bringt: Seine Gefangennahme bedeutet Ruhm für den Kaiser, sein Tod würde nur Vergessen bedeuten (Z. 11–14). Daher kann Caratacus damit schließen, dass seine Begnadigung ein ewig währendes Exempel für die Milde des Kaisers darstellen würde und seinen Ruhm so unsterblich machen würde.

b) *Führen Sie zunächst die Ihrer Meinung nach wichtigsten stilistischen Mittel auf, wobei Sie Ihre Aussagen am lateinischen Text belegen, und bauen Sie darauf die Erläuterung ihrer Funktion auf.*
Die folgende Ausführung ist als eine von mehreren möglichen Lösungen zu verstehen. (Anforderungsbereich II/III)

Sprachlich-stilistische Mittel

- Die **Inversion** zu Beginn (Z. 7/8: *si, quanta* ...) betont die Korrelation zwischen den beiden Nebensätzen und gleichzeitig den Anspruch des Caratacus, sodass die irreale Situation eher in den Hintergrund tritt. Diese Korrelation wird durch den **Parallelismus** (Z. 7/8: *nobilitas et fortuna mihi fuit* ... *rerum prosperarum moderatio fuisset*) sowie die Zurückdrängung durch die unterschiedlichen Modi der beiden Prädikate (**Polyptoton** in Z. 8: *fuit/fuisset*) bedingt.
Zudem wird das Prädikativum (Z. 8: *amicus*) vorangestellt. Im zweiten Teil findet sich darüber hinaus ein **asyndetischer Parallelismus** (Z. 9/10: *claris maioribus ortum, plurimis gentibus imperitantem*).

- Ähnlich ist der zweite Satz aufgebaut: Die Voranstellung des Subjekts (**Inversion** in Z. 10: *praesens sors mea*) bestimmt einen **antithetischen, parallel** aufgebauten Vergleich (Z. 10/11: *ut mihi informis, sic tibi magnifica*). Der folgende, im Vergleich wesentlich kürzere Satz, der den Besitz des Caratacus beschreibt, ist bestimmt durch das auffällige **Asyndeton** (Z. 11: *habui equos, viros, arma, opes*).

- Die folgenden **rhetorischen Fragen** (Z. 11/12) leiten über zu einem erneuten konditionalen, irrealen Satzgefüge, das wiederum durch den **parallelen** und **antithetischen** Aufbau geprägt ist (Z. 13: *neque mea fortuna neque tua gloria inclaruisset*).

- Zum Schluss wird das Todesurteil, das Vergessen hervorrufen wird (Z. 13/14: *Et supplicium mei oblivio sequetur*), in deutlicher **Antithese** dem Gnadenurteil gegenübergestellt, das zum ewigen Beispiel kaiserlicher Gnade stilisiert wird *(At si incolumem servaveris, aeternum exemplar clementiae ero,* Z. 14/15).

Erläuterung

Die Stilmittel zu Beginn dienen letztlich dem Zweck, die Situation im Sinne des Caratacus zu verändern: Betont wird durch die Inversion und die Parallelismen die angebliche Gleichwertigkeit des Caratacus zu seinem Gegenüber, dem Kaiser Claudius. Diese steigert Caratacus bis zu einer *amicitia*. Das Irreale dieser Stellung wird zurückgedrängt, auch durch das Polyptoton.

Im Hinblick auf das Ziel der Rede, das Gnadenurteil, ist die folgende Gestaltung auch schlüssig: Das Unglück des Caratacus ist gleichsam Grundlage für den Ruhm des Kaisers, betont durch die Antithesen bei einer gleichzeitig überwiegend parallel aufgebauten Satzstruktur. Auf der anderen Seite präsentiert sich Caratacus weiterhin als dem Kaiser ebenbürtig, durch seinen Besitz, dessen Größe mithilfe des Asyndetons betont wird, und durch seinen nachvollziehbaren Widerstand gegen die Römer, betont durch die rhetorischen Fragen. Der römische Kaiser hätte sich nicht anders verhalten, wären die Vorzeichen umgekehrt gewesen. Die Argumentation wird im Folgenden insofern verdichtet, als dass Caratacus sein Schicksal mit dem des Kaisers verknüpft. In Ruhm und Ehre hängen beide voneinander ab. Auffällig ist, dass diese Interdependenz weiterhin durch die Stilmittel des Parallelismus und der Antithese herausgehoben wird. So kann Caratacus' Rede in der Schlussfolgerung münden, dass das Gnadenurteil letztlich zum Wohle des Kaisers gefällt werden würde.

Mit dieser Argumentation bestätigt Caratacus den Eindruck, der gleich zu Beginn während des „Triumphzuges" konzipiert wird: Im Gegensatz zum entwürdigenden Auftreten seiner Leute (Z. 5: *ceterorum ... degeneres fuere*) tritt er stolz auf (Z. 6: *non ... vultu demisso aut verbis misericordiam requirens*).

c) *Sie sollten zunächst terminologisch exakt die Rede einer Gattung zuordnen und dies dann ausführlicher begründen. Dabei ist es sinnvoll, dem Verlauf des Textes zu folgen.* (Anforderungsbereich II/III)

Es handelt sich um eine **forensische Rede**. Sie wird auf einer Art *forum* gehalten. Tacitus ist bemüht, eine Situation zu konzipieren, die der auf dem *forum* entspräche: Es ist eine große Menge an Menschen zusammengekommen (Z. 2: *vocatus ... ad insigne spectaculum populus*) und Caratacus spricht, vor dem Podium stehend (Z. 7: *tribunali adstitit*), vor dem Volk, den Soldaten (Z. 2/3) und dem Kaiser. Caratacus möchte einerseits durch Sachargumente überzeugen *(docere)*, nämlich durch seine *de facto* monarchische und edle Herrschaftsstellung (Z. 7–10), andererseits auch auf einer emotionalen Ebene bewegen *(commovere*: die rhetorischen Fragen in Z. 11/12), um schließlich den Kaiser dahingehend zu beeinflussen *(persuadere)*, Gnade walten zu lassen (Z. 14/15).

3. a) *Folgen Sie der Struktur, die Ihnen in der Aufgabenstellung vorgezeichnet wird. Stellen Sie zunächst grundsätzlich die Haltung der Römer dar und vollziehen Sie dann die Haltung des Caratacus am Text nach.*
   (Anforderungsbereich II/III)

Der Führungsanspruch Roms und seiner Weltherrschaft ist dadurch bedingt, dass Rom den anderen Völkern überlegen ist und diese Überlegenheit von den Göttern gewollt ist *(fatum)*. Roms Herrschaft garantiert den allgemeinen Frieden; ohne Rom als Ordnungsmacht würden die unzivilisierten Völker in gegenseitigen Kampf verfallen. Wer sich dieser Ordnung widersetzt, gefährdet nach dieser Auffassung den Gesamtfrieden aller. Daher müssen sich alle Völker Roms Größe *(maiestas)* fügen *(obsequi)*

und sich ihm gegenüber loyal zeigen. Andernfalls müssen sie bestraft werden.
Caratacus stellt diesen Anspruch infrage, indem er betont, dass er ebenfalls über sehr viele Stämme geherrscht habe (Z. 9/10: *plurimis gentibus imperitantem*) und dass letztlich nur das Schicksal (Z. 10: *sors;* Z. 13: *fortuna*) über seine Stellung wie über die des Kaisers befindet. Wäre das Los anders ausgefallen, hätte nach dieser Argumentation auch der Kaiser als Besiegter vor dem Barbaren Caratacus stehen können. Demzufolge ist die Ursache für Roms Machtstellung allein der Zufall, nicht ein göttlicher Plan, und niemand muss die Herrschaft Roms akzeptieren, die für Caratacus eine Knechtschaft (Z. 12: *servitutem*) ist. Folglich gebe es für Rom nur ein Motiv, eine solche Stellung erreichen zu wollen, nämlich das Streben nach Herrschaft (Z. 12: *si vos omnibus imperitare vultis*). Caratacus stellt sich als Basis einer Friedensordnung eine gleichwertige Partnerschaft vor, die von Freundschaft (Z. 8: *amicus*) und vertraglicher Bindung geprägt ist (Z. 10: *foedere et pace*).

b) *Legen Sie zunächst aus Ihrem Kenntnisstand heraus die Tradition der römischen Geschichtsschreibung dar, wie sie sich bei Livius zeigt. Darauf aufbauend weisen Sie die konkrete Anwendung in der Passage bei Tacitus nach.* (Anforderungsbereich II/III)

Antike Geschichtsschreibung ist keine Forschung nach historischer Wahrheit im modernen wissenschaftlichen Sinne, vielmehr hat sie eine moralisch-pädagogische Zielrichtung. Durch eine derartige exemplarische Geschichtsschreibung möchten die Autoren auf den Leser und seine sittliche wie politische Haltung einwirken. Mittel zu diesem Zweck sind eine dramatische Gestaltung exemplarischer Szenarien und Verhaltensweisen des jeweiligen historischen Personals. Ganz besonders hervorzuheben ist dabei die Gestaltung von wörtlichen Reden, die in der Regel fiktiv sind und in dieser Form eine Situation im Sinne des Autors beurteilen können. In besonderer Weise gilt dieses Ziel und seine Umsetzung für Livius, wie er selbst in der *praefatio* betont.

Dies lässt sich auch in der vorgelegten Passage bei Tacitus nachweisen: Tacitus inszeniert eine Art „Triumphzug", in dem der geschlagene Häuptling wie ein gleichwertiger König dem siegreichen Kaiser gegenübertritt. In diese Dramaturgie passt auch die Rede, die Tacitus Caratacus in den Mund legt: Sie pointiert durch die (fiktive) Haltung des britannischen Königs den Gegensatz zwischen der römischen Selbstwahrnehmung einerseits und der kritischen Sichtweise unterworfener Völker andererseits. Dadurch, dass Claudius dem besiegten König das Leben schenkt, wird diese Kritik abgemildert.

Nordrhein-Westfalen: Latein als fortgeführte Fremdsprache 2015
Grundkurs – Aufgabe 1

Text

Senecas Briefpartner Lucilius hat sich in einem vorangehenden Brief über den allzu frühen Tod eines Freundes beklagt. Seneca hält diese Klage für ungerecht und ungerechtfertigt. Im vorliegenden Brief nimmt er sie zum Anlass, die Frage nach dem Tod und der Länge des Lebens mit der Frage nach dem sinnvollen Leben zu verbinden.

Multos inveni aequos adversus homines, adversus deos neminem. Obiurgamus cotidie fatum: „Quare ille in medio cursu raptus est? Quare ille non rapitur? Quare senectutem et sibi et aliis gravem extendit?" Utrum, obsecro te, aequius iudicas te naturae an tibi parere naturam? Quid autem interest, quam cito exeas,
5 unde utique exeundum est? Non, ut diu vivamus, curandum est, sed ut satis; nam, ut diu vivas, fato opus est, ut satis, animo. Longa est vita, si plena est; impletur autem, cum animus sibi bonum suum reddidit et ad se potestatem sui transtulit: Quid illum octoginta anni iuvant per inertiam exacti? Non vixit iste, sed in vita moratus est, nec sero mortuus est, sed diu. „Octoginta annis vixit." Interest,
10 mortem eius ex quo die numeres.

(122 Wörter)

Übersetzungshilfen

Z. 1 u. 3	aequus, -a, -um	*hier:* gerecht *(im Verhalten)*
Z. 1	adversus *(Präp. mit Akk.)*	gegenüber
Z. 2	… ille …? … ille …?	… einer …? … ein anderer …?
Z. 3	gravis, -e *(mit Dat.)*	*hier:* belastend für
Z. 3/4	utrum … an	lassen Sie „utrum" *hier unübersetzt*
Z. 4	iudicare, -o, -avi, -atum	*hier:* halten für
Z. 4 u. 9	interest	*hier:* es ist wichtig
Z. 5	unde	von wo
	utique *(Adverb)*	auf jeden Fall
Z. 6	opus est *(mit Abl.)*	es ist Sache des
Z. 7	sibi bonum suum reddere (reddo, reddidi, reditum)	sich das ihm eigene Gut wieder verschaffen
	potestas sui, potestatis sui f.	Herrschaft über sich selbst
Z. 8	exigere, exigo, exegi, exactum	verbringen
Z. 10	mortem eius ex quo die	*übersetzen Sie in folgender Reihenfolge:* ex quo die mortem eius

Aufgabenstellung

I. Übersetzen Sie den lateinischen Text ins Deutsche.

II. Bearbeiten Sie die folgenden Interpretationsaufgaben: Punkte

1. Paraphrasieren Sie den vorliegenden Textauszug.   10

2. Untersuchen Sie, mit welchen sprachlich-stilistischen Mitteln Seneca seine Aussagen gestaltet, und erläutern Sie die jeweilige Funktion dieser Mittel im Kontext. Berücksichtigen Sie mindestens vier verschiedene Gestaltungsmittel.   14

3. Arbeiten Sie die philosophischen Grundgedanken heraus, die Senecas Ausführungen im vorliegenden Text zugrunde liegen, und belegen Sie sie. Fassen Sie Ihr Ergebnis zusammen, indem Sie diese Ausführungen einer philosophischen Richtung zuordnen. Berücksichtigen Sie dabei auch den Einleitungstext.   16

4. Nicht nur für Seneca stellt das erfüllte Leben ein wichtiges Ziel der Lebensführung dar.

     a) Nennen Sie vier Werte bzw. Tugenden, die für das Erreichen dieses Zieles in verschiedenen Texten ggf. auch anderer Autoren als bedeutsam dargestellt werden.   4

     b) Erläutern Sie an einem Beispiel aus den von ihnen gelesenen Texten die Bedeutsamkeit eines oder mehrerer der genannten Werte.   6

Lösungsvorschläge

Textstelle: Seneca, Epistulae morales *15, 93, 1–3*
Inhaltliche Schwerpunkte:
- Römisches Philosophieren
  - *Grundbegriffe stoischer und epikureischer Philosophie*
  - *Gottes-/Göttervorstellungen*
  - *Sinnfragen des Lebens*
  - *Gattungsspezifische Merkmale philosophischer Briefliteratur*
- Römisches Staatsdenken
  - *Römische Werte*

Medien/Materialien:
- Seneca, *Auswahl aus* Epistulae morales ad Lucilium

I. Übersetzung

Gehen Sie nach den Übersetzungsmethoden vor, die Sie im Unterricht gelernt haben. Die vorliegende Übersetzung hat Modellcharakter, sie ist in der sprachlichen und stilistischen Ausführung nicht bindend, sondern soll nur für Ihre Übersetzungstätigkeit als Orientierung dienen. (Anforderungsbereich III)

Viele habe ich gefunden, die gegenüber den Menschen gerecht im Verhalten waren, keinen (*sinngemäß ergänzt:* habe ich gefunden, der) gegenüber den Göttern (*sinngemäß ergänzt:* gerecht im Verhalten war). Täglich beschwören wir das Schicksal: „Warum ist einer mitten aus dem Lauf (seines Lebens) gerissen worden? Warum wird ein anderer nicht herausgerissen? Warum dehnt der sein hohes Lebensalter noch weiter aus, belastend sowohl für sich als auch für andere?" Hältst du, ich bitte dich, es für gerechter, wenn du der Natur oder wenn die Natur dir gehorcht? Warum ist es aber wichtig, wie schnell du dort hinausgehst, von wo man auf jeden Fall gehen muss? Nicht dafür, dass wir lange leben, ist Sorge zu tragen, sondern dafür, dass wir ausreichend leben. Denn dass du lange lebst, das ist Sache des Schicksals, dass du ausreichend lebst, die deines eigenen Inneren. Lang ist ein Leben, wenn es voll ist. Doch erfüllt wird es, wenn das innere Wesen (eines jeden) sich das ihm eigene Gut verschafft und Herrschaft über sich selbst gewonnen hat. Was helfen dem einen achtzig Jahre, wenn er sie in Trägheit verbracht hat? Der hat doch nicht gelebt, sondern sich im Leben aufgehalten, er ist nicht spät, sondern lange gestorben. „Er hat seit achtzig Jahren gelebt." Wichtig ist, von welchem Tag an du seinen Tod zählst.

II. Interpretationsaufgaben

1. *Geben Sie den Argumentationsgang des vorliegenden Textes in den wesentlichen Schritten strukturiert, in Ihren eigenen Worten und unter Einhaltung der Informationsreihenfolge wieder. Es handelt sich nicht um eine Inhaltsangabe. Die folgende Paraphrase erhebt nicht den Anspruch, die einzig mögliche Alternative zu sein, sondern soll der Orientierung dienen.*
   (Anforderungsbereich II)

   Seneca geht von einer allgemeinen und alltäglichen Beobachtung aus, der **Klage** über den **zu frühen Tod** mancher Zeitgenossen (Z. 1–3). Er selbst hält diese Klage für **irrelevant**, ja geradezu unnatürlich (Z. 3–5). Die folgenden Zeilen sollen dieses Urteil näher begründen: In einem grundsätzlichen Abschnitt (Z. 5–7) hält er fest, dass die entscheidende Frage nicht die nach der Dauer, sondern die nach der **ausreichenden Qualität des Lebens** ist. Das Kriterium für die Qualität der Lebensführung ist die Frage, inwieweit jeder Mensch seines inneren Wesens und seiner (guten) Fähigkeiten bewusst und keinen äußeren Einflüssen ausgesetzt ist (Z. 7 (!)). Was er meint, macht er am Beispiel eines 80-Jährigen fest (Z. 8–10), der allgemein dafür gelobt werden würde, dass er überhaupt so alt geworden ist. Doch die entscheidende Frage ist, wie viele Jahre dieser Mann seiner selbst **bewusst gelebt** hat.

2. *Günstig ist es, wenn Sie sich an der Paraphrase aus Arbeitsauftrag 1 und ihrer Struktur orientieren. Anhand dieser sollen Sie dann die sprachlichen und stilistischen Merkmale des Textes herausarbeiten und im Zusammenhang darstellen. Die vorgelegten Ergebnisse erheben nicht den Anspruch auf Vollständigkeit, sie gehen aber über die geforderten mindestens vier unterschiedlichen Mittel hinaus, um Orientierung in der Vielfalt der sprachlichen Mittel Senecas zu bieten.*
   (Anforderungsbereich II)

   Schon in der Darstellung der Ausgangssituation ist Senecas Haltung inhaltlich wie sprachlich deutlich: Die **chiastische Wortstellung** im ersten Satz (***Multos ... aequos*** <u>***adversus homines***</u>, <u>***adversos deos***</u> ***neminem***) betont die **Antithese** in der geradezu paradoxen Beobachtung Senecas, viele Menschen seien gegenüber den Menschen angemessen in ihrem Verhalten, verstießen aber gegen die (an sich höherwertigen) Götter im Sinne der göttlichen Natur, wie er im Weiteren darlegt. Seneca pointiert diese Beobachtung durch die folgenden Fragen, die er als **Trikolon** mit **anaphorischem** Beginn (Z. 2/3: *Quare ... Quare ... Quare ...*) angelegt hat. Dabei **variiert** er die letzte Frage gegenüber den ersten beiden, die er durch das **Polyptoton** (Z. 2: *raptus est – rapitur*) und die **Elision** von *in medio cursu* in der zweiten eng miteinander verzahnt: Das **Hyperbaton** (Z. 3: *senectutem ... gravem*) betont erneut, dass ein hohes Alter bloß um des hohen Alters willen für die eigene wie für andere Personen eine Last darstellt.

Die entscheidendere Frage für Seneca ist die, ob man der Natur gemäß lebt oder nicht. Sie formuliert Seneca daher auch prägnant als **rhetorische Frage** in einer **parallelen** Satzstruktur, die wiederum ein **Polyptoton** prägt (Z. 4: *te naturae an tibi ... naturam*): Beides betont das Absurde der Überlegung, die Natur diene dem Menschen Lucilius und nicht umgekehrt. Die Ausführung dieses Gedankens, die entscheidende Frage der richtigen Lebensführung sei die nach der ausreichend angemessenen Qualität (Z. 5: *satis*), ist geprägt durch kurze Hypotaxen, deren Struktur aber sehr einfach gefasst ist: **Alliterationen** (Z. 4/5: *Quid ... quam ... unde utique*), **Parallelismus** (Z. 4/5: *quid ... interest, quam ... exeas, unde ... exeundum est*) und **Polyptoton** (Z. 4/5: *exeas/exeundum est*) kennzeichnen die erste Frage, die wiederum die Absurdität der Frage nach der Länge des Lebens herausstellt, da das Ende zwangsläufig einträte. Gerade die folgenden kurzen Sätze sind in ihrer knappen Dichte so einprägend formuliert, dass der Gedankengang sich besonders einprägen soll. Dies gilt insbesondere für das **Trikolon** (Z. 5/6: *Non, ut diu vivamus, curandum est, sed ut satis/nam, ut diu vivas, fato opus est, ut satis, animo/ Longa est vita, si plena est*), die **Parallelismen** (Z. 5/6: *Non, ut diu <u>vivamus</u> ... sed ut satis (vivamus); ... ut diu <u>vivas</u>, fato opus est, ut satis (vivas), animo (opus est)*) und den **Chiasmus** (Z. 6: *longa est <u>vita</u>, si (vita) plena est*). Dadurch wird die **Antithese** zwischen dem qualitativen *satis vivere* bzw. *plena vita* gegenüber dem rein quantitativen *diu vivere* bzw. *longa vita* umso deutlicher. Besonders dicht wirken diese Sätze durch die hier kenntlich gemachten **Elisionen** und **Polyptota**. Polyptoton und Elision verbinden das letzte Kolon auch mit dem folgenden Satz, zumal er **asyndetisch** unmittelbar angeschlossen wird. Dieser Satz jedoch fällt im Vergleich zu den knappen Hypotaxen zuvor durch die ausgreifende Formulierung des Nebensatzes auf (Z. 7: *cum animus sibi bonum suum reddidit et ad se potestatem sui transtulit*). Damit wird der entscheidenden Instanz, die ein gutes und angemessenes *(satis)* Leben ermöglicht, Aufmerksamkeit zuteil. Seneca greift den *animus*, den er zuvor schon erwähnt hat, auf und erläutert seine Funktion für das *satis vivere*. Er muss sich seiner Qualität *(bonum)* bewusst sein, mithin seiner selbst, und so unabhängig sein. Die Betonung seiner selbst, seiner Qualität und seiner Unabhängigkeit bringt Seneca durch die gehäuften **Polyptota** des Reflexivpronomens (Z. 7: *sibi ... suum ... ad se ... sui*) zum Ausdruck, die ihrerseits die zentralen Begriffe *(bonum/potestatem)* **umrahmen** und zudem **parallel** angelegt sind (*<u>sibi</u> <u>bonum</u> <u>suum</u> <u>reddidit</u> et <u>ad se</u> <u>potestatem</u> <u>sui</u> <u>transtulit</u>*). Neben denselben Mitteln (**Polyptoton** (Z. 8: *vixit ... in vita*)/**Elision** (Z. 9: *nec sero mortuus est, sed diu (mortuus est)*)/**Antithese** (Z. 8/9: *Non ... sed/nec ... se*)) sei in dem abschließenden Exempel auf ein bisher nicht verwendetes Mittel hingewiesen, das **Hyperbaton** zwischen *anni* und *exacti* (Z. 8). Es umrahmt die **Antithese** *iuvant per inertiam* und hebt dadurch noch einmal hervor, dass die geistige Trägheit ein Leben mit Sterben gleichsetzt: Nur geistig reges Handeln macht demzufolge ein Leben lebenswert.

3. *Rufen Sie sich für sich selbst zunächst die grundlegenden Prinzipien der stoischen Lehre bei Seneca ins Gedächtnis. Erkennen Sie dann in den Aussagen des vorliegenden Textes die Grundgedanken der stoischen Philosophie und stellen Sie diese dar.* *(Anforderungsbereich II)*

Ein wesentliches Ziel der Lehre Senecas ist die **innere Ausgeglichenheit**, die *Ataraxia* (ἀταραξία) des Inneren: d. h. sich nicht von äußeren Einflüssen und von inneren Erschütterungen aus dem Gleichgewicht bringen zu lassen. Innere Erschütterungen gelten in der Lehre Senecas als **Affekte**; ein besonderes Augenmerk Senecas gilt dabei der **Angst** vor dem Tod.

Dieses Anliegen spricht auch aus dem vorliegenden Text: Denn der durchaus alltäglichen Klage über den frühzeitigen Tod des einen und das Weiterleben eines anderen liegt diese **Sorge vor dem Ende des Lebens** zugrunde. Sie hält Seneca aber gerade deswegen für absurd, weil man vor etwas fliehen möchte, das unweigerlich eintritt (Z. 4/5: *Quid autem interes,t quam cito exeas, unde utique exeundum est?*).

In dem entscheidenden Satz, der auch entsprechend hervorgehoben ist (s. o.), formuliert Seneca den Grundsatz der *Ataraxia* sehr deutlich: *cum animus ... ad se potestatem sui transtulit* (Z. 7): Wenn er über die **Macht über sich selbst** verfügt, ist er von jedem anderen Einfluss, ob im Inneren oder von außen, unabhängig.

Wie in der Einleitung angedeutet, verknüpft Seneca aber diese Frage mit der **Kernfrage** nach dem **guten bzw. sinnvollen Leben**: Dies ist, wie oben angedeutet, ein *satis vivere* oder eine *plena vita*. Dies bedeutet aber, wie im entscheidenden Satz formuliert, dass der Mensch in seinem Inneren sich seiner guten Qualitäten bewusst sein muss (Z. 7: *animus sibi bonum suum reddidit*). Dann gehorcht er seiner Natur, wie Seneca es in der rhetorischen Frage für angemessen hält (Z. 3/4: *Utrum, obsecro te, aequius iudicas te naturae an tibi parere naturam?*), dann würde der Mensch, wie es Seneca noch nirgends gesehen hat, den Göttern gehorchen (Z. 1: *adversus deos neminem (aequum inveni)*). *Satis vivere* bedeutet demzufolge *aeque vivere adversum deos et naturam*. Ein seiner Natur wie den Göttern angemessenes Leben jedoch ergibt sich nur dann, wenn man das **Wesen der Natur** erfasst hat, die *ratio*, den Weltenlogos, der den Kosmos als Ganzes strukturiert und von dem sich gleichsam Samen in jedem einzelnen Menschen wiederfinden, jedoch von jedem einzelnen Menschen entdeckt und als **Maßstab guten Handelns und Lebens** gefunden werden müssen.

Dies sind Grundlinien der stoischen Lehre: ein Leben in *Ataraxia*, ohne Erschütterungen durch Affekte, da es ganz **vernunftorientiert** ist. Diese **ethische Maxime** ergibt sich aus der metaphysischen Durchdringung des Kosmos durch den Weltenlogos.

4. a) *Der Arbeitsauftrag entkoppelt die Werte und Tugenden ausdrücklich von der stoischen Lehre durch den Begriff des erfüllten Lebens. Sie sind also nicht ausnahmslos an stoische Tugenden gebunden, sondern können auch an die typisch römischen denken, die bei nichtphilosophischen Texten eine Rolle gespielt haben. Tragen Sie zielgerichtet die Werte bzw. Tugenden zusammen, ohne diese zu kommentieren. Im Folgenden werden mehr als die geforderten vier Werte bzw. Tugenden genannt, um Ihnen eine mögliche Bandbreite zu präsentieren.* (Anforderungsbereich I)

- Die **Ataraxia** entspricht der vierten Kardinaltugend, der *modestia*. Mäßigung bedeutet nämlich **Selbstbeherrschung** im ethischen Sinne, die Mäßigung unangebrachter Gelüste und Bedürfnisse, die letztlich eine Abhängigkeit von nicht substanziellen Gütern hervorrufen.
- Eine weitere für die Stoa entscheidende Kardinaltugend ist die *fortitudo*; damit ist allerdings nicht die gemeinhin überlieferte Bedeutung „Tapferkeit" im Sinne von Bewährung im Kampf gemeint, sondern das **aufrechte und konsequente Einstehen** für die aus der Beschäftigung mit (dem eigenen) *animus* hervorgegangenen **Überzeugungen**, auch auf die Gefahr hin, sein Leben zu verlieren.
- *Iustitia*, die zweite Kardinaltugend, definiert Cicero als das *suum cuique tribuere*. Jedem solle das Seine zuteilwerden. Diesen Gedanken findet man auch im vorliegenden Text bei Seneca, da sich jeder seiner Qualitäten bewusst werden soll.
- Es wird daher offensichtlich, dass diese drei Maximen richtigen Verhaltens und eines guten Lebens im Sinne der Stoa nicht ohne die grundlegende, erste Kardinaltugend möglich ist, die griechisch *sophia*, lateinisch *sapientia* (σοφία) heißt. Der *sapiens* ist sich ganz seiner Fähigkeiten, seiner Eigenschaften und der **Macht seiner Vernunft** bewusst. Deswegen weiß er sich innerhalb des vernünftigen Kosmos einzuordnen, wie auch jeden anderen *(iustitia)*, er weiß, dass ihn in diesem Wissen **nichts erschüttern** kann, er kennt die maßgeblichen Kriterien guten Lebens *(modestia)* und kann deswegen, auch um den Preis des eigenen Lebens, für sie einstehen *(fortitudo)*.
- Eine Kerntugend römischen Verhaltens ist die *pietas*. Wiederum ist der gemeinhin benutzte deutsche Begriff „Frömmigkeit" nicht angemessen. Die *pietas* hat drei Komponenten:
  – gegenüber der *familia* den Respekt und den Gehorsam, insbesondere gegenüber den *maiores* und dem *pater familias*
  – gegenüber der *res publica* den Respekt und den Gehorsam, insbesondere gegenüber den Institutionen, namentlich gegenüber den *patres* des Senats
  – gegenüber den Göttern den Respekt und den Gehorsam

b) *Verdeutlichen Sie durch ein aussagekräftiges Beispiel aus den im Unterricht behandelten Texten, welche Rolle Werte darin spielen.*
(Anforderungsbereich II)

Cicero dürfte sich selbst als ein **Beispiel der *fortitudo*** ansehen, da er ohne Rücksicht auf sein eigenes Wohlergehen für seine Überzeugung einstand und in die Verbannung ging. So jedenfalls stellt er sich selbst unter anderem in *pro Sestio* dar.

Horatius Cocles, der sich den heranstürmenden Etruskern auf einer Brücke über den Tiber allein entgegenstellte, erwies sich ebenso als *exemplum* für die *fortitudo*, weil er für die Gemeinschaft einstand und riskierte, von den Gegnern abgeschlachtet zu werden. So stellt ihn Livius im zweiten Buch *ab urbe condita* dar, in pointierter Abgrenzung zum Bericht des Polybios im sechsten Buch der Historien. Insofern erweisen sich beide auch als *exempla* für die *pietas* gegenüber der *res publica*.

Iustitia ist das Grundprinzip der Fabel des **Menenius Agrippa**, mit der er nach dem Bericht des Livius im zweiten Buch *ab urbe condita* die ausgezogenen Plebejer davon überzeugt haben soll, wieder zurückzukehren und die *res publica* zu verteidigen: Jedes Mitglied des staatlichen Körpers hat eine ihm gemäße Aufgabe, die Plebejer die der Verteidigung und Versorgung, der Senat und die führenden Patrizier die der Organisation und Verwaltung. Aus diesen Verpflichtungen ergäben sich angemessene Rechte.

Klassisches Sinnbild der *pietas* ist **Aeneas**, der seine persönlichen Bedürfnisse zugunsten des göttlichen *fatum* und der ihm anvertrauten Gemeinschaft stets hintanstellt. So kann Vergil an ihm einer römischen Urtugend eine gleichsam mythische Legitimation geben, ganz besonders im vierten Buch der *Aeneis*, wo Aeneas Dido auf Befehl Jupiters in Richtung Latium verlässt. Aber diese Eigenschaft des Aeneas zeigt sich auch in der Unterweltsfahrt, die Ovid im 12. Buch der Metamorphosen konstruiert: Auf dem Rückweg möchte Aeneas, ohne zu wissen, wer vor ihm steht, Sibylle von Cuma aus Dank dafür, dass sie ihm auf dem Weg in die Unterwelt geholfen hat, Tempel und Weihrauchopfer stiften.

Nordrhein-Westfalen: Latein als fortgeführte Fremdsprache 2015
Grundkurs – Aufgabe 2

Text

Die Zauberin Kirke verliebte sich einst in den König Picus. Kirke ließ sich auch nicht von dem Umstand entmutigen, dass Picus bereits glücklich mit der Nymphe Canens verheiratet war. Als Picus dennoch ihrem anhaltenden Drängen und Werben nicht nachgab, verwandelte sie ihn in einen Specht. Die Königin und Nymphe Canens, die noch nicht wusste, dass die Zauberin Kirke ihren Mann verwandelt hatte, suchte ihren Ehemann überall.

Sparserat occiduus Tartessia litora Phoebus,
et frustra coniunx oculis animoque Canentis
exspectatus erat: Famuli populusque per omnes
discurrunt silvas atque obvia lumina portant.
5 Nec satis est nymphae flere et lacerare capillos
et dare plangorem (facit haec tamen omnia). Seque
proripit ac Latios errat vesana per agros.
Sex illam noctes, totidem redeuntia solis
lumina viderunt inopem somnique cibique
10 per iuga, per valles, qua fors ducebat, euntem.
Ultimus adspexit Thybris luctuque viaque
fessam et iam longa ponentem corpora ripa.
Illic cum lacrimis ipsos modulata dolores
verba sono tenui maerens fundebat, ut olim
15 carmina iam moriens canit exequialia cycnus.
Luctibus extremum tenues liquefacta medullas
tabuit inque leves paulatim evanuit auras.
Fama tamen signata loco est, quem rite Canentem
nomine de nymphae veteres dixere Camenae.   *(121 Wörter)*

Übersetzungshilfen

V. 1	spargere, spargo, sparsi, sparsum	*hier:* erleuchten
	occiduus, -a, -um	untergehend
	Tartessia litora, Tartessiorum litorum n.	*hier:* Westen *(Tartessos war eine Küstenstadt im Südwesten Spaniens, deren Strand den westlichen Rand der damals bekannten Welt markierte)*
	Phoebus, -i m.	*hier:* Sonne *(Phoebus war der Kultname des Gottes Apollo als Sonnengott)*
V. 4	discurrere, discurro, discurri, discursum	(suchend) hin und her laufen
	obvia ... portare	(ihm) entgegentragen
V. 6/7	se proripere, proripio, proripui, proreptum	*hier:* aus dem Palast stürzen

V. 7	Latius, -a, -um	lateinisch – *in der Landschaft Latium gelegen*
V. 9	inops, inopis *(mit Gen.)*	*hier:* ohne (etwas)
V. 10	iuga	= montes
	qua	wohin
V. 11	ultimus, -a, -um	*hier: prädikativ zu* Thybris
	Thybris	= Tiberis, Tiberis m. *(gemeint ist hier der Flussgott des Flusses Tiber)*
V. 12	longa corpora ripa ponere	sich am Ufer entlang hinlegen
V. 13	modulari, modulor, modulatus sum	*hier:* besingen *(Subjekt zu* modulata *ist* Canens*)*
V. 14	tenuis, -is, -e	zart
	fundere, fundo, fudi, fusum	*hier:* erklingen lassen
	olim	*hier:* manchmal
V. 15	carmina exequialia *(poetischer Plural)*	Totenlied *(Hintergrund ist die mythologische Vorstellung, dass Schwäne, wenn sie bereits im Sterben liegen, ergreifend singen.)*
V. 16	extremum	= denique
	tenues liquefacta medullas	*übersetzen Sie:* bis in das zarte Innerste verflüssigt (medullae, -arum f. *bezeichnet das (Knochen-)Mark, das Flüssige im Knochen)*
V. 17	tabescere, tabesco, tabui	dahinschwinden
	evanescere, evanesco, evanui	*hier:* sich verflüchtigen
V. 18	fama … signata … est rite	*hier:* diese Sage … ist bezeugt … mit Recht
V. 19	Camenae, -arum f.	Camenen *(weissagende Quellnymphen, oft auch mit den griechischen Musen gleichgesetzt)*

Aufgabenstellung

I. Übersetzen Sie den lateinischen Text ins Deutsche.

II. Bearbeiten Sie die folgenden Interpretationsaufgaben: Punkte

   1. Gliedern Sie den vorliegenden Text.   10

   2. a) Analysieren Sie die Verse 18 und 19 metrisch.   4

        V. 18   Fama tamen signata loco est, quem rite Canentem

        V. 19   nomine de nymphae veteres dixere Camenae

     b) Untersuchen Sie die sprachlich-stilistische Gestaltung der Verse 11–19 und erläutern Sie die Funktion der gefundenen Mittel im Kontext. Berücksichtigen Sie mindestens vier verschiedene Gestaltungsmittel. Beziehen Sie ggf. auch die Ergebnisse Ihrer metrischen Analyse mit ein.   14

   3. Weisen Sie die Verhaltensänderung der Nymphe Canens am Text nach.   10

   4. Gefühle treiben Menschen oft zur Verzweiflung. Die Stoa stellte deswegen Regeln zum Umgang mit den Affekten auf.

     a) Erklären Sie kurz die Affektenlehre der Stoa.   8

b) Nehmen Sie aus der Perspektive eines Stoikers Stellung zum Verhalten der Nymphe Canens angesichts des Verlustes ihres Mannes Picus. 4

Lösungsvorschläge

Textstelle: Ovid, Metamorphosen 14, 416–434
Inhaltliche Schwerpunkte:
- *Römisches Philosophieren*
  - *Grundbegriffe stoischer und epikureischer Philosophie*
  - *Gottes-/Göttervorstellungen*
- *Römisches Staatsdenken*
  - *römische Werte*

Medien/Materialien:
- *Ovid,* Metamorphosen, *Buch 1, 1–150, Buch 15*
- *Seneca, Auswahl aus* Epistulae morales ad Lucilium

I. Übersetzung

Gehen Sie nach den Übersetzungsmethoden vor, die Sie im Unterricht gelernt haben. Die vorliegende Übersetzung hat Modellcharakter, sie ist in der sprachlichen und stilistischen Ausführung nicht bindend, sondern soll nur für Ihre Übersetzungstätigkeit als Orientierung dienen. (Anforderungsbereich III)

Die untergehende Sonne hatte noch den Westen erleuchtet und vergeblich war der Gatte mit den Augen und im Inneren der Canens erwartet worden: Diener und Volk laufen suchend durch alle Wälder hin und her und tragen ihm ihre Laternen entgegen. Und es ist für die Nymphe nicht genug, zu weinen, die Haare zu raufen und lautes Klagen von sich zu geben (dennoch macht sie dies alles). Und sie stürzt aus dem Palast und irrt wahnsinnig über die latinischen Felder. Jene haben sechs Nächte und das ebenso wiederkehrende Licht der Sonne gesehen, wie sie ohne Schlaf und ohne Speise über Berge und Täler streifte, wohin der Zufall sie führte. Als Letztes hat sie der Tiber erblickt, wie sie sich, müde von der Trauer und dem Weg, am Ufer entlang hinlegte. Dort besang sie mit ihren Tränen ihren eigenen Schmerz und ließ in zartem Ton traurig die Worte erklingen, wie manchmal der Schwan schon sterbend das Totenlied sang. Schließlich schwand sie, durch ihre Trauer schon bis in das zarte Innerste verflüssigt, dahin und verflüchtigte sich allmählich in die leichten Lüfte hinein. Diese Sage ist dennoch bezeugt durch den Ort, den mit Recht nach ihrem Namen die alten Camenen den „Singenden" genannt haben.

II. Interpretationsaufgaben

1. *Gehen Sie bei der Gliederung vom lateinischen Text aus. Belegen Sie Ihre Ausführungen am lateinischen Text. Günstig ist es darüber hinaus, wenn Sie den einzelnen Abschnitten sowie der gesamten Passage kurze Überschriften geben. Bedenken Sie die Möglichkeit, größere Abschnitte mit Unterteilungen vorzunehmen. Die hier vorgelegte Struktur dient der Orientierung, sie ist nicht zwingend.*
 (*Anforderungsbereich I/II*)

   Das Leid und die Metamorphose der Nymphe Canens
   - **V. 1–4:** Die vergebliche Suche nach Picus
   - **V. 5–10:** Canens' Trauer: das wahnhafte Umherirren in Latium
   - **V. 11–15:** Canens' Klagelied am Ufer des Tiber
   - **V. 16–19:** Canens' Ende: die Metamorphose und das Aition des Ortes „Canens"

2. a) *Vergegenwärtigen Sie sich zunächst das grundsätzliche Schema des daktylischen Hexameters und auch die Zäsuren und die Dihäresen. Denken Sie auch an Synizesen und ähnliche Verschleifungen.*
 (*Anforderungsbereich II*)

   $- \cup \cup \ -^{TH} \ - \ - \cup \cup \ -^{HH} \ - \ - \cup \cup \ - \ \times$
   fama tamen ‖ signata loco est, ‖ quem rite Canentem

   $- \cup \cup \ -^{TH} \ - \ -^{PH} \cup \cup \ -^{HH} \ - \ - \cup \cup \ - \ \times$
   nomine de ‖ nymphae ‖ veteres ‖ dixere Camenae

   TH = Trithemimeres
   PH = Penthemimeres
   HH = Hephthemimeres

   b) *Betrachten Sie die Sachverhalte unter sprachlich-stilistischen Aspekten und belegen Sie Ihre Aussagen anhand lateinischer Zitate. Gleichzeitig sind sie in der Fülle nicht zu erwarten, sie sollen aber die Vielfältigkeit andeuten. Sie sollten sich bemühen, möglichst unterschiedliche Mittel nachzuweisen, um Ihre Kenntnisse unter Beweis zu stellen.*
 (*Anforderungsbereich II–III*)

   In Vers 11 fällt vor allem das **Hyperbaton** auf *(Ultimus ... Thybris)*, das *adspexit* einschließt, sodass betont wird, dass der Tiber, Roms Fluss, als Letzter die Nymphe gesehen hat. Letztlich wird hier damit schon **proleptisch** auf Canens' Ende hingewiesen. Das **Enjambement** zu Vers 12 vertieft diesen Zusammenhang, weil erst in V. 12 mit *fessam* und *ponentem* das Objekt zu *adspexit* geliefert wird: die erschöpfte Canens, die sich am Ufer hinlegt. Das **Hyperbaton** in Vers 12 *longa ... ripa*, das *ponentem corpora* einschließt, dient zusammen mit dem **Homoioteleuton** *(longa ... corpora ripa)* als weiterer Hinweis auf das nahende Ende, da sie sich nicht mehr erheben wird. Der Leser der Metamorphosen wird an die

Episode von Narcissus und Echo erinnert sein: Echo vergeht, von Narcissus verschmäht, in einer Höhle zur reinen Stimme, eben dem Echo. Narcissus bettet sich später erschöpft am Ufer eines Waldsees hin, verliebt sich in sein Spiegelbild und erhebt sich nicht mehr, isst und trinkt nicht, verschwindet und hinterlässt die Blume der Narzisse. Diese Verknüpfung lässt den Leser schon ahnen, wie Canens enden wird. Das **Hyperbaton** im folgenden Vers (V. 13: *ipsos modulata dolores*) hebt *modulata*, also die stimmliche Fähigkeit der Nymphe, hervor. Das **Enjambement** schafft eine enge Verbindung der beiden Verse, in denen der liebliche Klang des Klagelieds der „singenden" Nymphe (Canens) gerühmt wird. Das folgende **Gleichnis** (V. 14/15: *ut olim carmina iam moriens canit exequialia cycnus*) kann ebenfalls **proleptisch** gedeutet werden, weil der Mythos den Gesang der Schwäne mit ihrem Tod verknüpft. Diese Aufgabe des Gleichnisses wird auch durch die stilistische Gestaltung pointiert, a) durch das **Hyperbaton** *(carmina ... exequialia)*, das *iam moriens* einschließt, b) durch die **Alliteration** und die **Wortstellung** zu Beginn, in der Mitte und am Ende von Vers 15 *(carmina ... canit ... cycnus)*. Mit denselben Mitteln, **Hyperbata** *(tenues liquefacta medullas/inque leves paulatim evanuit auras)*, **Enjambement** und **Homoioteleuton** am Versende *(medullas/auras)*, illustriert Ovid das dahinschwindende Ende von Canens, zumal er die Versenden gleichklingend beendet (s. o.), aber die Satzstruktur **chiastisch** ordnet *(medullas tabuit/evanuit auras)*. Die letzten beiden Verse stellen den aitiologischen Bezug zwischen der Metamorphose und dem „singenden" Ort (Canens) am Tiber her: Dass die Verse diese Funktion haben, wird durch die oben aufgezeigten Zäsuren deutlich, die, wie gesehen, *signata loco est* umrahmen und daher betonen. Zudem formuliert Ovid hier deutlich eine **Antithese** zwischen *fama* und *tamen signata ... est*, verstärkt durch das **Hyperbaton**, das *loco* umschließt, den realen Beweis für die „Wahrheit" der *fama*. Die **Wortstellung** von *Canentem* am Ende von Vers 18 nimmt die Namensbezeichnung, von der in Vers 19 die Rede ist, vorweg und stellt durch die **Alliteration** mit dem letzten Wort in Vers 19 *(Camenae)* eine enge Bindung her. In Vers 19 wird erst das Aition geliefert: die Namensnennung des Ortes. Dieses wird erneut stilistisch eng gestaltet durch die sehr ungewöhnliche **Wortstellung** *(nomine de)*, die **Alliteration** *(nomine de nymphae)*, die syntaktisch zudem auch möglich wäre, weil der Ort nach dem Namen der Nymphe bezeichnet worden ist, die **Stellung** der *nymphae veteres*, die durch die Zäsuren (s. o.) hervorgehoben wird, und das **Hyperbaton** *(nymphae veteres dixere Camenae)*, das die entscheidende Tätigkeit, die Bezeichnung des Ortes, umfasst. Hier wird deutlich, dass man Ovid eine Ironisierung des Aitions unterstellen kann: Die Realität, die das Unwahrscheinliche der *fama* widerlegen soll, nämlich der Name des Ortes, beruht letztlich erneut auf einer mythologischen *fama*, nämlich der Bezeichnung durch alte Nymphen. Wer an derart mythische Geschichten wie die Metamorphose der Nymphe Canens nicht glaubt, wird auch nicht an die Erklärung der Bezeichnung glauben.

3. *Betrachten Sie nach Ihrer Strukturanalyse in 1 genau den Text und bestätigen Sie durch eigene Untersuchungen am Text den Wandel im Verhalten der Nymphe Canens. Versuchen Sie dann anhand der Darstellung, das Verhalten der Nymphe zu beschreiben.* *(Anforderungsbereich II)*

Es scheint **drei Stadien** im Verhalten der Nymphe zu geben. Ovid macht dies deutlich durch *Nec satis est nymphae* (V. 5):
Dieser Bemerkung ist allerdings eine Phase vorgeschaltet, die nicht expressis verbis genannt wird. Es wird gesagt, dass Canens Picus vergeblich erwartet hatte (V. 1–3). Als Konsequenz ergibt sich die Suche durch Diener und Volk (V. 3/4). Nicht gesagt wird, dass man nach der Suche offenkundig Picus für tot erklärt hat. Sonst wäre die folgende Reaktion nicht zu erklären.
Tatsächlich beschreibt Ovid in den Versen 5 und 6 die (in der Antike üblichen) **Verhaltensweisen beim Verlust eines Menschen**, wie sie bei den traditionellen Klageweibern überliefert sind: das laute, **tränenreiche Klagen** selbst, das **Raufen der Haare**, die so ihre Form verlieren, und das **Schlagen der Brust** *(flere et lacerare capillos et dare plangorem)*. Wenn der Nymphe diese Tätigkeit nicht genug ist, wird sie danach ihr Verhalten ändern.
Und tatsächlich steigert sich ihr Verhalten immer weiter in **wahnhafte Trauer**: Sie stürzt kopflos aus dem Palast und irrt im Wahn *(vesana)* durch das Land (V. 6/7). Sechs Nächte und Tage **isst und schläft** sie **nicht** (V. 8–10). In ihrer Erschöpfung legt sie sich am Tiber nieder, nicht aber um sich auszuruhen, zu essen oder zu trinken, sondern um weiterhin zu klagen (V. 11–15). Sie nimmt also den Tod hin, letztlich konsequent in ihrem Wahnsinn.
Insofern kann man eine **Veränderung** von einem rationalen, über ein konformes zu einem geradezu **wahnhaften Verhalten** in Canens' Reaktion auf das Verschwinden des Picus nachvollziehen.

4. a) *Legen Sie die Affektenlehre der Stoa dar – beziehen Sie sich dabei besonders auf die Affekte, die in dieser Textstelle von Bedeutung sind – und ordnen Sie diese in den Zusammenhang ein.* *(Anforderungsbereich II)*

Ziel stoischer Ethik ist das **Glück**, die *beatitudo*. Dies ist aber kein „Glück", das durch äußere Einflüsse befördert wird (das wäre die *felicitas*), sondern durch die **innere Konstitution**: Glück bedeutet ein gutes Leben zu führen *(bene vivere)*. Dieses Leben hat aber letztlich nur der **Weise**, der *sapiens*, gewonnen, weil es bedeutet, *secundum naturam* zu leben, also nach den **Maßgaben der** *ratio*, die die Natur des Menschen und den natürlichen Kosmos um ihn prägt.
Nach den Lehren der Stoa ist die **Kerneigenschaft des Weisen** die **Ataraxie/Apathie** (ἀταραξία/ἀπαθεία), d.h. die Fähigkeit, sich nicht durch

irgendwelche Einflüsse in seinem Inneren erschüttern zu lassen. Das lateinische Pendant könnte man als *constantia* bezeichnen, wie sie auch bei Seneca mehrfach erwähnt wird. Solche Einflüsse können **von außen** kommen, namentlich durch das Spiel des wankelmütigen Schicksals, der τύχη (Tyche), im Lateinischen der *fortuna*, mithin durch **Schicksalsschläge**, die nicht vorhersehbar sind, oder **von innen** durch die nach der stoischen Begrifflichkeit bezeichneten **Affekte** (*affectus*, gr. πάϑη (Pathä)): Zu diesen Affekten gehören Angst *(metus)*, Hass *(odium)*, Trauer *(luctus)* und maßlose Gelüste *(libido)*. Derjenige, der sich diesen Affekten ausliefert, ist von Wankelmütigkeit und Maßlosigkeit *(immodestia)* geprägt, einem *vitium*, einem Laster. Daraus ergibt sich, dass den **Weisen** eine Verhaltensweise maßgeblich prägt, die *modestia*. Neben dieser Tugend, der *virtus*, sollen den Weisen noch drei weitere maßgebliche (Kardinal-) Tugenden prägen, die Weisheit, *sapientia*, die Gerechtigkeit, *iustitia*, und die Festigkeit, für seine Erkenntnisse einzutreten, die *fortitudo*.

b) *Vertreten Sie unter Heranziehung Ihrer Kenntnisse über die Stoa und den vorliegenden Text eine eigene, begründete Position hinsichtlich des Verhaltens der Nymphe Canens.* (Anforderungsbereich III)

Ovid selbst macht mehrfach deutlich, dass Canens **kein Maß hält** und **gegen** die Vorgaben durch die *ratio* verstößt, durch die strukturierende Bemerkung *Nec satis est nymphae* (V. 5), durch *vesana* (V. 7) und schließlich durch die gesamte psychologische Gestaltung, die oben (Arbeitsauftrag 3) skizziert wurde. Der Stoiker würde, wie in Arbeitsauftrag 4a dargestellt, diese Argumentationslinie fortführen und Canens heftig für ihr Verhalten kritisieren, weil sie sich durch den **Verlust des Picus**, der seinerseits nur Folge eines höchst emotional gesteuerten leidenschaftlichen Verhaltens Kirkes ist, vollkommen und **zutiefst erschüttern lässt**. Sie verlässt den Pfad der Rationalität, nachdem ihr der Tod des Picus klar geworden ist, gibt sich ganz und gar der **Trauer**, einem Affekt, hin und stürzt letztlich in den vollkommen **irrationalen Wahnsinn**.

> **Nordrhein-Westfalen: Latein als neu einsetzende Fremdsprache 2015**
> **Grundkurs**

Text

Mit seiner im Jahr 43 v. Chr. im Senat gehaltenen Rede greift Cicero in die politischen Auseinandersetzungen nach der Ermordung Caesars ein. Marcus Antonius, der ehemalige Mitkonsul und General Caesars, hatte versucht, seinem Bruder Gaius Antonius die Provinz Makedonien in Griechenland zuzuspielen. Dies tat er auch, um seinen eigenen Einfluss in Rom zu sichern. Brutus, einer der führenden Köpfe aus dem Kreis der Mörder Caesars, hatte diese Pläne durchkreuzt. Er war Gaius Antonius zuvorgekommen. Nachdem der größte Teil der in Makedonien stationierten Legionen zu Brutus übergelaufen war, hatte er den Oberbefehl übernommen. Die Frage, die im Senat erörtert wird, lautet, ob Brutus dies hätte tun dürfen. Cicero bettet seine Argumentation in Überlegungen zur Rechtmäßigkeit von Macht und Einfluss in der res publica *ein:*

Omnes legiones, omnes copiae – quae ubique sunt – rei publicae sunt; nec enim eae legiones, quae M. Antonium reliquerunt, Antonii potius quam rei publicae fuisse dicentur. Omne enim et exercitus et imperii ius amittit is, qui eo imperio et exercitu rem publicam oppugnat. Quodsi ipsa res publica iudicaret aut si omne ius decretis
5 eius statueretur, Antonione an Bruto legiones populi Romani adiudicaret? Alter advolarat subito ad direptionem pestemque sociorum, ut, quacumque iret, omnia vastaret, diriperet, auferret, exercitu populi Romani contra ipsum populum Romanum uteretur; alter eam legem sibi statuerat, ut, quocumque venisset, lux venisse quaedam et spes salutis videretur. Denique alter ad evertendam rem publicam praesidia
10 quaerebat, alter ad conservandam. Nec vero nos hoc magis videbamus quam ipsi milites, a quibus tanta in iudicando prudentia non erat postulanda. *(130 Wörter)*

Übersetzungshilfen

Z. 1	quae ubique sunt	= *ubicumque sunt*
Z. 1 + 2	esse *(mit Gen.)*	jdm. gehören
Z. 2	M. Antonius, -i	*Marcus Antonius, Caesars General und Mitkonsul – Cicero spielt hier geschickt auf einen ähnlichen Vorfall an, bei dem sich Truppen des Marcus Antonius von diesem abgewandt hatten, weil sie die Rechtmäßigkeit seines Handelns bezweifelten.*
	potius quam	eher als
Z. 3	dicentur *(mit NcI)*	man wird sagen, dass
	imperium, -i n.	*hier:* Oberbefehl
Z. 4	ius, iuris n. *(mit Gen.)*	*hier:* Recht auf
Z. 5	eius	*bezieht sich auf* res publica
	statuere, statuo, statui, statutum	bestimmen
	Antonione an Bruto	= *Antonio an Bruto*
	Brutus, -i	*Marcus Iunius Brutus, einer der Mörder Caesars (siehe Einleitung)*

Z. 5	adiudicare, -o, -avi, -atum *(mit Dat.)*	jdm. zusprechen *(Subjekt ist weiterhin res publica)*
	alter	*Gemeint ist hier vordergründig Gaius Antonius als unmittelbarer Gegenspieler des Brutus. Als Hintermann und als der politisch entscheidendere Gegenspieler lässt sich bei der gesamten Argumentation Ciceros der in Zeile 2 genannte Marcus Antonius mitdenken.*
Z. 6	advolarat	= advolaverat
	pestis, -is f.	*hier:* Vernichtung
Z. 8	eam legem sibi statuere	sich ein solches Verhalten zum Grundsatz machen
Z. 9	evertere, everto, everti, eversum	umstürzen
	praesidium, -i n.	*hier:* Hilfsmittel
Z. 10	nec vero ... magis ... quam	*hier:* ebenso sehr ... wie ...
Z. 11	erat postulanda	*hier:* hätte erwartet werden können

Aufgabenstellung

I. Übersetzen Sie den lateinischen Text ins Deutsche.

II. Bearbeiten Sie die folgenden Interpretationsaufgaben:

1. Stellen Sie die Argumente Ciceros gegen Gaius Antonius zusammen und belegen Sie sie am Text. 8

2. Untersuchen Sie, mit welchen sprachlich-stilistischen Mitteln Cicero seine Aussagen gestaltet, und erläutern Sie deren Funktion im Text. Berücksichtigen Sie mindestens vier verschiedene Gestaltungsmittel. 20

3. a) Zeigen Sie am Text, wie Cicero Brutus und dessen Verhalten in diesem Konflikt darstellt. 10
   b) Ordnen Sie Ciceros Eingreifen in die Auseinandersetzungen nach der Ermordung Caesars, wie es im vorliegenden Text deutlich wird, in den Kontext seines politischen Wirkens ein. (Berücksichtigen Sie dabei ggf. auch die Informationen in der Einleitung sowie bei den Hilfen.) 10

Lösungsvorschläge

Textstelle: Cicero, Orationes Philippicae *10, 12, 1 ff.*
Inhaltliche Schwerpunkte:
- *Meilensteine römischer Geschichte und Politik*
  - *Römische Geschichte im Überblick, insbesondere die Entwicklung der römischen Verfassung*
  - *Biografie Ciceros*
- *Römisches Leben in literarischer Spiegelung*
  - *Gattungsspezifische Merkmale der Textsorte Rede*
Medien/Materialien:
- *Lehrbuch und Sachbuch*
- *Cicero, Auswahl aus Orationes Philippicae*

I. Übersetzung

Gehen Sie nach den Übersetzungsmethoden vor, die Sie im Unterricht gelernt haben. Die vorliegende Übersetzung hat Modellcharakter, sie ist in der sprachlichen und stilistischen Ausführung nicht bindend, sondern soll nur für Ihre Übersetzungstätigkeit als Orientierung dienen.   *(Anforderungsbereich III)*

Alle Legionen, alle Truppen, wo auch immer sie sich befinden, gehören dem Staat. Denn man wird wohl nicht sagen, dass die Legionen, die Antonius verlassen haben, eher Antonius als dem Staat gehört hätten. Denn jedes Recht auf ein Heer wie auf einen Oberbefehl verliert derjenige, der mithilfe dieses Oberbefehls und dieses Heeres den Staat angreift. Auch wenn der Staat selbst urteilen würde oder das Recht als Ganzes durch seine Entscheidungen dies festsetzen würde, würde es Antonius oder Brutus die Legionen des römischen Volkes zusprechen? Der eine war plötzlich herangeeilt zur Plünderung und Vernichtung der Bundesgenossen, um, wo auch immer er hinging, alles zu verwüsten, zu plündern, wegzuschaffen, ja das Heer des römischen Volkes gegen das römische Volk selbst zu missbrauchen. Der andere hatte sich ein solches Verhalten zum Grundsatz gemacht, dass, wohin auch immer er gekommen war, es schien, als sei geradezu ein Licht gekommen und Hoffnung auf Rettung. Schließlich suchte der eine Hilfsmittel, um den Staat zu stürzen, der andere, um ihn zu bewahren. Ebenso sehr sahen wir dies wie die Soldaten, von denen eine solche Klugheit in ihrem Urteil nicht hätte erwartet werden können.

II. Interpretationsaufgaben

1. *Gehen Sie eng dem Text folgend vor und sammeln Sie die Argumente Ciceros, die Sie anhand entsprechender lateinischer Zitate belegen. Bedenken Sie, dass die Argumentationskette gleichzeitig auch eine Strukturierung des Textes bedeutet. Die hier gewählte Präsentation ist nicht bindend, sie soll nur der besseren Übersicht dienen.* (Anforderungsbereich I)

Argument 1 (1–4)
- Kein Heer ist persönliches Eigentum der Heerführer.
- Beleg aus der römischen Geschichte: Das Verhalten der Legionen des M. Antonius war rechtens, als sie ihm den Befehl verweigerten. Ebenso ist das Verhalten der Legionen in Makedonien daher rechtmäßig.
- Das Verhalten des G. Antonius scheint in der Familie zu liegen, das seines Bruders war ebenso falsch wie das seinige in der aktuellen Situation (vgl. Einleitungstext).

Argument 2 (5–11)
- Antonius ist ein Feind der *res publica*, Brutus ist der angemessene Heerführer.
- Ziel des G. Antonius: Plünderung und Vernichtung der Bundesgenossen *(direptio/pestis sociorum)*, Verwüsten, Rauben, Wegschleppen *(vastare/diripere/auferre)*, Verwendung gegen die *res publica*, letztlich *ad rem publicam evertendam*. Damit ist Gaius Antonius (wie sein Bruder) ein *hostis*, ein Staatsfeind Roms.

2. *Es scheint hier angemessen, nach der in Arbeitsauftrag 1 angegebenen Struktur der Passage vorzugehen. Anhand dieser sollen Sie dann die sprachlichen und stilistischen Merkmale des Textes herausarbeiten und im Zusammenhang darstellen. Nicht alle aufgeführten stilistischen Mittel sind nach der Aufgabenstellung notwendig. Die angegebene Zahl von sechs Mitteln dürfte eine ausreichende Mindestpunktzahl in diesem Aufgabenbereich rechtfertigen.* (Anforderungsbereich II–III)

Das zentrale Thema formuliert Cicero gleich zu Beginn durch ein **anaphorisches Asyndeton** *(Omnes legiones, omnes copiae ...)* so prägnant und kurz, dass die Aussage, alle militärischen Mittel seien die der *res publica* (nicht die privater Einzelpersonen), im Gedächtnis haften bleibt und die folgende Argumentation auf diese Anfangsthese ausgerichtet scheint. Diesen Gedanken nimmt auch der Satz in Z. 3/4 *(Omne ... oppugnat.)* auf: Er rechtfertigt auf dieser Basis die Revolte der Truppen des G. Antonius. Deren Rechtmäßigkeit betont Cicero in diesem Satz besonders mittels der sprachlich-stilistischen Umsetzung. Durch die **Personalisierung** der *res publica* und des *ius* in der anschließenden **rhetorischen Frage** schafft Cicero den Übergang zur konkreten Situation in Makedonien. Zudem kann er durch diesen grundsätzlich ethischen Zusammenhang zwischen der angeblich amoralischen, eigensüchtigen und staatsgefährdenden Art des Gaius Antonius und der Revolte der Truppen als einem Akt staatsbürgerlicher Verantwortung – so stilisiert er die *prudentia* der Soldaten in Z. 10/11 – den rechtlich sehr fragwürdigen Akt einer Meuterei gegenüber einem zumindest formalrechtlich korrekt eingesetzten Kommandeur überspielen. Die folgenden Sätze (Z. 5–10) sind **antithetisch** aufgebaut *(Alter ... alter)*. Gaius. Antonius, dessen Auftauchen **metaphorisch** mit einer Pestseuche *(pestis)* gleichgesetzt wird und dessen verheerende Auswirkungen mit einem **asyndetischen Trikolon hyperbolisch** dargestellt und durch das **Polyptoton** (Z. 7: *exercitus populis Romani contra ipsum populum Romanum*) ad absurdum geführt wird. Ebenso **metaphorisch** wird Brutus mit dem Licht (Z. 8: *lux*) gleichgesetzt, das ihn als *spes salutis* (Z. 9) erstrahlen lässt.

3. a) *Legen Sie durch eigene Untersuchungen am Text dar, auf welche Weise Cicero Brutus und sein Verhalten darstellt. Berücksichtigen Sie dabei die Ergebnisse aus Arbeitsauftrag 2, insbesondere hinsichtlich wirkmächtiger Stilmittel.* *(Anforderungsbereich II–III)*

Wie oben dargelegt, konstruiert Cicero in **Brutus** das **positive Gegenbild** zu Gaius Antonius. Innerhalb dieses Rahmens sind die negativen Züge des Gaius Antonius die finstere Ausführung der positiven Eigenschaften des Brutus. Dies zeigt sich besonders in dem **Gegensatz** zwischen der *pestis* des Gaius Antonius und der *lux* des Brutus. Wenn also als Kerneigenschaft des Gaius Antonius dargelegt wird, dass sein Ziel darin besteht, die Bundesgenossen Roms, ja den Staat selbst zu plündern und zu seinen Zwecken auszuweiden und zu zerstören (Z. 7/8: *vastaret, diriperet, auferret, exercitu populi Romani contra ipsum populum Romanum uteretur*), dann besteht das Ziel von Brutus' Wirken darin, zu fördern, voranzubringen und zu unterstützen und die Einheit des Staates, ihn selbst zu schützen. Dieses Ziel führt Cicero nicht aus, sondern überlässt es dem Zuhörer, es zu formulieren. Er selbst fasst es zusammen durch den Begriff der *spes salutis* (Z. 9), mit Brutus als Lichtgestalt verbinden die Bundesgenossen wie die Römer die **Hoffnung auf Rettung** aus der Pest, die Gaius Antonius gebracht habe. Denn Brutus möchte die *res publica* retten (Z. 9/10) und wird dafür seine *praesidia*, eigentlich die Schutztruppen, nutzen. Dieses Ziel nennt Cicero bezeichnenderweise eine *lex* (Z. 8), er benutzt also einen Begriff aus Roms Rechtsprache, um die Verbundenheit des Brutus mit Rom und seinen Werten zum Ausdruck zu bringen.

b) *Machen Sie sich klar, welches staatliche Ideal Cicero für sich vertritt, welche Rolle er für sich in diesem Staat sieht und wie er sich innerhalb der römischen Republik verhalten hat, und leiten Sie daraus die Motive ab, in die Auseinandersetzungen nach Caesars Ermordung einzugreifen. Die folgende Argumentation ist eine Modellösung, andere Argumentationsweisen sind ebenso möglich.*   *(Anforderungsbereich II)*

Cicero hat schon Ende der 50er-Jahre in *de re publica* zum Ausdruck gebracht, dass er in der **Mischverfassung** des römischen Gemeinwesens den **idealen Staat** sieht, der allen anderen einfachen Staatsverfassungen überlegen ist. Dies zeigt er durch den Niedergang früherer Aristokratien und Monarchien und gleichzeitig anhand des **Aufstiegs Roms zur Weltmacht**. Cicero ist des Weiteren davon überzeugt, dass das Wohl dieser *res publica* von dem harmonischen Miteinander der wichtigen Institutionen (Senat, Volksversammlung und Magistratur(en)), abhängt. Entscheidend ist für ihn in diesem Zusammenhang, dass jede Institution als Ganzes wie auch jeder einzelne römische Bürger seine persönlichen Motive und Bedürfnisse dem **Wohl** der gesamten *civitas* unterordnet. Dies ist auch das maßgebliche Kriterium, das, wie er in *de oratore* 55 v. Chr. und insbesondere im *orator* 46 v. Chr. (Brutus (!) gewidmet) darlegt, den *orator perfectus* zum vollendeten Redner macht, das Bewusstsein und die moralische Integrität, alle seine rhetorischen Fähigkeiten und sein Wissen in den Dienst der *res publica* zu stellen. Aus dieser Haltung und diesem Dienst heraus ergeben sich nach Ciceros Meinung vollkommen zu Recht auch die besondere *dignitas*, *auctoritas* und *honor* dieses Redners, der nach römischem Verständnis selbstverständlich auch Magistrat ist. Er selbst hat sich diesem Ideal verpflichtet gefühlt, es zu Beginn seiner Karriere in den Reden für Sextus Roscius gegen die korrupten Freigelassenen immerhin des (irregulären) Diktators Sulla 81 v. Chr. oder später gegen den korrupten Statthalters von Sizilien, Verres, 70 v. Chr., die ihm den Durchbruch in Rom verschafften, für sich in Anspruch genommen. Bekannt und belegt sind die in diesem Sinne vorbildliche Amtsführung als Quaestor auf Sizilien und die Niederschlagung der Verschwörung des Catilina während seines Konsulats 63 v. Chr. Vor diesem Ideal mussten politische Führer wie Sulla oder Caesar versagen, die mit ihrem Führungsanspruch das Wohl und die Einheit der *res publica* gefährdeten. Dies gilt auf einer untergeordneten politischen wie gesellschaftlichen Ebene, aber auch für Verres oder Catilina. Als nach der **Ermordung Caesars**, die Cicero ausdrücklich als **Rettung der *res publica*** vor den eigensüchtigen Bestrebungen dieses Einzelnen begrüßte, durch seinen Nachfolger Marc Anton erneut eine solche Gefährdung der *res publica* drohte, folgte Cicero diesem Ideal wiederum. Gleichzeitig bedeutete dieser Einsatz für ihn natürlich auch die Möglichkeit, als *princeps senatus* zu einer **politischen Führungsperson** zu werden und einen entsprechenden Ruhm zu ernten.

Nordrhein-Westfalen: Latein als fortgeführte Fremdsprache 2015
Leistungskurs – Aufgabe 1

Text

Cicero wendet sich an einen philosophisch Ungebildeten und möchte ihn von den Vorzügen der stoischen Philosophie überzeugen. Seine eigenen Erfahrungen dienen ihm dabei als Argumentationshilfe: Sein Leben, das er nach philosophischen Grundsätzen geführt habe, habe ihn zum Glück geführt, ein Leben ohne solche Grundsätze, wie er es im vorliegenden Text seinem Gegenüber unterstellt, führe zum Unglück.

Quid enim ego laboravi aut quid egi, aut in quo evigilarunt curae et cogitationes meae, si quidem nihil peperi tale, nihil consecutus sum, ut eo statu essem, quem neque fortunae temeritas neque inimicorum labefactaret iniuria? Mortemne mihi minitaris, ut omnino ab hominibus, an exilium, ut ab improbis demigrandum sit?
5 Mors terribilis iis, quorum cum vita omnia exstinguuntur, non iis, quorum laus emori non potest. Exilium autem illis, quibus quasi circumscriptus est habitandi locus, non iis, qui omnem orbem terrarum unam urbem esse ducunt. Te miseriae, te aerumnae premunt omnes, qui te beatum, qui florentem putas. Te tuae libidines torquent. Tu dies noctesque cruciaris, cui nec sat est, quod est, et, id ipsum ne
10 non diuturnum sit futurum, times. Te conscientiae stimulant maleficiorum tuorum; te metus exanimant iudiciorum atque legum. Quocumque aspexisti, ut furiae sic tuae tibi occurrunt iniuriae, quae te suspirare libere non sinunt. Quamobrem, ut improbo et stulto et inerti nemini bene esse potest, sic bonus vir et sapiens et fortis miser esse nemo potest. Nec vero, cuius virtus moresque
15 laudandi sunt, eius non laudanda vita est. *(178 Wörter)*

Übersetzungshilfen

Z. 1/2	laboravi … egi … evigilarunt … peperi … consecutus sum	*übersetzen Sie jeweils als Irrealis der Vergangenheit*
Z. 1	in quo …?	*wozu …?*
	evigilare, -o, -avi, -atum	*schlaflose Nächte bereiten*
	evigilarunt	= evigilaverunt
Z. 2	quidem *(Adv.)*	*bleibt unübersetzt*
	parere, pario, peperi, partum	*hier:* schaffen
	eo statu esse	sich in einem solchen Zustand befinden
Z. 3	temeritas, -atis f.	Unberechenbarkeit
Z. 3/4	Mortemne … sit?	*legen Sie Ihrer Übersetzung den Satz mit den im Folgenden unterstrichenen Ergänzungen zugrunde:* Mortemne mihi minitaris, ut omnino ab hominibus <u>mihi demigrandum sit</u>, an exilium <u>minitaris</u>, ut ab improbis <u>mihi</u> demigrandum sit?
Z. 4	minitari, minitor, minitatus sum	*hier:* drohend vor Augen stellen
Z. 6	exilium autem illis	*ergänzen Sie:* terribile est

Z. 6	circumscribere, -scribo, -scripsi, -scriptum	*hier:* eng begrenzen
Z. 7	ducunt	*hier:* = putant
	te	*hier adversativ:* = te autem
Z. 8	aerumna, -ae f.	Sorge
Z. 9	torquere, torqueo, torsi, tortum	*hier wie:* cruciare
	cruciare, crucio, cruciavi, cruciatum	quälen
	cui	*Bezugswort ist* tu
	nec	*hier:* = non
Z. 9/10	et, id ipsum ne …, times	*übersetzen Sie:* et times, ne id ipsum …
Z. 10	conscientiae, -arum f. *(mit Gen.)*	*hier:* Wissen von
	stimulare, -o, -avi, -atum	quälen
Z. 11	metus, -us m. *(mit Gen.)*	Furcht vor *(übersetzen Sie als Singular)*
	exanimare, -o, -avi, -atum	betäuben
	quocumque	wohin auch immer
	aspexisti	*übersetzen Sie im Präsens*
Z. 12	iniuria, -ae f.	*hier:* Untat
Z. 13	… nemini bene esse potest	es kann keinem … gut ergehen
Z. 13/14	…vir … nemo	*hier:* kein … Mann
Z. 14/15	nec vero … non	und sicherlich

Aufgabenstellung

I. Übersetzen Sie den lateinischen Text ins Deutsche.

II. Bearbeiten Sie die folgenden Interpretationsaufgaben: Punkte

1. Paraphrasieren Sie den Text. 10

2. Untersuchen Sie, mit welchen sprachlich-stilistischen Mitteln der Autor seine Aussagen gestaltet, und erläutern Sie deren Funktion im Kontext. Berücksichtigen Sie mindestens sechs verschiedene Gestaltungsmittel. 18

3. Weisen Sie Eigenschaften und Handlungsweisen eines stoischen Weisen am Text nach. 10

4. Cicero orientiert sich bei seiner eigenen Rednertätigkeit am Ideal des römischen Redners, dem *orator perfectus*.
   a) Charakterisieren Sie Ciceros Ideal des *orator perfectus*. 8
   b) Erläutern Sie an drei Aspekten Zusammenhänge, die zwischen dem Ideal des *orator perfectus* und dem Ideal des stoischen Weisen bestehen. Berücksichtigen Sie dabei ggf. auch Ihre Ergebnisse aus der Bearbeitung der Aufgabe 3. 6
   c) Nehmen Sie abschließend Stellung zu der Frage, ob das Ideal des stoischen Weisen und das Ideal des *orator perfectus* miteinander vereinbar sind oder auch Unvereinbares enthalten. 4

Lösungsvorschläge

Textstelle: Cicero, Paradoxa Stoicorum *2, 17ff.*
Inhaltliche Schwerpunkte:
- Römisches Philosophieren
  – Grundbegriffe stoischer und epikureischer Philosophie
  – Sinnfragen des Lebens
- Römisches Staatsdenken
  – Res publica *und Prinzipat*
  – Römische Werte
- Römische Rhetorik
  – Philosophische Grundlegung und politische Bedeutung der Redekunst
  – Ideal des Redners

Medien/Materialien:
- Cicero, Pro P. Sestio oratio
- Cicero, De oratore, *1,29–34; 2,22–36*
- Seneca, Auswahl *aus* Epistulae Morales ad Lucilium

I. Übersetzung

Gehen Sie nach den Übersetzungsmethoden vor, die Sie im Unterricht gelernt haben. Die vorliegende Übersetzung hat Modellcharakter, sie ist in der sprachlichen und stilistischen Ausführung nicht bindend, sondern soll nur für Ihre Übersetzungstätigkeit als Orientierung dienen. (Anforderungsbereich III)

Was hätte ich nämlich gearbeitet, was hätte ich betrieben oder wozu hätten meine Sorgen und Gedanken mir schlaflose Nächte bereitet, wenn ich nichts Derartiges geschaffen, nichts erreicht hätte, sodass ich mich in einem solchen Zustand befand, den weder die Unberechenbarkeit des leichtfertigen Schicksals noch das Unrecht meiner Feinde erschüttern konnten? Stellst du mir etwa drohend den Tod vor Augen, sodass ich gänzlich von den Menschen weichen müsste, oder das Exil, sodass ich von den schlechten Menschen weichen müsste? Der Tod ist für diejenigen schrecklich, von denen alles zusammen mit ihrem Leben ausgelöscht wird, nicht für diejenigen, deren Ruhm nicht hinwegsterben kann. Das Exil aber ist für diejenigen schrecklich, denen die Wohnstatt gleichsam eng begrenzt worden ist, nicht für diejenigen, nach deren Meinung (*wörtlich:* die glauben, dass) der ganze Erdkreis eine einzige Stadtgemeinde ist. Dich hingegen bedrängen jeder Kummer, alle Sorgen, der du dich für glücklich, dich in der Blüte deiner Jahre hältst. Dich foltern deine Gelüste. Dich quälst du Tag und Nacht, dem nicht genug ist, was da ist, und du fürchtest, dass ebendies nicht ewig da sein wird. Dich quält das Wissen von deinen Untaten; dich betäubt die Furcht vor den Richtern und den Gesetzen. Wohin auch immer du geschaut hast, dort eilen deine Untaten genauso wie dein Wahnsinn dir entgegen, die dich nicht aufatmen (*wörtlich:* frei atmen) lassen. Deswegen, wie es keinem Schlechten, Dummen und Trägen gutgehen kann, so kann kein guter, weiser und tapferer Mann erbärmlich sein. Und sicherlich darf das Leben von demjenigen, dessen Tapferkeit und Sittlichkeit nicht lobenswert sind, nicht lobenswert sein.

II. Interpretationsaufgaben

1. *Geben Sie die wesentlichen Gedankengänge unter Einhaltung der Informationsreihenfolge in Ihren eigenen Worten wieder. Ziel dieser Aufgabe soll sein, Ihr Textverständnis nachzuvollziehen. Für Sie besteht die Chance auch darin, bei der Paraphrase gegebenenfalls über Ihre Formulierungen noch einmal nachzudenken, wenn sie keinen Sinn ergeben sollten. Logische Ungereimtheiten sind dann auf die Übersetzung zurückzuführen, die noch einmal überdacht werden sollte. Bezugspunkt ist der lateinische Text.*

(Anforderungsbereich II)

Thema des Textes ist das grundsätzliche **Verhältnis** zwischen **innerer Stärke** und **äußeren Widrigkeiten** in der Lebensführung eines Menschen. Dieses Thema wird an zwei Beispielen durchgeführt, zum einen an Cicero selbst als Exempel für den *bonus vir* (Z. 1–7), zum anderen an seinem (hier nicht namentlich genannten) Gegner, wahrscheinlich wohl Clodius, als Beispiel für einen *improbus vir* (Z. 7–12).

Die Passage beschließt eine abschließende und grundsätzliche **Gegenüberstellung** dieser beiden Typen.

Cicero setzt ein mit der Darstellung seines **eigenen Zustands** *(status)*, der weder durch die Sorgen *(curae)*, Gedanken *(cogitationes)* (sc. um den Staat und seine eigene Person), die Widrigkeiten des wankelmütigen Schicksals *(fortunae temeritas)* noch durch das Unrecht seiner Gegner *(inimicorum iniuria)* ins Wanken gebracht worden sei (Z. 1–3). Die **Bedrohung durch Tod und Exil** habe für ihn keine Bedeutung: Denn durch das Exil entkomme er den schlechten Menschen in Rom, und er zählt sich zu den Personen, deren Ruhm unsterblich ist (Z. 5/6: *quarum laus emori non potest*) und die den ganzen Erdkreis für ihre Gemeinde halten (Z. 7: *qui omnem orbem terrarum unam urbem esse ducunt*)

In den folgenden Zeilen 7–12 greift Cicero dann seinen **Gegner** an, den er als einen Menschen zeichnet, der von seinen Lastern, Gelüsten und Ängsten **getrieben und gequält** ist: , durch das Bedürfnis, nie genug haben zu können (Z. 7–9: *miseriae, aerumnae, libidines*; Z. 10–12: *conscientiae maleficorum, metus iudiciorum atque legum, furiae, inuriae*).

Dies führt zu der schlussfolgernden **Gegenüberstellung** am Ende zwischen einem charakterlich und **moralisch verkommenen Menschen** *(improbus, stultus, iners)*, dem es nie gut ergehen wird, und einem charakterlich festen und **moralisch integren Menschen** *(bonus, sapiens, fortis)*, dem allein es gut gehen kann. Die äußere Folge einer solchen Lebensführung in *virtus* und *mores* ist die öffentliche Anerkennung, die *laus* (Z. 13–15).

2. *Es scheint angemessen, nach der in 1 angegebenen Struktur der Passage vorzugehen. Betrachten Sie die Sachverhalte unter sprachlich-stilistischen Aspekten und belegen Sie Ihre Aussagen anhand lateinischer Zitate. Die folgenden Angaben beanspruchen einerseits nicht, alle stilistischen Mittel Ciceros in dieser Passage aufzuführen, andererseits sind auch nicht alle aufgeführten Mittel nach der Aufgabenstellung notwendig.* (Anforderungsbereich II–III)

Cicero als Beispiel für den *bonus vir*

- **Z. 1–3: Cicero und sein innerer Zustand:** Auffallend in diesem wie im folgenden Abschnitt sind die **rhetorischen Fragen**, zumal ihre Funktion hier auch durch den Irrealis der Vergangenheit verstärkt wird *(Quid enim ego laboravi aut quid egi ... neque inimicorum labefactaret iniuria?)*. Alles, was Cicero erreicht hat, hat ihn eben in eine solche innere Festigkeit versetzt, dass er sich weder von den sorgenvollen Gedanken noch vom Spiel des Schicksals oder den Taten seiner Feinde in seinem Inneren erschüttern lässt. Die Betonung der ersten Person liegt auf der Hand, insbesondere durch das **Trikolon** zu Beginn, das zum einen ersichtlich ist durch den **anaphorischen** Beginn der Fragepronomina *(Quid, quid, in quo)*, zum anderen geradezu idealtypisch im dritten Glied die Durchführung **variiert**: Die ersten beiden Fragen sind **parallel** strukturiert *(Quid enim ego laboravi aut quid egi)*, während die dritte ganz anders aufgebaut ist; hier allerdings ist Ciceros inneres Ringen (um den Staat) durch die **Metapher** *(evigilarunt)*, die **Alliteration** und das **Hendiadyoin** betont *(curae et cogitationes meae)*. Die Prinzipien, die seinen inneren Zustand *(status)* erschüttern könnten, sind durch die **chiastische** Wortstellung *(neque fortunae temeritas neque inimicorum ... iniuria?)*, ihre Wirkung durch das **Hyperbaton** *(inimicorum labefactaret iniuria)* betont.

- **Z. 3–7: Die Bedeutung von Tod und Exil:** Die zweite **rhetorische Frage** *(Mortemne mihi minitaris ...?)* führt in ihrem letzten Kolon die angebliche Bedrohung ad absurdum. Diese Bedrohung ist zwar hervorgehoben durch die **Alliteration** *(Mortemne mihi minitaris)*, bedeutet aber am Ende nur, dass Cicero durch das Exil von den schlechten Menschen in Rom entfernt ist. Dieses scheinbare Paradoxon arbeitet Cicero durch die **parallele** Satzstruktur insgesamt auf, die aber durchweg von **Elisionen** geprägt ist *(Mortemne mihi minitaris, ut omnino ab hominibus (mihi dimigrandum est), an exilium (mihi minitaris), ut ab improbis demigrandum sit?)*, sodass Dichte der Aussage und Spannung erhöht werden. Der zweite Block besticht erneut durch die **parallele Satzstruktur**, die durch die Morpheme **variiert** und durch die **Ellision** eng miteinander verzahnt ist <u>*(Mors terribilis iis (est), quorum* cum vita omnia *exstinguuntur, non iis, quorum* laus emori non potest. *Exilium autem (terribilis) illis (est), quibus* quasi circumscriptus est habitandi locus, *non iis, qui* omnem orbem terrarum unam urbem esse ducunt.)</u>. Durch die **Antithese** *(Mors terribilis iis (est), ..., non iis, ... Exilium autem (terribilis) illis (est), ..., non iis, ...)* bereitet Cicero die Gegenüberstellung vor, die er im Folgenden zwischen sich und seinem

Gegner durchführen wird. Besonders auffällig scheint die Haltung der Personen zu sein, zu denen sich auch Cicero zählt, die keine Bindung an ein spezielles Vaterland haben, sondern den Kosmos der Welt an sich für ihre Gemeinde halten *(omnem orbem terrarum unam urbem)*. Denn diese Haltung betont Cicero durch das **Homoioteleuton** und die **Parallelen**.

- **Z. 7–12: Der Gegner als Beispiel für den** *improbus vir*: Ist die Passage, die Cicero betraf, durch eine durchaus anspruchsvolle hypotaktische Satzstruktur geprägt, so ist es dieser Abschnitt durch **kurze Parataxen**. Besonders auffällig ist das **Polyptoton**, mit dem Cicero seinen Gegner anspricht, zumal er es **anaphorisch** an den Beginn des Satzes stellt *(Te miseriae, te aerumnae premunt omnes, qui te beatum … Te tuae libidines torquent. Tu dies noctesque cruciaris …. Te conscientiae stimulant maleficiorum tuorum; te metus exanimant … sic tuae tibi occurrunt iniuriae, quae te suspirare libere non sinunt.)*. Die **parallele Satzstruktur** zu Beginn betrifft nicht nur die beiden Hauptsätze, sondern auch die angeschlossenen Relativsätze, die durch die **Elision** miteinander verzahnt sind *(Te miseriae, te aerumnae premunt omnes, qui te beatum, qui florentem putas.)* Dabei ist dieser erste Satz besonders wichtig, weil er erneut eine **Antithese** vorbereitet: hier die Haltung des Gegners, der sich selbst für glücklich und in der Blüte seiner Existenz sieht, im Folgenden die scharfe Analyse, der zufolge der Gegner in Wahrheit eben nicht glücklich, sondern verkommen und erbärmlich ist. Denn sein Gegner wird in seinem Inneren gequält. Für diesen inneren Zustand benutzt Cicero zahlreiche **Variationen**, die doch stets dasselbe meinen, nämlich die innere Unausgeglichenheit seines Gegenübers *(premunt/ torquent/ cruciaris/ times/ stimulant/ exanimant/ suspirare libere non sinunt)*. Unterstützt wird dieser Eindruck durch die Formulierung der Eigenschaften oder Verhaltensweisen, die seinem Gegner derart zusetzen, einerseits benennt Cicero sie begrifflich klar *(miseriae, aerumnae, libidines)*, andererseits umschreibt er sie als **Variation**, so die *immodestia (Tu dies noctesque cruciaris …)*.

- **Z. 13–15: Die Schlussfolgerung**: Der *bonus* und der *improbus vir*: Die **Antithese** der gesamten Passage wird in den Schlusssätzen durch die Korrelativa *(ut … sic)* bzw. die Pronomina *(cuius … eius)* und das Spiel mit **Polyptota** von Negationen betont *(… nemini bene esse potest, sic bonus vir et sapiens et fortis miser esse nemo potest. Nec vero … non laudanda vita est.)*. Insofern ergibt sich auch eine gewisse **Parallelität** in der Satzstruktur, zumal sie auch in **Trikola** aufgebaut ist: Dem *improbus et stultus et iners* steht der *bonus vir et sapiens et fortis* gegenüber, zumal im zweiten Satz durch einen Chiasmus die kausale Verbindung zwischen der sittlichen Integrität und dem Ruhm einer solchen Lebensführung betont wird *(Nec vero, cuius virtus moresque laudandi sunt, eius non laudanda vita est.)*

3. Ziel dieses Arbeitsauftrages ist es, die Erkenntnisse aus dieser Passage Ciceros mit Lerninhalten aus anderen Halbjahren zu verknüpfen. Es erscheint sinnvoll, zunächst den Weisen nach der stoischen Lehre, wie er z. B. in Senecas Briefen an Lucilius präsentiert wird, zu skizzieren und dieses Bild dann durch eigene Untersuchungen am vorliegenden Text zu bestätigen.

(Anforderungsbereich II)

Ziel stoischer Ethik ist das Glück, die *beatitudo*. Dies ist aber kein „Glück", das durch äußere Einflüsse befördert wird, das wäre die *felicitas*, sondern durch die **innere Konstitution**: Glück bedeutet ein gutes Leben zu führen *(bene vivere)*, dieses Leben hat aber letztlich nur der Weise, der *sapiens*, gewonnen, weil es bedeutet *secundum naturam* zu leben, also nach den Maßgaben der *ratio*, die die Natur des Menschen und den natürlichen Kosmos um ihn prägt.

Nach den Lehren der Stoa ist die **Kerneigenschaft des Weisen** die **Ataraxie** (ἀταραξία)/**Apatheia** (ἀπαθεία), d. h. die Fähigkeit, sich nicht durch irgendwelche Einflüsse in seinem Inneren erschüttern zu lassen. Das lateinische Pendant könnte man als *constantia* bezeichnen, wie sie auch bei Seneca mehrfach erwähnt wird. Solche Einflüsse können **von außen** kommen, namentlich durch das Spiel des wankelmütigen Schicksals, der τύχη (Tyche), im Lateinischen der *fortuna*, mithin durch **Schicksalsschläge**, die nicht vorhersehbar sind, oder **von innen**, durch die nach der stoischen Begrifflichkeit bezeichneten **Affekten** (*affectus*, gr. πάθη (Pathä)): Zu diesen Affekten gehören Angst *(metus)*, Hass *(odium)* oder maßlose Gelüste *(libido)*. Derjenige, der sich diesen Affekten ausliefert, ist von Wankelmütigkeit und Maßlosigkeit *(immodestia)* geprägt, einem Laster *(vitium)*. Daraus ergibt sich, dass den Weisen eine Verhaltensweise maßgeblich prägt, die *modestia*.

Neben dieser Tugend, der *virtus*, sollen den Weisen noch drei weitere maßgebliche (Kardinal-)Tugenden prägen, die Weisheit, *sapientia*, die Gerechtigkeit, *iustitia*, und die Festigkeit, für seine Erkenntnisse einzutreten, die *fortitudo*. Weil er daher durch keine emotionalen Bindungen mit irgendeiner Stadt, einem Land oder Ort verknüpft ist, kann er sich frei in der ganzen Welt bewegen. Dieser **Kosmopolitismus** hat nach stoischer Lehre auch eine metaphysische Grundlage: Da sich die vernünftige Ordnung der Welt, der Weltenlogos, gleichsam auch in jedem einzelnen Menschen überall zeigt, ist jeder Mensch an jedem Ort mit jedem anderen beliebigen Menschen gleichermaßen verbunden, weil die Menschen die einzigen *rationalia animalia* sind. Insofern ist jeder Mensch jedem anderen Menschen aufgrund der *ratio* und damit desselben Wesens verbunden, unabhängig davon, ob es Römer, Griechen, Barbaren oder Sklaven sind.

Dieses Bild bildet die Folie für die **Selbstdarstellung Ciceros** und die **Herabsetzung seines Gegners** in der vorliegenden Passage, und das bis in die Terminologie hinein. Denn Ciceros eigener innerer Zustand lässt sich nach diesen Ausführungen weder durch innere Sorgen und Nöte (Z. 1/2: *evigilarunt curae et cogitationes meae*), noch durch das Spiel des Schicksals oder durch das Unrecht seiner Feinde erschüttern (Z. 3: *neque fortunae temeritas neque inimicorum labefactaret iniuria*). Tod und Exil haben keine Auswirkungen auf ihn, keinesfalls Affekte wie Angst, allenfalls positive, weil sie von moralisch verkommenen Menschen *(improbi)* wegführen.

Der **stoische Kosmopolitismus**, der oben skizziert wurde, zeigt sich in diesem Zusammenhang geradezu vorbildlich formuliert (Z. 7: *qui omnem orbem terrarum unam urbem esse ducunt*). **Cicero** erfüllt damit ein wesentliches **Kriterium stoischer Lebensführung**, die ἀταραξία/ἀπάθεια. Deswegen betrachtet er sich am Ende zumindest auf dem Weg dahin, ein *bonus, sapiens* und *fortis vir* zu sein, und führt die maßgebliche stoische Begrifflichkeit auf. Typisch römisch scheint in diesem Zusammenhang die Folge einer solchen Lebensführung zu sein, nämlich der Ruhm und das positive Echo in der Öffentlichkeit, das Cicero als gleichsam zwangsläufige Folge einer solchen Lebensführung formuliert.

Auf der anderen Seite steht sein **Gegner**, der den *vitia* vollkommen hingegeben ist: Er lässt sich von *miseriae* und *aerumnae* beeinflussen, **Affekte** quälen ihn *(libidines, timor, metus)*, auch das Bewusstsein seines eigenen **ungerechten Handelns** *(conscientiae maleficiorum, iniuriae)*, das Cicero mit dem Begriff vollkommener geistiger Zügellosigkeit umschreibt *(furiae)*. Und deswegen ist er das **Gegenteil** des *bonus, sapiens* und *fortis vir*, nämlich ein *improbus, stultus* und *iners*.

4. a) *Im Folgenden sollten Sie in gegebener Kürze, aber präzise darlegen, was Cicero in seinen rhetorischen Schriften unter dem* orator perfectus *versteht. Angesichts der Analyse der Passage bietet es sich auch an, dabei die Anlage einer Rede zu berücksichtigen. Die hier angegebenen Stellen werden nicht erwartet, sollen Sie aber auf die Belege für Ciceros Ideal hinweisen.* (Anforderungsbereich II)

Der *orator perfectus* hat nach Ciceros *de oratore* (1,30) in einer Rede ein großes **Ziel**, nämlich die Zuhörer zu seiner Ansicht zu bringen. Dazu bedarf es dreier Elemente: *probare* im Sinne von **sachlicher Argumentation**, *delectare* im Sinne von **emotionaler Beeinflussung** und *flectere* im Sinne von abschließender Hinwendung zu den **Ansichten des Redners**.

Nach *de oratore* (1,30–34) verfügt der Redner über eine große Macht, nämlich die Menschen durch seine Worte in ihrem Inneren zu beeinflussen. In der römischen Gesellschaft gilt dies im politischen wie im privaten Bereich. Ziel gerade im **politischen Bereich** muss die *salus rei publicae* sein, das **Wohlergehen des Staates**. Zu diesem Zweck ist es notwendig (*de oratore* 3,54), dass der Redner **umfassend gebildet** ist, letztlich in jedem Thema zu Hause sein kann.

Hinsichtlich der technischen Fähigkeiten sollte er Folgendes stets bedenken und beherrschen: Eine Rede besteht aus mindestens **vier Teilen**, dem *exordium*, der Einleitung *(delectare)*, der *narratio* – der Darlegung des

Sachverhalts *(probare/delectare)*, der **argumentatio**, der Beweisführung *(probare)*, und schließlich der *peroratio* oder der *conclusio*, dem Schluss *(delectare/flectere)*. Dabei sollten in der *argumentatio* eine *probatio*, eine positive Argumentation des eigenen Standpunktes, und eine *refutatio*, eine negative Beweisführung und Widerlegung des Gegners, enthalten sein. Jede Rede sollte durch unterschiedliche **Stilqualitäten** *(virtutes dicendi)* geprägt sein: *puritas* (Sprachrichtigkeit), *perspicuitas* (Deutlichkeit), *aptum* (angemessener Ausdruck), *ornatus* (stilistische Gestaltung) und *brevitas* (Kürze). Wenn allerdings das Ziel stets die *salus rei publicae* ist, muss der Redner über eine größtmögliche sittliche Integrität verfügen und seine persönlichen Anliegen stets dem allgemeinen Wohl unterordnen. Diese *virtus* besteht auch darin, dass er sich seiner **rhetorischen und geistigen Fähigkeiten** voll bewusst ist und diese auch **zielorientiert einsetzen** kann.

b) *Gehen Sie bei der Bearbeitung des folgenden Arbeitsauftrages von den Ergebnissen in 4a und 3 aus. Verdeutlichen Sie das Ideal des* orator perfectus *und das Ideal des stoischen Weisen mit zusätzlichen Informationen und Beispielen, die Sie aus dem Unterricht kennen.*

(Anforderungsbereich II)

Grundlegende und weitgehende **Gemeinsamkeit** zwischen dem *orator perfectus* und dem stoischen *sapiens* ist die vierte Kardinaltugend, beide müssen sich in höchstem Maße **mäßigen**, um zu ihrem Ziel zu gelangen. Beide müssen persönliche Bedürfnisse zurückstellen, um das höhere Ziel, die *beatitudo* bzw. die *salus rei publicae*, zu erreichen. Garant für beides ist die ***iustitia***, sie ist das Band, das die einzelnen Mitglieder einer menschlichen Gemeinschaft zusammenhält (Cicero de rep. 1,25,39/**de off.** 1,20 ff.). Insofern muss der *orator perfectus* die *iustitia* zum Wohle des Staates stets im Blick halten, für den stoischen *sapiens* ist sie die zweite Kardinaltugend.
Beide müssen über ein Höchstmaß an **moralischer Integrität** verfügen, der ***virtus*** in vollkommenem Sinne. Für den *sapiens* gilt das Selbstbewusstsein, das Bewusstsein des eigenen *proprium*, für den *orator* das Bewusstsein seiner eigenen (rhetorischen) Fähigkeiten.
Grundlegend für beide ist auch die Bedeutung der ***ratio***, wenn auch für den *orator perfectus* in einem eher technischen Sinne: Wiederum ist es für den *sapiens* grundlegendes Kriterium richtigen Handelns und damit des glücklichen Lebens, da *secundum naturam vivere* für den Stoiker und seine Vorstellung vom Weltenlogos nichts anderes bedeutet als *secundum rationem vivere*, denn die Vernunft ist Grundlage und Norm des Lebens. Der *orator perfectus* muss bei der Strukturierung und bei maßgeblichen Teilen seiner Argumentation rational vorgehen.

c) *Betrachten Sie das Ideal des* orator perfectus *aus Sicht der Stoa und geben Sie unter Verwendung von Fachwissen eine begründete Einschätzung. Legen Sie anschließend die eigenen Maßstäbe begründet dar.*
(Anforderungsbereich III)

Wie in Arbeitsauftrag 4c gesehen, gibt es viele Aspekte, bei denen das Ideal des stoischen *sapiens* und das des *orator perfectus* deckungsgleich sind. Zuweilen scheint es, dass der *orator perfectus*, zumindest in der Idealisierung, die Cicero präsentiert, die **konkrete Umsetzung des sapiens** im Gebiet der Rhetorik ist.

In zwei wesentlichen Punkten allerdings wird der **Stoiker** deutliche **Kritik an Ciceros Ideal** üben: Maßgeblicher Teil einer perfekten Rede und damit maßgebliches Betätigungsfeld des Redners ist das Spiel mit den Emotionen der Zuhörer *(delectare)*. Da der Stoiker ganz der *ratio* verpflichtet ist, wird er ein solches Vorgehen ablehnen müssen. Das **Spiel mit Affekten** kann nicht zu einer wahren Erkenntnis und zu einem besseren Leben führen.

Diesen Vorwurf erhob schon Platon gegenüber der Rhetorik (Gorgias). In diesem Zusammenhang dürfte auch der Stoiker die Zielsetzung kritisch sehen, den Zuhörer zu **beeinflussen** *(flectere)*, nicht mittels Vernunft zu überzeugen. Des Weiteren sieht Cicero, auch wenn er in der vorliegenden Passage anders argumentiert, den *orator perfectus* im **Dienst seiner *res publica*** (mithin der römischen). Derart eingeschränkt wird sich der Stoiker, der seine Heimat im gesamten vom Logos erfüllten Kosmos sieht, nicht sehen wollen.

Nordrhein-Westfalen: Latein als fortgeführte Fremdsprache 2015
Leistungskurs – Aufgabe 2

Text

Ovid schildert in seinen Metamorphosen, wie Aeneas auf seiner Flucht von Troja schließlich nach Italien in die Nähe von Cumae gelangt. Dort führt ihn die Priesterin und Seherin Sibylle (vates) in die Unterwelt und lässt ihn auf seine Bitte hin in die Zukunft sehen. Bevor sie sich in die Unterwelt begeben, bereitet Sibylle Aeneas zunächst mit folgenden Worten auf die Begegnung mit seinem Vater Anchises vor:

„Pone tamen, Troiane, metum: Potiere petitis,
Elysiasque domos et regna novissima mundi
me duce cognosces simulacraque cara parentis.
Invia virtuti nulla est via!" dixit et auro
5 fulgentem ramum silva Iunonis Avernae
monstravit iussitque suo divellere trunco.
Paruit Aeneas et formidabilis Orci
vidit opes atavosque suos umbramque senilem
magnanimi Anchisae; didicit quoque iura locorum,
10 quaeque novis essent adeunda pericula bellis.
Inde ferens lassos adverso tramite passus
cum duce Cumaea mollit sermone laborem.
Dumque iter horrendum per opaca crepuscula carpit,
„Seu dea tu praesens, seu dis gratissima", dixit,
15 „numinis instar eris semper mihi, meque fatebor
muneris esse tui, quae me loca mortis adire,
quae loca me visae voluisti evadere mortis;
pro quibus aerias meritis evectus ad auras
templa tibi statuam, tribuam tibi turis honores."
20 Respicit hunc vates et suspiratibus haustis
„Nec dea sum", dixit, „nec sacri turis honore
humanum dignare caput! Neu nescius erres:
Lux aeterna mihi carituraque fine dabatur,
si mea virginitas Phoebo patuisset amanti.
25 Dum tamen hanc sperat, dum praecorrumpere donis
me cupit, ,elige', ait, ,virgo Cumaea, quid optes!
Optatis potiere tuis!'..."

(172 Wörter)

Übersetzungshilfen

V. 1	ponere metum	die Furcht ablegen
	tamen	*hier:* jedoch, aber
	potiri (potior, potitus sum) petitis	*hier:* das Gewünschte erlangen
V. 1 u. 27	potiere	= potieris
V. 2	Elysius, -a, -um	Adjektiv zu *Elysium (Sitz der Seligen in der Unterwelt)*
	regna novissima mundi	*hier:* das letzte Reich der Welt (= Totenreich; *hier: poetischer Plural)*
V. 3	simulacra *(poetischer Plural)*	= umbra
V. 4/5	auro fulgens ramus	Dieser Zweig ist ein Geschenk an Proserpina, die Herrscherin der Unterweit, und ermöglicht die Rückkehr aus dem Totenreich.
V. 5	silva	*hier:* in silva
	Iuno Averna	*gemeint ist* Proserpina
V. 6	divellere, divello, divelli, divulsum	abbrechen, abreißen
V. 7	Orcus, -i m.	Unterwelt
V. 8	opes, opum f.	*hier:* die Menge (der Toten)
V. 9	iura locorum	*hier:* Gesetze und Regeln dieser Gegend
V. 10	quaeque ...	= et didicit, quae ...
V. 11	adverso tramite	auf ansteigendem Weg
V. 12	Cumaeus, -a, -um	Adjektiv *zu* Cumae *(Stadt in Süditalien; in der Mythologie der Wohnsitz der Sibylle)*
	mollire, mollio, mollii, mollitum	*hier:* erträglicher machen
V. 13	crepuscula, -orum n. *(poetischer Plural)*	Dämmerung
	carpere, carpo, carpsi, carptum	*hier:* zurücklegen
V. 14	„Seu dea tu praesens, seu dis gratissima",	= „Seu dea tu praesens es, seu es dis gratissima",
	praesens, praesentis	*hier:* echt
	dis gratissima	durch die Götter besonders begnadet
V. 15	instar *(mit Genitiv)*	so wie
V. 15/16	meque fatebor muneris esse tui,	und ich werde freimütig bekennen, dass ich dir mein Leben verdanke
V. 16/17	mors, mortis f.	*hier:* die Toten
V. 17	velle, volo, volui *(mit AcI)*	*hier:* erlauben
V. 18	aerias ... ad auras	zu den luftigen Höhen
V. 19	templa, -orum n.	*hier: poetischer Plural*
	statuere, statuo, statui, statutum	= construere
V. 19 u. 21	tus, turis n.	Weihrauch
V. 19	honores, honorum m. *(hier: poetischer Plural)*	Ehrengabe
V. 20	suspiratibus haustis	tief durchatmend
V. 21/22	nec sacri turis honore humanum dignare caput!	erachte du auch mein Haupt nicht der Ehrengabe des Weihrauchs für würdig!
V. 22	neu	*hier:* = et ne
V. 23	lux, lucis f.	= vita, -ae f.
	cariturus, -a, -um fine	endlos
	dare, do, dedi, datum	*hier:* anbieten
	dabatur	*übersetzen Sie das Imperfekt hier iterativ*
V. 24	Phoebus, -i	= Apollo
V. 25	sperat	*Subjekt ist* Phoebus
V. 27	optatis potiri (potior, potitus sum)	= potiri petitis *(vgl. Hilfe zu V. 1)*

Aufgabenstellung

I. Übersetzen Sie den lateinischen Text ins Deutsche.

II. Bearbeiten Sie die folgenden Interpretationsaufgaben: Punkte

1. Gliedern Sie den Text und fassen Sie den Inhalt der einzelnen Abschnitte kurz zusammen. 10

2. a) Analysieren Sie die Verse 14–16 metrisch. 6

   V. 14 „Seu dea tu praesens, seu dis gratissima", dixit,

   V. 15 „numinis instar eris semper mihi, meque fatebor

   V. 16 muneris esse tui, quae me loca mortis adire,

   b) Untersuchen Sie, mit welchen sprachlich-stilistischen Mitteln Ovid die Rede des Aeneas in den Versen 14–19 gestaltet. 6

   c) Erläutern Sie die Funktion der sprachlich-stilistischen Mittel in den Versen 14–19. Beziehen Sie dabei ggf. auch die Ergebnisse Ihrer metrischen Analyse mit ein. 10

3. Arbeiten Sie anhand von Textbelegen das Bild heraus, das Ovid in diesem Text von Aeneas entwirft, und fassen Sie Ihre Ergebnisse in einem Fazit zusammen. 12

4. Mythologische Deutungen der römischen Geschichte spielen eine zentrale Rolle in der Politik der frühen Kaiserzeit. Erläutern Sie ausgehend vom Text die Funktion solcher Deutungen an einem weiteren Ihnen bekannten dichterischen Zeugnis aus dieser Zeit. 12

Lösungsvorschläge

Textstelle: Ovid Metamorphosen *14, 110–136 a*
Inhaltliche Schwerpunkte:
* *Römisches Philosophieren*
  – Grundbegriffe stoischer und epikureischer Philosophie
  – Gottes-/Göttervorstellungen
* *Römisches Staatsdenken*
  – Romidee und Romkritik
  – Römische Werte
Medien/Materialien:
* *Ovid,* Metamorphosen, *Buch 1, 1–150; Buch 15*
* *Seneca, Auswahl aus* Epistulae Morales ad Lucilium

I. Übersetzung

Gehen Sie nach den Übersetzungsmethoden vor, die Sie im Unterricht gelernt haben. Die vorliegende Übersetzung hat Modellcharakter, sie ist in der sprachlichen und stilistischen Ausführung nicht bindend, sondern soll nur für Ihre Übersetzungstätigkeit als Orientierung dienen. (Anforderungsbereich III)

„Lege nun aber deine Furcht ab, Trojaner, du wirst das Gewünschte erlangen, den elysischen Wohnsitz und das letzte Reich der Welt wirst du unter meiner Führung kennenlernen und die lieben Schattenbilder deines Vaters. Deiner Tapferkeit steht nichts hinderlich im Weg!", so sprach sie und einen in seinem Gold blitzenden Zweig zeigte sie ihm im Wald der avernischen Juno und befahl ihm, ihn von seinem Stamm abzureißen. Ihr gehorchte Aeneas und sah die Menge (der Toten) der schrecklichen Unterwelt, seine Urahnen und den alten Schatten des großherzigen Anchises. Er lernte auch die Gesetze und Regeln dieser Gegend und, welche Gefahren in neuen kriegerischen Auseinandersetzungen auf sich genommen werden müssen. Von dort trägt er auf ansteigendem Weg seine müden Schritte empor und macht zusammen mit seiner cumäischen Führerin im Gespräch seine Mühsal erträglicher. Und während er den schrecklichen Weg durch die schattenreiche Dämmerung zurücklegt, sprach er: „Ob du eine echte Göttin bist oder eine (*ergänzen Sie:* Frau), durch die Götter besonders begnadet, du wirst für mich stets so sein wie eine Gotthei, und ich werde freimütig bekennen, dass ich dir mein Leben verdanke, die du erlaubt hast, dass ich in das Reich der Toten gehe und diesem Reich nach dem Anblick der Toten (*wörtlich:* nachdem es von mir gesehen wurde bzw. nachdem ich es gesehen hatte) wieder entkomme. Nachdem ich wieder zu den luftigen Höhen emporgestiegen bin, werde ich dir für dieses Verdienst Tempel errichten und dir die Ehrengabe des Weihrauchopfers zuteilwerden lassen." Auf ihn blickt die Seherin und tief durchatmend sagte sie: „Ich bin keine Göttin und erachte auch mein Haupt nicht der Ehrengabe des Weihrauchs für würdig! Doch damit du nicht unwissend irrst: Ewiges und endloses

Leben wäre mir gegeben, wenn meine Jungfräulichkeit sich Apoll in seiner Liebe geöffnet hätte. Solange er doch noch auf diese hoffte, solange er doch noch begehrte, mich mit seinen Gaben zu bestechen, sagte er: „Wähle dir aus, cumäische Jungfrau, was du dir wünschst. Du wirst das Gewünschte erlangen!"

II. Interpretationsaufgaben

1. *Gehen Sie bei Gliederung und Inhaltsangabe vom lateinischen Text aus. Teilen Sie den Text in Sinnabschnitte ein und geben Sie diesen Abschnitten passende Überschriften.* (Anforderungsbereich I–II)

   Aeneas' Gang in die Unterwelt
   - **Z. 1–4a: Ansprache Sibylles an Aeneas:** Aufmunterung und Zuspruch bei dem folgenden Gang in die Unterwelt
   - **Z. 4b–10: Aeneas' „Gang" in die Unterwelt:** Aeneas verschafft sich den goldenen Zweig, ist dann in der Unterwelt und lässt sich von seinem Vater über die Satzungen dort und die zukünftigen Auseinandersetzungen aufklären.
   - **Z. 11–27: Der Rückweg – Das Gespräch zwischen Aeneas und der cumäischen Sibylle:**
     – Z. 11–12: Einleitung: Das Gespräch als Erleichterung des beschwerlichen Weges
     – Z. 13–19: Aeneas' Ankündigung, der unbekannten Frau göttliche Ehrungen zuteilwerden zu lassen
     – Z. 20–27: Die Antwort Sibylles: Der Beginn der Episode über Apoll und Sibylle, die die besondere Stellung der *virgo Cumaea* erklären soll

2. a) *Vergegenwärtigen Sie sich zunächst das grundsätzliche Schema des daktylischen Hexameters sowie die Zäsuren und die Dihäresen. Stellen Sie dann in der Ihnen bekannten Weise die Verse mit kurzen und langen Silben dar.* (Anforderungsbereich I/II)

   $- \cup - $ TH $- \quad - $ PH $- \quad - $ HH $- \cup \cup - \times$
   seu dea tu ‖ praesens, ‖ seu dis ‖ gratissima,' dixit,

   $- \cup \cup - \cup - $ PH $- \quad - $ HH $\cup \cup - \cup \cup - \times$
   'numinis instar eris ‖ semper ‖ mihi, meque fatebor

   $- \cup \cup - \cup \cup - $ PH $- \quad - $ HH $\cup \cup - \cup \cup - \times$
   muneris esse tui, ‖ quae me ‖ loca mortis adire,

   TH = Trithemimeres
   PH = Penthemimeres
   HH = Hephthemimeres

b) *Belegen Sie Ihre Untersuchungen am lateinischen Text. Die im Folgenden angegebenen stilistischen Mittel erheben nicht den Anspruch, allumfassend zu sein. Gleichzeitig sind sie in der Fülle nicht zu erwarten, sie sollen aber die Vielfältigkeit andeuten. Sie sollten sich bemühen, möglichst unterschiedliche Mittel nachzuweisen, um Ihre Kenntnisse unter Beweis zu stellen.* (Anforderungsbereich II)

Der Beginn der Ansprache des Aeneas an die ihm unbekannte Sibylle aus Cumae ist als **anaphorischer** *(Seu ... seu)* **Parallelismus** *(Seu dea tu praesens, seu dis gratissima)* angelegt, wobei Ovid durch das **Polyptoton variiert** *(dea ... dis)*. Mit **Polyptoton** und der Wortstellung (**Chiasmus**) arbeitet er auch im folgenden Vers *(eris semper mihi, meque fatebor)*. Das **Enjambement** in den Versen 15 und 16 bindet die beiden Verse stark aneinander, diese Bindung wird auch durch **Wortstellung** zu Beginn der beiden Verse deutlich, die Genitive *(numinis/muneris)* entsprechen sich, dann ergibt sich gleichsam ein **Chiasmus** *(instar eris – esse tui)*. Zudem zeigt sich in diesem Versbeginn dreimal dieselbe Endung (**Homoioteleuton**: *numinis/eris/muneris*). Ähnlich eng sind die folgenden Verse durch die Wortstellung verbunden, ein **anaphorischer** Beginn, jedoch **chiastisch** gestellt *(quae me loca/quae loca me)*, ebenso wie am Ende *(mortis adire/evadere mortis)*. Zudem steht das Prädikat für beide Relativsätze erst im zweiten Vers. Ähnliches lässt sich für die letzten beiden Verse feststellen, bei denen ebenfalls ein **Enjambement** vorliegt und im letzten Vers eine **chiastische** Wortstellung um *tibi (templa tibi statuam, tribuam tibi turis honores)*. Im Vergleich zur Gestaltung der vorigen Verse nutzt Ovid in diesem letzten Vers eine sehr auffällige **Alliteration** und im vorletzten Vers zwei **Hyperbata**, die **chiastisch** miteinander verzahnt sind *(pro quibus aerias meritis evectus ad auras)*.

c) *Die Ergebnisse aus 2a und b bilden jetzt die Grundlage für Ihre Einschätzung. Es ist hier nicht entscheidend, alle Stilmittel und Zäsuren/Dihäresen zu berücksichtigen. Machen Sie sich zunächst die Zielsetzung dieses Abschnittes klar und überlegen Sie dann, inwieweit die stilistischen und metrischen Mittel dieses Ziel unterstützen.* (Anforderungsbereich II)

Bei dieser Rede des Aeneas an Sibylle, in der er in Unkenntnis, wer ihn begleitet, ihr göttliche Ehrungen zuteilwerden lassen will, erklärt er sie in aller Ehrerbietung zu einer Göttin oder doch zu einer Person, die solche Ehrungen, Tempel und Weihrauchopfer verdient. Diese ehrerbietende Einschätzung seiner Begleiterin wird hervorgehoben durch die stilistische Gestaltung der ersten beiden Verse:
Unabhängig davon, ob sie eine Göttin oder ein Mensch ist, wird sie ihm stets eher als eine Gottheit, ein *numen*, erscheinen. Diese Einschätzung wird durch den **anaphorischen Parallelismus** zu Beginn *(Seu dea tu praesens, seu dis gratissima)* unterstützt.

Dass er sie unabhängig von ihrem Wesen stets als Gottheit verehren will, wird durch die **Zäsuren** deutlich, die *semper* betonen. Die folgenden Verse begründen diese Dankbarkeit des Aeneas, durch die er auch bei Ovid als *pius* gekennzeichnet wird. Diese Begründung wird durch das **Enjambement** eng verknüpft, das *meque fatebor muneris esse tui* (V. 15/16) zu einer Sinneinheit zusammenfügt. Davon wird durch die Zäsur die anschließende Aufzählung der einzelnen Gründe getrennt, die ihrerseits durch den **anaphorischen** Beginn, den **Chiasmus** (V. 16/17: *quae me loca/quae loca me*) und den weiteren **Chiasmus** (V. 16/17: *mortis adire/evadere mortis*) eng miteinander verzahnt sind. Der Schlussvers, in dem die Ankündigung göttlicher Ehrungen formuliert wird, ist sprachlich sehr dicht gestaltet durch die sehr deutliche **Alliteration**, die **Hyperbata** und die **chiastische Wortstellung** um *tibi* (V. 19: *templa* tibi *statuam*, *tribuam* tibi *turis honores*). Diese Dichte entspricht der Eindringlichkeit, mit der *pius Aeneas* ankündigt, Tempel zu errichten und Weihrauchopfer darzubringen.

3. *Aufgrund der Ergebnisse in 2c zeigt sich schon, dass es hier um den* pius Aeneas *geht. Es ist daher sinnvoll, von diesem Arbeitsergebnis auszugehen und dann aus dem weiteren Text Belege für die* pietas *des Aeneas zu finden. Zudem sollten Sie zum Ausdruck bringen, dass Sie eine grundsätzliche Vorstellung von diesem zentralen Wert römisch-antiken Denkens haben.*
(Anforderungsbereich II)

Wie sich aus der stilistisch-metrischen Analyse der Verse 14–19 ergeben hat, hebt Ovid den *pius Aeneas* hervor, ohne dass er dieses Epitheton expressis verbis erwähnt. *Pietas* zeigt sich für den Römer im Gehorsam, der Ehrerbietung und der Rücksicht a) gegenüber der **Familie**, b) gegenüber der staatlichen Gemeinschaft, der *res publica*, und c) gegenüber den **Göttern**. In den Versen 14–19 wird die religiös-göttliche Komponente der *pietas* zum Ausdruck gebracht, weil Aeneas aus Dank für die übermenschliche Hilfe, die ihm die cumäische Sibylle geleistet hat, ihr göttliche Ehren zuteilwerden lassen will. Sie zeigt sich auch schon an früherer Stelle, weil Aeneas den **Weisungen Sibylles** zu Beginn (V. 1–6) **gehorcht** (V. 7: *Paruit Aeneas*) und dadurch sofort in der Unterwelt ist.

Ihre **familiäre Komponente** wird in der Unterwelt zum Ausdruck gebracht, weil er auch dort eine passive Gestalt ist, die sich von ihrem Vater über die Rechte des Ortes und die Zukunft belehren lässt (V. 9: *didicit*).

Ovid bringt also in dieser kurzen Passage aus den Metamorphosen pointiert einen wesentlichen Aspekt des vergilischen Aeneasbildes zum Ausdruck, nämlich dessen *pietas*.

4. *Berücksichtigen Sie bei Ihrer Darstellung nicht nur Aeneas, sondern auch die Sibylle. Überlegen Sie sich zuerst, auf welches mythologische Werk Sie sich beziehen sollen und können. Verdeutlichen Sie anschließend Ihre Aussagen anhand eines aussagekräftigen Beispiels.* (Anforderungsbereich II/III)

Auffällig ist an diesem Text, dass das Verhältnis zwischen Aeneas und Sibylle den Schwerpunkt bildet. Die eigentliche Fahrt in die Unterwelt und die Inhalte dessen, was Aeneas lernt, werden nicht erläutert und bleiben auf anderthalb Verse beschränkt, ebenso der Anblick der Unterwelt (V. 7b–8a). Aeneas begibt sich unter Führung Sibylles dorthin (V. 12: *cum duce Cumaea*); diese Führung ist die Grundlage für die gelobte göttliche Verehrung (s. zu V. 14–19). Auf einer mythologischen Ebene werden also **zwei zentrale Gestalten** miteinander verknüpft:

Aeneas, der am Anfang des römischen *fatum* steht, schafft in Latium die **Grundlage für die Gründung Roms** durch Romulus und damit den Aufstieg des römischen Imperiums, dessen Ordnung sich in der *pax Augusta* vollendet. So jedenfalls suggerierte es die augusteische Propaganda, wie es sich im Bildprogramm der *ara pacis Augustae* ebenso zeigt wie in der Anlage der *Aeneis* Vergils.

Sibylle ist die Urheberin der **sibyllinischen Bücher**, die, wie es Livius schildert, diese Bücher oder ihre Reste an Tarquinius Superbus verkauft. Die sibyllinischen Bücher sind zentraler **Bestandteil des römischen Kults** und werden seit ihrem Erwerb in Krisenzeiten gleich einem Orakel konsultiert; ihren Weisungen wird Folge geleistet. Ovid schafft hier also auf einer mythischen Ebene die **Verbindung zwischen der** *res publica*, an deren Anfang Aeneas steht, und den **sibyllinischen Büchern**, deren Urheberin Aeneas unterstützt. Die Ehrerbietung, die Aeneas ihr hier zollt, ist damit der mythische Vorläufer der Ehrerbietung, die der römische Staat den sibyllinischen Büchern zollt.

Auffällig ist, wie gesehen, die Verkürzung des Aufenthalts in der Unterwelt. Ovid konnte die Darstellung auf Andeutungen reduzieren, weil seinem Leser bekannt gewesen ist, welche *atavi* er sah und was mit Vers 10 gemeint ist. Denn sein Leser kannte die *Aeneis* und die Fahrt des Aeneas in die Unterwelt, die Vergil im sechsten Buch der *Aeneis* darstellt. Hier beschreibt Vergil aus Sicht des Aeneas und des Anchises die Zukunft des Volkes, das Aeneas gründen wird, die aus Sicht Vergils die Vergangenheit ist. Damit kann Vergil innerhalb eines mythologischen Epos die **Propaganda des Augustus** verankern, das oben skizzierte *fatum*. Dadurch, dass Aeneas die Zukunft gleichsam als göttliche Prophezeiung in der Unterwelt präsentiert wird, eben als *fatum*, erhält der **Anspruch des Augustus** eine gleichsam **mythisch-göttliche Legitimation**.

Nordrhein-Westfalen: Latein als fortgeführte Fremdsprache 2016
Grundkurs – Aufgabe 1

Text

Im Krieg gegen Hannibal benötigte Rom nach den verheerenden Niederlagen dringend neue Truppen für einen Gegenangriff. Der römische Feldherr Scipio vermutet aber, dass die Ritter (equites) sich weigern würden, mit ihm in den Krieg nach Afrika zu ziehen. Deshalb sucht er vorsorglich unter den Einwohnern Siziliens nach Ersatz.

Scipio, postquam in Siciliam venit, voluntarios milites ordinavit centuriavitque. Ex iis trecentos iuvenes, florentes aetate et virium robore insignes, inermes circa se habebat – ignorantes, quem ad usum neque centuriati neque armati servarentur.

Scipios Vermutung bestätigt sich später: Die Ritter teilen ihm mit, dass sie nicht bereit seien, in den Krieg zu ziehen. Daraufhin macht er ihrem Sprecher ein überraschendes Angebot:

Tum Scipio ei: „Quoniam igitur, adulescens, quid sentires, non dissimulasti, vicarium
5 tibi expediam, cui tu arma equumque et cetera instrumenta militiae tradas et tecum hinc extemplo domum ducas, exerceas, docendum cures equo armisque." Laeto condicionem accipienti unum ex trecentis, quos inermes habebat, tradit. Ubi hoc modo exauctoratum equitem cum gratia imperatoris ceteri viderunt, se quisque excusare et vicarium accipere. Ita trecentis Siculis Romani equites substituti sine
10 publica impensa. Docendorum atque exercendorum curam Siculi habuerunt, quia edictum imperatoris erat ipsum militaturum, qui ita non fecisset. Egregiam hanc alam equitum evasisse ferunt multisque proeliis rem publicam adiuvisse. *(127 Wörter)*

Übersetzungshilfen

Z. 1	Sicilia, -ae f.	Sizilien *(Insel im Süden Italiens)*
Z. 1 u. 3	centuriare, centurio, centuriavi, centuriatum	in Hundertschaften einteilen
Z. 2 u. 9	trecenti, -ae, -a	dreihundert
Z. 2 u. 7	inermis, -e	= sine armis
Z. 3	quem ad usum	*hier: zu welchem Zweck*
	servare	= reservare
Z. 4	ei	*gemeint ist der Sprecher der* equites
	dissimulasti	= dissimulavisti
Z. 4/5	vicarium expedire *(mit Dat.)*	*jemandem einen Ersatzmann geben*
Z. 5/6	„... et tecum hinc extemplo ... armisque."	*Legen Sie Ihrer Übersetzung folgende ergänzte Textfassung zugrunde:* „... et quem tecum hinc extemplo domum ducas, quem exerceas, quem docendum equo armisque cures."
Z. 6	extemplo	= statim
	docendum curare *(mit Akk.)*	*für die Ausbildung sorgen von jemandem*
Z. 8	exauctoratum	*ergänzen Sie* esse
Z. 9	excusare, accipere	= excusavit, accepit
	vicarius, -i m.	*siehe Z. 4/5* vicarium expedire

Z. 9	Siculi, -orum m.	*hier:* die siculischen Ersatzmänner
	substituti	*ergänzen Sie* sunt
Z. 10	impensa publica, impensae publicae f.	staatliche Kosten
	curam habere, habeo, habui	die Aufgabe übernehmen
	Siculi, -orum m.	*hier:* die siculischen Ritter
Z. 11	militare, milito, militavi, militatum	als Soldat dienen; *ergänzen Sie* esse
Z. 11/12	ala equitum, alae equitum f.	Reiterabteilung
	egregiam evadere, evado, evasi, evasum	*hier:* sich hervorragend entwickeln
Z. 12	ferunt *(mit AcI)*	es wird berichtet, dass …

Aufgabenstellung

I. Übersetzen Sie den lateinischen Text ins Deutsche.

II. Bearbeiten Sie die folgenden Interpretationsaufgaben: Punkte

1. Stellen Sie den Verlauf der Ereignisse im vorliegenden Text dar. Berücksichtigen Sie dabei auch die deutsche Ein- und Überleitung. 8

2. Untersuchen Sie, mit welchen sprachlich-stilistischen Mitteln Livius seine Aussagen gestaltet, und erläutern Sie die Funktion dieser Mittel im Text. Berücksichtigen Sie vier verschiedene Mittel. 14

3. Arbeiten Sie heraus, wie Scipio in diesem Text charakterisiert wird. 12

4. Das Ideal des Weisen spielt in der Philosophie der Stoa eine wichtige Rolle.

   a) Stellen Sie das stoische Ideal des Weisen dar. 4
   b) Nehmen Sie Stellung zu der Frage, ob Scipio aufgrund seiner Tugenden und seiner Handlungen im vorliegenden Text auch als stoischer Weiser bezeichnet werden könnte. 6

Lösungsvorschläge

Textstelle: Livius, ab urbe condita 29 1, 1–2, 8
Inhaltliche Schwerpunkte:
- *Römisches Philosophieren*
  - *Grundbegriffe stoischer und epikureischer Philosophie*
- *Römisches Staatsdenken*
  - *Romidee und Romkritik*
  - *Römische Werte*

Medien/Materialien:
- *Seneca, Auswahl aus den* epistulae morales
- *Livius, ab urbe condita, Auswahl aus der ersten und dritten Dekade*

I. Übersetzung

Der vorliegende Text ist dem 29. Buch ab urbe condita *entnommen, das Scipios Landung in Afrika nach dem Ende des Krieges in Spanien thematisiert. Zeitlich einzuordnen ist diese Passage in die Epoche des Zweiten Punischen Krieges (218–201 v. Chr.). Nach den verherrenden Niederlagen am Trasimenischen See 217 v. Chr. und besonders nach der Katastrophe bei Cannae 216 v. Chr. hatte man die Hoffnungen auf den (eigentlich zu jungen) P. Cornelius Scipio gesetzt. Dass dies vollkommen zu Recht geschehen ist, hat sich bei der Zerstörung der punischen Basis in Spanien 209 v. Chr. durch Scipio gezeigt.*
Bedenken Sie bei Ihrem Übersetzungsvorgang, dass das Lateinische über eine freie Wortstellung verfügt. Das bedeutet, dass der jeweilige Autor die Worte nach eigenem Belieben stellen kann. Beachten Sie daher die Bezüge und Formen. Die folgende Übersetzung ist in ihrer Wortwahl nicht bindend, sondern dient als Orientierung.   *(Anforderungsbereich III)*

Nachdem Scipio auf Sizilien angekommen war, stellte er freiwillige Soldaten in Schlachtordnung auf und teilte sie in Hundertschaften ein. Von ihnen behielt er 300 junge Männer bei sich, die in der Blüte ihrer Jahre standen und durch die Kraft ihrer Stärken ausgezeichnet, aber ohne Waffen waren – und sie hatten keine Ahnung, zu welchem Zweck sie, weder den Hundertschaften zugeordnet noch bewaffnet, zurückgehalten wurden. Da teilte ihm Scipio mit: „Da du, junger Mann, nun also nicht verheimlicht hast, was du denkst, werde ich dir einen Ersatzmann geben, dem du die Waffen, das Pferd und die übrigen Kriegsgeräte übergeben sollst und den du mit dir von hier aus sofort nach Hause führen, ausbilden und für dessen Ausbildung zu Pferd und an den Waffen sorgen sollst." Ihm, der froh diese Bedingung gelten ließ, übergibt er einen von den 300, die er ohne Waffen bei sich hatte. Sobald die Übrigen gesehen hatten, dass ein Ritter auf diese Weise mit der Zustimmung des Feldherrn seinen Dienst quittieren konnte, entschuldigte sich jeder und nahm einen Ersatzmann an. So sind durch 300 siculische Ersatzmänner römische Ritter ohne staatliche Kosten ausgetauscht worden. Die Aufgabe, sie zu unterrichten und auszubilden, übernahmen die Siculer, weil es eine Order des Feldherrn gab, dass jeder selbst als Soldat dienen werde, der nicht so gehandelt hatte. Diese Reiterabteilung habe, so wird berichtet, sich hervorragend entwickelt und in vielen Gefechten das Gemeinwesen unterstützt.

II. Interpretationsaufgaben

1. *Gehen Sie bei Ihrer Darstellung entlang des lateinischen Textes vor. Markieren Sie sich dabei zunächst wichtige Begriffe im lateinischen Text, die für die Bearbeitung der Aufgabe relevant sind. Formulieren Sie anschließend Ihre Beobachtungen aus. Die vorliegenden Lösungen sind eine Möglichkeit und als Orientierung zu verstehen.* *(Anforderungsbereich I–II)*

Nach den Niederlagen im Krieg gegen Hannibal (218–201 v. Chr.) plant Scipio nun die **Überfahrt nach Afrika**, wofür er dringend **neue Soldaten** braucht. Er rechnet aber (auch wegen seines Alters) mit **Widerstand**, insbesondere bei den römischen Rittern. Vorausschauend hebt er daher auf Sizilien gleich nach seiner Ankunft eigenhändig **Truppen** aus und behält eine Truppe von ausgewählten **300 jungen Männern** zurück, allerdings unbewaffnet und ohne weitere militärische Zuordnung. Das Rätsel dieser Entscheidung löst sich, nachdem sich Scipios Vermutung bestätigt und die Ritter tatsächlich ihre **Gefolgschaft verweigern**. Scipio bietet den unwilligen Rittern an, die **Ausrüstung und Ausbildung** der ausgewählten 300 zu übernehmen und sich danach von diesen ersetzen zu lassen. Auf diese Weise hat der römische Staat **ohne zusätzliche Kosten** eine willige und offenbar **hervorragende Reitertruppe** finanziert bekommen.

2. *Arbeiten Sie zunächst vier entscheidende sprachlich-stilistische Mittel heraus. Stilmittel haben die Funktion, wichtige Inhalte auch auf formaler Ebene hervorzuheben. Beachten Sie daher die Zielrichtung von Livius. Bedenken Sie, dass zu den sprachlich-stilistischen Mitteln außer den rhetorischen Mitteln auch die besondere Wortwahl zählt. Die folgenden Angaben enthalten nicht alle Mittel, allerdings diejenigen, die für die Deutung entscheidend zu sein scheinen, und mehr als die vier in der Aufgabenstellung geforderten.*
(Anforderungsbereich II–III)

Die Charakterisierung der 300 Jünglinge ist als **Chiasmus** gestaltet (Z. 2: *florentes aetate et virium robore insignes*), der eingerahmt wird von dem **Hyperbaton** *iuvenes ... inermes*. Hier fällt zudem eine **Alliteration** auf (Z. 2: *iuvenes ... insignes, inermes*), die ihrerseits ein **Paradoxon** in sich birgt. Dieses Paradoxon wird verstärkt durch das vierte Glied der **Alliteration** in Z. 3 *(ignorantes)*, die die Konfrontation mit der unerwarteten Aussage noch zusätzlich bestärkt.

Auch die Anweisung des Imperators hat Livius sprachlich sehr dicht gestaltet: Abgesehen von der natürlichen **Apostrophe** seines Gesprächspartners (Z. 4: *adulescens*) prägen sie **Trikola** (Z. 5: *arma equumque et cetera instrumenta militiae*; Z. 6: *ducas, exerceas, cures*), **Alliterationen** (Z. 5: *tibi … tu … tradas … tecum*; Z. 6: *domum ducas … docendum*) und das **Polyptoton** (Z. 5: *tibi, tu, tecum*).

Polyptota kennzeichnen den gesamten Text ab Z. 5 (Z. 6/10: *cures – curam*; Z. 5/7: *tradas – tradit*; Z. 6/10: *docendum – docendorum*; Z. 6/10: *exerceas – exercendorum*; auch Z. 2/7/9: *trecentos, ex trecentis, trecentis*).

Die letzte Bemerkung in Z. 11/12 ist insgesamt **parallel** um *ferunt* angelegt (*egregiam hanc alam equitum evasisse ferunt multisque proeliis rem publicam adiuvisse*).

Die sprachlich dichte Gestaltung der Charakterisierung soll einerseits die **herausragenden körperlichen Fähigkeiten** der 300 jungen Männer hervorheben; daher steht der *Chiasmus* auch in der Klammerstellung des *Hyperbatons iuvenes … inermes* (Z. 2). Andererseits wird durch diese Betonung der physischen Qualitäten, die diese 300 jungen Männer zum Kriegsdienst prädestinieren, das *Paradoxon* vorbereitet, das durch die *Alliteration* (Z. 2/3: *iuvenes … insignes, inermes … ignorantes …*) noch verstärkt wird: Wenn sie so prädestiniert sind, warum lässt Scipio sie dann unbewaffnet und nicht Teil der Kampftruppen werden? Diese Frage wird letztlich expressis verbis formuliert und so wird die *Spannung* bis zu ihrer Beantwortung im weiteren Verlauf aufrechterhalten.

Die sprachlich dichte Gestaltung von Scipios Anweisung, mithin die Antwort auf die zuvor aufgeworfene Frage, ist daher durchaus schlüssig: Die *Trikola* (Z. 5: *arma equumque et cetera instrumenta militiae*; Z. 6: *ducas, exerceas, cures*) beziehen sich auf die **drei Aufgabenfelder**, die Scipio den Rittern zur Auslösung aus dem Kriegsdienst stellt, die *Alliteration* verdichtet die **Verpflichtung** noch weiter (Z. 6: *domum ducas … docendum*).

Eine weitere *Alliteration* und das *Polyptoton* heben hervor, dass sein Gesprächspartner und mithin alle Ritter in die Pflicht genommen werden (Z. 5: *tibi, tu, tradas, tecum*).

Die *Polyptota* ab Z. 5 betreffen bezeichnenderweise die von Scipio benannten Aufgabenfelder (Z. 6/10: *cures – curam*; Z. 5/7: *tradas – tradit*; Z. 6/10: *docendum – docendorum*; Z. 6/10: *exerceas – exercendorum*); Livius zeigt so, wie Scipios zunächst paradox erscheinender Plan aufgeht und die Ritter genau seinen Anweisungen folgen. Das *Polyptoton* der 300 Jünglinge hält die Erinnerung an ihre Charakterisierung wach, der sie am Ende auch durch ihre militärischen Erfolge entsprechen. Insofern schließt Livius mit seinem *parallel* strukturierten Hinweis in Z. 11/12 (*egregiam hanc alam equitum evasisse ferunt multisque proeliis rem publicam adiuvisse*) einen Kreis, den er zu Beginn mit seiner Charakterisierung angelegt hatte.

3. *Lesen Sie sich den Text aufmerksam durch und markieren Sie die Stellen, an denen Sie eine Charakterisierung Scipios erkennen. Stellen Sie im Anschluss daran Ihre gewonnenen Erkenntnisse dar und belegen Sie Ihre Aussagen durch den lateinischen Text.* (Anforderungsbereich II)

Scipio geht **planvoll, strukturiert** und **energisch** vor: Unmittelbar nach seiner Ankunft auf Sizilien hebt er auf eigene Faust zusätzliche Truppen aus (Z. 1: *milites ordinavit centuriavitque*).

Zudem handelt er hier schon **vorausschauend**, in einer Weise, die seinen Zeitgenossen wie auch seinen Lesern (zunächst) verborgen bleibt (Z. 2/3; besonders Z. 3: *ignorantes, quem ad usum neque centuriati neque armati servarentur*). Er begegnet seinem Gegenüber mit **Respekt und Verständnis** (Z. 4: *Quoniam igitur, adulescens, quid sentires, non dissimulasti ...*), obwohl er als römischer Imperator durchaus das (moralische) Recht gehabt hätte, erzürnt zu sein über die Verweigerung, Rom zu unterstützen, und mit aller Härte hätte vorgehen können. Auf diese Weise gelingt es ihm, eine Lösung zu finden, die alle Beteiligten gleichermaßen zufriedenstellt und dem Wohl des Staates dient, das er stets im Blick hat:

- Die 300 Jünglinge, in ihrer Kraft prädestiniert als Kämpfer (vgl. Z. 2/3), erhalten die Möglichkeit, sich ausgebildet zu bewähren,
- die Ritter können sich dem Kriegsdienst entziehen und
- Rom erhält eine offenbar erfolgreiche Elitetruppe (vgl. Z. 11/12), ohne dafür Kosten zu haben (Z. 9/10).

Dass diese vorausschauende Planung nachhaltigen Erfolg hat, macht Livius auch durch die sprachliche Gestaltung deutlich (s. o.). Auf der anderen Seite erscheint Scipio als **energischer Kommandeur**, da er einerseits sein Angebot ausgesprochen knapp formuliert und gleich in medias res geht und andererseits keinen Zweifel daran aufkommen lässt, dass jeder, der sich diesem Angebot entzieht, zum Kriegsdienst gezwungen wird (Z. 10/11: *quia edictum imperatoris erat ipsum militaturum, qui ita non fecisset*).

4. a) *Rufen Sie sich Ihr im Unterricht erworbenes Wissen über die Stoa in Erinnerung und stellen Sie strukturiert dar, was die Stoa unter dem Ideal des* sapiens *versteht. Gehen Sie dabei von der grundsätzlichen Vorstellung des* sapiens *in der Stoa aus und formulieren Sie die Grundsätze der Stoa zunächst im Allgemeinen.* (Anforderungsbereich I/II)

Der *sapiens* hat nach der Lehre der Stoa das **Ziel stoischer Ethik** erreicht: die **beatitudo** bzw. **apatheia**. Diese Form von „Glück" ist bestimmt durch die innere Konstitution: Glück bedeutet, ein gutes Leben zu führen *(bene vivere)*, d. h. **secundum naturam** zu leben, also nach den Maßgaben der Vernunft (*logos* bzw. *ratio*), die die Natur des Menschen und den natürlichen Kosmos um ihn prägt.

Als *animal rationale* ist der Mensch teilhaftig am **Weltenlogos** allein diese grundsätzliche *ratio* soll ihn bei seinen Entscheidungen im Handeln leiten. Für die konkrete Umsetzung dieser *recta ratio* (Seneca) in einer konkreten Situation hat die Stoa, ausgehend von der griechischen Begrifflichkeit φρόνησις (Phronesis), einen eigenen Begriff entwickelt: die **prudentia**. Mithilfe der *prudentia* ist der stoische Weise in der Lage, das Optimum einer jeden Situation zu erkennen und umzusetzen; in der griechischen Vorstellung nennt man dies, den **Kairos** (καιρός) einer Situation nutzen.

Der Weltenlogos hat jedem Einzelnen innerhalb des gesamten Kosmos der Welt eine bestimmte Aufgabe zugeordnet und ihn deswegen mit bestimmten Eigenschaften ausgestattet. Sie zu erkennen und in diesem Sinne naturgemäß zu leben (s. o.), soll Aufgabe jedes Einzelnen auf dem Weg zum Weisen sein. Sich politisch zu engagieren, zählt zu einem *bonum* und daher zu einer wichtigen Aufgabe auf dem Weg, das Ideal des *sapiens* zu erreichen.

Nach den Lehren der Stoa ist die Kerneigenschaft des Weisen die **Ataraxie** (ἀταραξία). Sich in diesem Zustand der Ataraxie zu befinden, ist der eigentliche **Sinn des Lebens** und eben nicht, sich auf äußere Objekte, sogenannte **Adiaphora** wie Geld oder Ansehen, zu konzentrieren. In Ataraxie zu leben, bedeutet, die Fähigkeit zu besitzen, sich nicht durch irgendwelche Einflüsse im Inneren erschüttern zu lassen. Solche Einflüsse können von innen kommen, nach der stoischen Begrifflichkeit von den **Affekten** (*affectus*, gr. πάθη): Zu diesen Affekten gehören neben Angst *(metus)* oder maßlosen Gelüsten *(libido)* der Jähzorn *(ira)* oder Hass *(odium)*. Derjenige, der sich diesen Affekten ausliefert, ist von Wankelmütigkeit und Maßlosigkeit *(immodestia)* geprägt, einem *vitium*, einem Laster. Entscheidend ist für einen Stoiker seine innere Haltung, die er zur Vervollkommnung bringen will. Daraus ergibt sich, dass den Weisen eine Verhaltensweise maßgeblich prägt, die **modestia**.

Neben dieser Tugend, der *virtus*, sollen den Weisen noch drei weitere maßgebliche (Kardinal-)Tugenden prägen, eben die Weisheit, *sapientia*, die Gerechtigkeit, *iustitia*, und die Festigkeit, für seine Erkenntnisse einzutreten, die *fortitudo*.

b) *Markieren Sie sich mit unterschiedlichen Farben im Text die Aussagen über Scipio, die mit dem stoischen Ideal des Weisen vereinbar sind, und auch diejenigen, die diesem Ideal widersprechen. Vertreten Sie nun unter Heranziehung der in 4a dargelegten Aussagen über das Ideal des stoischen Weisen differenziert eine eigene begründete Position zur Frage, ob Scipio als stoischer Weiser bezeichnet werden kann. Achten Sie auf die korrekte Verwendung der Fachbegriffe und die Angabe von lateinischen Textbelegen.* *(Anforderungsbereich II/III)*

Es lässt sich anhand von Scipios Handlungen und Tugenden durchaus erkennen, dass Scipio Grundzüge des Ideals des stoischen Weisen besitzt: Schon bei seiner Ankunft auf Sizilien beweist Scipio nämlich seine **prudentia** und **fortitudo**: Energisch macht er genau das Richtige, nämlich eigenhändig Truppen auszuheben.

Zudem ist das für den stoischen Weisen typische Handeln gemäß seiner Vernunft *(ratio)* auch bei Scipio zu finden: Seine **ratio** und seine **prudentia** zeigen sich in dem von Livius geschickt zunächst als Paradoxon angelegten vorausschauenden Plan, die 300 Männer gleichsam „in der Hinterhand" zu haben. Mit diesem Plan nutzt er den **Kairos** (καιρός) der Situation optimal, weil er alle Beteiligten befriedigt. Insofern erscheint er als *prudentissimus*.

Weiterhin erweist sich Scipio auch als **modestus**, weil er nicht, wie es aus Sicht eines römischen Imperators verständlich wäre, emotional gesteuert auf die Verweigerung der Ritter, Rom zu unterstützen, reagiert, sondern respektvoll, aber bestimmt antwortet und eine Lösung des Problems (s. o.) anbietet (Z. 4ff.).

In seiner Bestimmtheit erweist er sich auch als **fortis** und **constans**, weil er zu seinem doch recht unkonventionellen Entschluss steht und auch bereit ist, ihn energisch durchzusetzen, um sein Ziel im Sinne der Gemeinschaft zu erreichen (Z. 10/11). Mit diesem Vorgehen erweist sich Scipio als ausgesprochen guter Imperator Roms, da er Zwistigkeiten auf Sizilien vermeidet, Rom ohne Kosten eine Elitetruppe ermöglicht (Z. 2: *trecentos iuvenes*; Z. 11/12: *egregiam hanc alam equitum evasisse*) und letztlich so auch den endgültigen Sieg über Hannibal gewährleistet.

Insofern wird Scipio mit seinen herausragenden Fähigkeiten der Aufgabe, die sich ihm als Bürger Roms und als Magistrat Roms stellt, vollkommen gerecht. Diese Aufgabe ist ihm nach stoischer Vorstellung durch die Vorsehung des Weltenlogos gestellt worden.

Zusammenfassend kann man also sagen, dass Scipio in dieser Episode den stoischen Kriterien weitgehend gerecht wird und dem **Ideal des stoischen *sapiens* sehr nahekommt**.

Nordrhein-Westfalen: Latein als fortgeführte Fremdsprache 2016
Grundkurs – Aufgabe 2

Text

Der latinische König Picus ist mit der Nymphe Canens verheiratet. Als er sich in seinen Wäldern auf einer Wildschweinjagd zu Pferde aufhält, erscheint dort auch die Zauberin Circe, die Tochter des Sonnengottes Sol:

Venerat in silvas et filia Solis easdem,
utque novas legeret fecundis collibus herbas,
nomine dicta suo Circaea reliquerat arva.
Quae simul ac iuvenem virgultis abdita vidit,
5 obstipuit: cecidere manu, quas legerat, herbae,
flammaque per totas visa est errare medullas.
Ut primum valido mentem collegit ab aestu,
quid cuperet, fassura fuit; ne posset adire,
cursus equi fecit circumfususque satelles.
10 „Non" ait „effugies, vento rapiare licebit,
si modo me novi, si non evanuit omnis
herbarum virtus, nec me mea carmina fallunt."
Dixit et effigiem nullo cum corpore falsi
finxit apri praeterque oculos transcurrere regis
15 iussit et in densum trabibus nemus ire videri,
plurima qua silva est et equo loca pervia non sunt.
Haud mora, continuo praedae petit inscius umbram
Picus equique celer spumantia terga relinquit
spemque sequens vanam silva pedes errat in alta.
20   *(131 Wörter)*

Circe nutzt Zauberformeln und bittet die Götter, den König durch Nebel zu verbergen, bis seine Leibwache ihn aus den Augen verliert. Dann gesteht sie ihm ihre Liebe. Picus weist sie jedoch zurück, da er seiner geliebten Gattin Canens treu bleiben will. Letztendlich verwandelt die schwer gekränkte Circe ihn deshalb in einen Buntspecht (= picus).

Übersetzungshilfen

V. 1	et	= etiam
	filia Solis	gemeint ist die Zauberin Circe
V. 2/3	utque … legeret …, … reliquerat …	= et, ut … legeret, … reliquerat …
V. 2	fecundus, -a, -um	fruchtbar
V. 3	Circaea arva *(Akk. Pl.)*	die circäischen Gefilde *(die Römer bezeichneten mit diesem Namen das Gebiet, in dem sie den Wohnsitz der Circe vermuteten)*
V. 4	simul ac	sobald

V. 4	virgultis abdita	auf Circe bezogen (Angabe ihres Standortes)
V. 5	obstipescere, obstipesco, obstipui	vor Erstaunen erstarren
	cecidere	= ceciderunt
V. 6	per totas ... medullas	*hier:* durch Mark und Bein
V. 7	ut primum	= simul ac *(vgl. V. 4)*
	mentem colligere, colligo, collegi, collectum ab *(mit Abl.)*	wieder zu Verstand kommen nach
V. 8	fassura fuit	sie wollte gestehen
V. 8/9	ne ..., fecit	= effecit, ne ...
V. 9	circumfusus satelles *(Nom. Sg.)*	*hier:* die ihn umgebende Jagdgesellschaft
V. 10	rapiare licebit	= rapiaris licebit: magst du auch entrissen werden
V. 11	si modo ..., si ...	so wahr nur ..., so wahr ... (si *ist hier als Schwurformel gebraucht*)
	evanescere, evanesco, evanui	schwinden
V. 12	virtus, virtutis f.	*hier:* = vis
	carmen, carminis n.	*hier:* Zauberspruch
	fallere, fallo, fefelli	*hier:* im Stich lassen
V. 14	aper, apri m.	Wildschwein
V. 15	trabs, trabis f.	Baumstamm
	videri	*übersetzen Sie hier:* scheinbar
V. 16	plurima	*hier:* densissima *(hier: prädikativ)*
	qua (adv.)	*hier:* dort(hin), wo
	pervius, -a, -um	zugänglich
	plurima qua silva est et equo loca pervia non sunt	*Legen Sie Ihrer Übersetzung folgende ergänzte und in der Reihenfolge veränderte Textfassung zugrunde:* qua silva plurima est et loca sunt, quae equo pervia non sunt
V. 17	haud mora	ohne Verzug
	umbra, -ae f.	*hier:* Trugbild
V. 18	spumantia terga equi	*gemeint ist der durch den schnellen Ritt sehr verschwitzte (= schäumende) Rücken des Pferdes*
	tergum, -i n.	*hier: poetischer Plural*
V. 19	pedes, -itis m.	*hier prädikativ:* zu Fuß, als Fußgänger
	errare, erro, erravi, erratum	(suchend) umherirren

Aufgabenstellung

I. Übersetzen Sie den lateinischen Text ins Deutsche.

II. Bearbeiten Sie die folgenden Interpretationsaufgaben: Punkte

1. Gliedern Sie den Text und fassen Sie den Inhalt der einzelnen Abschnitte kurz zusammen. 8

2. a) Analysieren Sie die Verse 11–12 metrisch. 4

   V. 11   si modo me novi, si non evanuit omnis

   V. 12   herbarum virtus, nec me mea carmina fallunt.

   b) Untersuchen Sie, mit welchen sprachlich-stilistischen Mitteln die Verse 7–12 gestaltet sind. Berücksichtigen Sie sechs verschiedene Gestaltungsmittel. 6

c) Erläutern Sie die Funktion dieser sprachlich-stilistischen Mittel, und beziehen Sie dabei ggf. die Ergebnisse Ihrer metrischen Analyse mit ein. 12

3. Arbeiten Sie die Motive Circes und die Bedeutung ihrer göttlichen Kräfte für die Beziehung zwischen Circe und Picus heraus. Berücksichtigen Sie dabei auch die Informationen in der Ein- und Ausleitung. 10

4. Untersuchen Sie, wie sich die Darstellung der Götter im vorliegenden Text von der Göttervorstellung der Epikureer unterscheidet. Fassen Sie das Ergebnis Ihrer Untersuchung kurz zusammen. 10

Lösungsvorschläge

Textstelle: Ovid, Metamorphosen 14, 346–364
Inhaltliche Schwerpunkte:
- *Römisches Philosophieren*
  - *Grundbegriffe stoischer und epikureischer Philosophie*
  - *Gottes-/Göttervorstellungen*
  - *Sinnfragen des Lebens*
- *Römisches Staatsdenken*
  - *Römische Werte*

Medien/Materialien:
- *Ovid, Metamorphosen 1, 1–150; Buch 15*

I. Übersetzung

Lesen Sie den Einleitungstext genau durch, um den zu übersetzenden Text inhaltlich vorzuerschließen: Sie erfahren, dass er von König Picus, der Nymphe Canens und der Zauberin Circe handelt.
Rechnen Sie v. a. mit bei Dichtungstexten häufig auftretenden Hyperbata.
Bedenken Sie bei Ihrem Übersetzungsvorgang, dass das Lateinische über eine freie Wortstellung verfügt. Das bedeutet, dass der jeweilige Autor die Wörter so stellen kann, wie er es will. Dies gilt insbesondere für die Dichtung, zumal der Autor den Text in Einklang mit dem Metrum bringen will. Beachten Sie daher sehr präzise die Bezüge und Formen. Die folgende Übersetzung ist in ihrer Wortwahl nicht bindend, sondern dient als Orientierung. (Anforderungsbereich III)

In dieselben Wälder war auch die Tochter Sols gekommen und hatte, um neue Kräuter auf den fruchtbaren Anhöhen zu sammeln, die nach ihrem Namen benannten circäischen Gefilde zurückgelassen. Sobald sie, hinter Gebüschen versteckt, den jungen Mann gesehen hatte, erstarrte sie vor Erstaunen. Aus der Hand entfielen ihr die Kräuter, die sie gesammelt hatte, und eine Flamme schien ihr durch Mark und Bein zu fahren. Sobald sie nach der heftigen Leidenschaft wieder zu Verstand gekommen war, wollte sie gestehen, was sie wünschte. Dass sie nicht an ihn herantreten konnte, bewirkten aber der Galopp des Pferdes und die ihn umgebende Jagdgesellschaft. Doch sie sprach: „Du wirst mir nicht entkommen, magst du mir auch durch den Wind entrissen werden, so wahr ich mich nur selbst genau kenne, so wahr mir die Kraft der Kräuter nicht ganz geschwunden ist, so wahr mich meine Zaubersprüche nicht im Stich lassen!" So hat sie gesprochen, erschuf das Trugbild eines falschen Wildschweins ohne Körper, befahl ihm vor den Augen des Königs vorbeizugehen und scheinbar in einen mit Baumstämmen dicht besetzten Hain dorthin zu laufen, wo der Wald am meisten (*ergänzen Sie gedanklich:* mit Baumstämmen) besetzt ist und es keine Orte gibt, die für ein Pferd zugänglich sind. Ohne Verzug eilt der ahnungslose Picus sofort dem Trugbild seiner Beute hinterher, verlässt schnell den schäumenden Rücken des Pferdes und irrt zu Fuß, seiner vergeblichen Hoffnung folgend, im tiefen Wald umher.

II. Interpretationsaufgaben

1. *Teilen Sie den Text begründet in Sinnabschnitte ein, geben Sie den Inhalt in eigenen Worten wieder und versehen Sie die Abschnitte mit jeweils passenden zusammenfassenden Überschriften. Sprachliche Elemente wie Satzanfänge, Personenwechsel oder Moduswechsel können bei der Einteilung hilfreich sein.*
   (Anforderungsbereich II)

   - **1–6: Circes Liebesbrennen:** Auf der Suche nach Zauberkräutern übermannt Circe im Wald die Liebe zu dem schönen Jüngling Picus.
   - **7–9: Circes 1. Reaktion:** Sie möchte Picus ihre Liebe gestehen. Dies wird ihr durch das schnelle Pferd und insbesondere durch die Jagdgesellschaft verwehrt.
   - **10–12: Circes 2. Reaktion:** Daher kündigt sie in vollem Bewusstsein ihrer Macht an, auf ihre Zauberkräfte zurückzugreifen.
   - **13–19: Circes Zauber:** Durch das Trugbild eines Wildschweins lockt Circe Picus in einen unzugänglichen Hain, wo sie sich ihm zu erkennen geben will.

2. a) *Vergegenwärtigen Sie sich zunächst das grundsätzliche Schema des daktylischen Hexameters sowie die Zäsuren und die Dihäresen und gegebenenfalls die Synizesen oder Synaloephen. Stellen Sie dann in der Ihnen bekannten Weise die Verse mit kurzen und langen Silben dar.*
Da der lateinische Text im schriftlichen Abitur laut vorgetragen wird, können Sie schon dabei Längen und Kürzen sowie Betonungen mit Bleistift in Ihren Text einzeichnen. Dies hilft Ihnen dann bei der metrischen Analyse. *(Anforderungsbereich I/II)*

$$\_\ \cup\ \cup\ \_^{TH}\ \_\ \_^{PH}\ \_\ \_^{HH}\ \_\ \_\ \cup\ \cup\ \_\ \times$$
V. 11 si modo me | novi, | si non | evanuit omnis

$$\_\ \_\ \_^{TH}\ \_\ \_^{PH}\ \_\ \_^{HH}\ \cup\ \cup^{bD}\ \_\ \cup\ \cup\ \_\ \times$$
V. 12 herbarum | virtus, | nec me | mea | carmina fallunt.

TH = Trithemimeres
PH = Penthemimeres
HH = Hephthemimeres
bD = bukolische Dihärese

b) *Benennen Sie sechs sprachlich-stilistische Mittel und belegen Sie diese mit entsprechenden lateinischen Textstellen. Die folgenden Angaben enthalten nicht alle im Text vorhandenen, jedoch mehr als die geforderten sechs sprachlich-stilistischen Mittel.* *(Anforderungsbereich I–II)*

- In Vers 7 fällt zunächst die **Metapher** in *aestu* auf: Hier wird mit Hitze die Leidenschaft und die Liebesglut ausgedrückt.
- Zudem ist *aestu* Teil eines **Hyperbatons** (V. 7: *valido … aestu*).
- Die nicht häufige Wendung eines PFA mit *esse* wird in Vers 8 durch die **Alliteration** in *fassura fuit* noch weiter hervorgehoben, wobei zudem das Objekt ihres Eingeständnisses zu Beginn steht *(quid cuperet)*.
- Vers 9 prägt die **Wortstellung** der *cursus equi* zu Beginn und der *satelles* am Ende, die die beiden Verbformen *fecit/circumfusus* einrahmt.
- Auffallend ist die **exponierte Wortstellung** von *non effugies* zu Beginn des Verses 10, zumal dies noch durch die **Metapher** im zweiten Teil des Verses *(vento rapiare licebit)* bekräftigt wird.
- Die Schwurformel ihrer Rede (Verse 11/12) ist als **Trikolon** angelegt.
- Dabei sind die beiden ersten Kola **anaphorisch** und als **Alliteration** angelegt *(si modo me, si …)*, das dritte nicht.
- Daher kann man hier von einer **Variatio** sprechen, wobei die **Alliteration** und das **Polyptoton** im dritten Kolon *(me mea)* das erste Kolon wieder aufgreifen.

c) *Sprachlich-stilistische Mittel erfüllen immer eine Funktion: Sie heben wichtige Inhalte auch formal hervor und stützen somit die Aussagen des Autors. Die Ergebnisse aus 2a und b bilden jetzt die Grundlage für Ihre Einschätzung. Machen Sie sich nun zunächst die Zielsetzung dieses Abschnittes klar und überlegen Sie dann, inwieweit die stilistischen und metrischen Mittel, die Sie in 2b aus dem Text herausgearbeitet haben, dieses Ziel unterstützen.* (Anforderungsbereich II)

- Die **Metapher** *aestu* betont die überaus **starke Macht der Liebe**, zumal sie eine Zusammenfassung von Vers 6 darstellt. Mit dem Begriff „Hitze" wird bildhaft dargestellt, dass Circe beim Anblick des Picus sich sofort unsterblich in ihn verliebt. Sie „brennt" sozusagen für ihn.
- Die Macht der Liebe ist so stark, dass sie Circes weiteres Handeln bestimmt. Denn *colligere mentem* bedeutet nicht, dass Circe in dem Sinne zu Verstand gekommen ist, dass sie ihrer Liebe entsagt, sondern dass sie ihre *mens* dafür benutzt, rational und überlegt das Objekt ihrer Liebe zu gewinnen. Diesen Gedanken bringt Ovid auch durch das **Hyperbaton** (V. 7: *valido ... aestu*) zum Ausdruck, das die *mens* umschließt.
- Die ungewöhnliche Wendung *fassura fuit*, die **Alliteration** und die Stellung ihres Eingeständnisses in Vers 8 deuten diese **Macht ihrer Liebe** und ihr daraus resultierendes **Verlangen** noch einmal an.
- Dieses Verlangen prägt alles weitere Tun: Da das Verlangen durch den *cursus equi* und die *satelles* **gehemmt** wird, sprachlich durch die **Rahmung** in Vers 9 abgebildet, muss Circe auf ihre Zauberkräfte zurückgreifen. Sie ordnet also auch ihre wesensgemäße Kraft der Liebe unter. Hierbei handelt es sich um eine **abbildende Wortstellung**, da Picus nicht nur wie im Text von den Begriffen, sondern tatsächlich von seinem Pferd und der Jagdgesellschaft umgeben ist.
- Dass Circe in vollem Bewusstsein handelt, bringt Ovid auch durch die sprachliche Gestaltung von Vers 10 zum Ausdruck: Die **exponierte Wortstellung** von *non* und die **Metapher** des Windes lassen von vornherein keinen Zweifel aufkommen, dass sie Picus bekommen wird. Mit dieser Metapher wird sprachlich deutlich betont, dass selbst eine solche Kraft wie der Wind ihr Picus nicht wegnehmen kann.
- Grund für ihre Sicherheit sind ihre Kräfte, die in den folgenden Versen sprachlich sehr dicht präsentiert werden. Das **Trikolon** umschreibt in dreifacher Variante nämlich nur eines: Circes eigene **Zaubermacht**.
- Dass es ihre Macht ist, wird nicht nur durch die **Alliterationen** und das **Polyptoton** deutlich, sondern auch durch die **Anapher** und die **Zäsuren**. Die Zäsuren betonen einerseits die erste Person, mithin Circe (*me, novi, me, mea*), andererseits die Verneinung der Bedingungssätze (*si modo, si non, nec me*); doch diese Verneinung ist in der Schwurformel letztlich nur eine Bestätigung von Circes Macht, da sie natürlich alle

diese Eigenschaften noch hat: ihr Selbstbewusstsein, die Kenntnis ihrer Kräuter und ihrer Zauberformeln.
So gestaltet Ovid diese Verse in ebendieser Form, um die Macht der Liebe über die große Zauberin Circe zum Ausdruck zu bringen.

3. *Erschließen Sie aus dem Text, was Circe zu ihrem Verhalten motiviert und welche Rolle ihre Kräfte dabei spielen. Lesen Sie für die Beantwortung der Frage zudem die Einleitung und Ausleitung genau durch und ziehen Sie auch daraus gewonnene Informationen in Ihre Ausführungen mit ein. Achten Sie darauf, Ihre Aussagen durch lateinische Textbelege zu stützen. Die hier angeführte Lösung dient zur Orientierung.* (Anforderungsbereich II)

Circes **Motiv** ist eindeutig und ausschließlich: der „**Besitz**" **des Picus**, zu dem sie in Liebe entbrannt ist, wie die dichte Gestaltung der Verse 4–7 deutlich zum Ausdruck bringt. Dieses Motiv ist klar benannt, zum einen durch *quid cuperet* in Vers 8. *Cupido* beherrscht sie, d. h. das gierige Liebesverlangen nach Picus, der in diesem Vers noch nicht einmal genannt ist. Noch deutlicher werden dieses **Verlangen** und auch ihre Macht im ersten Vers ihrer Rede: *Non ... effugies, vento rapiare licebit* (V. 10). Tatsächlich wird sie dieses Ziel auch erreichen, denn zumindest physisch wird Picus ihr nicht entkommen.
Ihre **göttlichen Kräfte** sind Mittel zum Zweck und dienen zur **Erfüllung ihres Wunsches**; dessen ist sie sich auch bewusst, wie die Verse 7–10 zeigen: Rational erkennt sie, dass sie Picus nicht ungestört ihre Liebe gestehen kann, und setzt dann, nachdem sie den Verstand wiedergewonnen hat (V. 7: *mentem collegit*), ihre Kräfte mit vollem Bewusstsein (vgl. V. 11/12) ein: Das Scheinbild des Wildschweins lockt Picus in den Wald und dort gesteht Circe Picus ihre Liebe. Sie nutzt ihre göttlichen Kräfte, um Picus nahe zu kommen, denn ohne diese wäre sie nicht dazu in der Lage.
Bis zur Szene im Wald ist Picus letztlich dem **Wirken der Zauberin** und Göttin hilflos **ausgesetzt**, der Mensch wird zum Spielball Circes und ihrer göttlichen Mächte. Circe hat auch keine Bedenken, die Beziehung zwischen Picus und Canens, immerhin einer göttlichen Nymphe, zu ignorieren. Die Macht ihrer Liebe, die *cupido*, ist so groß, dass sie an die **Zerstörung der Ehe des Picus** offenbar keinen Gedanken verschwendet. Ungesagt bleibt die weitere Erwartung Circes, wohl auch weil sie offensichtlich ist: Wenn Circe Picus in die Ungestörtheit des Hains bekommen hat und dort dann ihre **Liebe gestanden** hat, sollte Picus diesem Verlangen nachgeben. Denn immerhin ist eine Göttin, die Tochter des Sonnengottes, einem Menschen verfallen; ein solches Angebot könne ein Mensch kaum ausschlagen. Dass Circe diese Haltung prägt, zeigt auch die Reaktion auf die **Zurückweisung**: Verletzt vernichtet sie **Picus' menschliche Existenz** und verwandelt ihn in einen Buntspecht, sodass seine Frau ihn auch nicht mehr besitzen kann. Picus wird nicht mehr sein altes Leben in einer glücklichen Beziehung mit Canens führen können. Jedoch hat Circe als Göttin nur absolute Macht über die menschliche Physis,

nicht über die geistige Haltung des Menschen, in diesem Fall die **treue Liebe des Picus** gegenüber Canens. Seine Liebe ist so groß, dass Circe ihn nicht besiegen kann. Bei Ovid scheitert daher die göttliche Macht in ihrer absoluten Herrschaft über die Physis des Menschen vor der Macht der (treuen) Liebe.

4. *Rufen Sie sich zunächst die grundsätzlichen Göttervorstellungen der Epikureer ins Gedächtnis. Gehen Sie dabei besonders auf das Verhältnis der Götter zu den Menschen ein. Arbeiten Sie im Anschluss daran die Göttervorstellung im vorliegenden Text heraus und stellen Sie diese im Zusammenhang dar, indem Sie eine Gegenüberstellung mit dem Götterbild der Epikureer vornehmen. Fassen Sie am Ende Ihre Erkenntnisse in eigenen Worten zusammen.*
(Anforderungsbereich II–III)

Nach der **Lehre der Epikureer** bestehen alle Gegenstände aus **Atomen**, die, während sie sich im Vakuum bewegen, durch zufälliges Abweichen von ihrer Bahn aufeinandertreffen. Durch diese Zusammenballung entstehen die Dinge. Wenn die Natur um den Menschen letztlich auf dem zufälligen Zusammenspiel kleinster Teilchen basiert, wird der Eingriff göttlicher Mächte als Größe eliminiert und die **Götter** sind für den Kosmos daher **überflüssig**.

Epikureer sind der Meinung, dass Gottheiten in einer Art Zwischenwelt, sogenannten **Intermundien**, fernab von der Welt existieren, ohne weiteres Interesse am menschlichen Leben. Sie leben in vollkommener Seelenruhe und haben damit einen Zustand erreicht, den zu erreichen das Ziel des epikureischen Weisen ist: ἀταραξία (Ataraxia), die innere Unerschütterlichkeit, und γαλήνη (Galene), die innere Seelenruhe. Dieser Zustand würde durch Affekte gestört. Insofern ist es schlüssig, dass sie **kein Interesse am menschlichen Leben** haben, weil eine emotionale Bindung ebendiese Seelenruhe gefährden könnte.

Im besten Fall können die Götter im Sinne der Epikureer als **Vorbild** für eine vollkommene Lebensführung des Einzelnen dienen, da sie das epikureische Ideal, die Ataraxie, schon erreicht haben. Angst vor den Göttern, im Sinne einer Strafe für Fehlverhalten, ist wegen dieses Desinteresses unnötig, ja geradezu schädlich, weil sie die innere Seelenruhe des Einzelnen als Affekt stört. Auch die **Angst vor dem Tod** ist **unbegründet**, da sich der Körper des Menschen – sowie auch alle anderen Dinge – nach dem Tod wieder in ihre Bestandteile auflösen.

Im vorliegenden Text zeigt sich folgendes Bild der Götter: **Circe** wird in ihrem ganzen Wesen, in ihrer rationalen *mens*, als machtvolle Zauberin von der Liebe zu einem Menschen hinweggerafft. Demnach hat sehr wohl ein **Affekt**, die *cupido*, die begierige Liebe, vollkommenen **Besitz über sie** ergriffen.

Dieses Gefühl bzw. dieser Affekt ist Ursache für andere menschliche Affekte: die **Überheblichkeit** gegenüber der Bindung zwischen Picus und Canens, den **Hass** und die **Rache** nach der Zurückweisung. Am Beispiel von Circe und

Picus wird zudem deutlich, dass auch eine Gottheit Zurückweisung erfahren kann.

Als Gottheit fühlt sie sich auch **dem Menschen überlegen**: Picus wird ihr nicht entkommen. Dies verdeutlicht, dass sie sich als Gottheit sehr wohl **in menschliche Angelegenheiten einmischt**. Dabei zögert sie auch nicht, Methoden einzusetzen, die auf egoistischen Motiven beruhen. Als Gottheit hat sie auch ein **(emotionales) Interesse** an dem einzelnen Menschen, der ihr in seiner Physis gänzlich ausgeliefert ist.

Demnach sind diese beiden Vorstellungen **nicht** miteinander in **Einklang zu bringen**. Dem atomistisch-rationalen Bild, in dem Götter allenfalls als ethische *Exempla* menschlicher Lebensführung im Sinne Epikurs dienen, steht das mythisch-anthropomorphe Bild gegenüber, das letztlich auf die Welt der homerischen Epen zurückverweist. Dieses archaische Bild nutzt Ovid allerdings, um einmal mehr die vollkommene Macht der Liebe zu präsentieren.

> **Nordrhein-Westfalen: Latein als neu einsetzende Fremdsprache 2016**
> **Grundkurs**

Text

Cicero ist verärgert über die Haltung des Senats. Dieser habe immer noch nicht offiziell festgestellt, dass sich die res publica *im Krieg mit M. Antonius, dem ehemaligen General und Mitkonsul Caesars, befinde. Deshalb vergleicht Cicero im Senat den gegenwärtigen Krieg gegen M. Antonius mit den bisherigen Bürgerkriegen:*

Horum omnium bellorum causae ex rei publicae contentione natae sunt. De proximo bello civili non libet dicere: Ignoro causam, detestor exitum. Hoc bellum quintum civile geritur – atque omnia in nostram aetatem inciderunt! –, primum non modo non in dissensione et discordia civium, sed in maxima consensione incredibilique
5 concordia. Omnes idem volunt, idem defendunt, idem sentiunt. Cum „omnis" dico, eos excipio, quos nemo civitate dignos putat. Quae est igitur in medio belli causa posita? Nos deorum immortalium templa, nos muros, nos domicilia sedesque populi Romani, aras, focos, sepulcra maiorum, nos leges, iudicia, libertatem, coniuges, liberos, patriam defendimus. Contra M. Antonius id molitur, id pugnat, ut haec omnia
10 perturbet, evertat, praedam rei publicae causam belli putet, fortunas nostras partim dissipet, partim dispertiat parricidis.

(121 Wörter)

Übersetzungshilfen

Z. 1	nasci, nascor, natus sum	entstehen
Z. 1/2	proximum bellum civile	Als „letzten Bürgerkrieg" bezeichnet Cicero hier den Kampf zwischen Caesar und Pompeius.
Z. 2	libet	*ergänzen Sie:* mihi
	detestari, detestor, detestatus sum	verabscheuen
	hoc	*hier:* = nunc
Z. 2/3	quintum civile	Als „fünften Bürgerkrieg" bezeichnet Cicero hier die Auseinandersetzung des Antonius mit Rom.
Z. 3	omnia	= omnia bella
	incidere, incido, incidi in *(mit Akk.)*	in etwas fallen, stattfinden in …
	primum	als erster – *ergänzen Sie:* bellum geritur
Z. 5	omnis	= omnes
Z. 6	civitate dignus, -a, -um	des Bürgerrechtes würdig
Z. 6/7	Quae est igitur in medio belli causa posita?	Ordnen Sie: Quae causa belli igitur in medio posita est?
	in medio ponere, pono, posui, positum	im Mittelpunkt stehen
Z. 7	domicilium, -ii n.	Wohnstätte, Wohnsitz
Z. 9	contra	*hier Adverb:* dagegen
	M. Antonius	Marcus Antonius, Caesars General und Mitkonsul *(siehe Einleitung)*
	id moliri, molior, molitus sum	sich darum bemühen
	id pugnare, pugno, pugnavi, pugnatum, ut … *(mit Konj.)*	*hier:* darum kämpfen, dass …
Z. 10	praeda, -ae f.	*hier:* Ausplünderung

Z. 11   dissipare, dissipo, dissipavi,   verschleudern
        dissipatum
        dispertire, dispertio, dispertivi,   verteilen an
        dispertitum *(mit Dat.)*

Aufgabenstellung

I. Übersetzen Sie den lateinischen Text ins Deutsche.

II. Bearbeiten Sie die folgenden Interpretationsaufgaben: Punkte

1. Benennen Sie die Vorwürfe, die Cicero gegen Antonius und dessen Partei vorbringt.   10

2. Untersuchen Sie, mit welchen sprachlich-stilistischen Mitteln Cicero seine Rede gestaltet, und erläutern Sie die Funktion der gefundenen Mittel im Kontext. Berücksichtigen Sie sechs unterschiedliche Gestaltungsmittel.   18

3. Cicero bezieht zu den Auseinandersetzungen nach der Ermordung Caesars klar Stellung.
   a) Stellen Sie dar, mit welchen Aussagen Cicero im vorliegenden Text die Verteidiger der Republik charakterisiert.   10
   b) Erläutern Sie, welche politische Position Cicero in den philippischen Reden einnimmt.   10

Lösungsvorschläge

Textstelle: Cicero, Orationes Philippicae *8, 7–8*
Inhaltliche Schwerpunkte:
- *Meilensteine römischer Geschichte und Politik*
  – Römische Geschichte, v. a. die Entwicklung der römischen Verfassung
  – Biografie Ciceros
  – Politische und ethische Leitbegriffe der Römer
- *Römisches Leben in literarischer Spiegelung*
  – Mensch und Mitmensch
  – Schicksalsschläge
  – Gattungsspezifische Merkmale der Textsorte Rede
Medien/Materialien:
- *Lehrbuch und Sachbuch*
- *Cicero, Auswahl aus den* Orationes Philippicae

I. Übersetzung

Bedenken Sie bei Ihrem Vorgehen, dass das Lateinische über eine freie Wortstellung verfügt. Das bedeutet, dass der jeweilige Autor die Wörter nach seinem Belieben stellen kann. Beachten Sie daher die Bezüge und Formen. Beachten Sie auch die spezifischen sprachlichen Mittel der politischen Rede, die im Text vorkommen können: z. B. Appell, Interjektion, rhetorische Fragen und Polarisierung. Cicero zieht gezielt in seinen Reden gegen Marc Anton zu Felde. Die folgende Übersetzung ist in ihrer Wortwahl nicht bindend, sondern dient als Orientierung.
(Anforderungsbereich III)

Die Ursachen für alle diese Kriege sind aus den Spannungen *(eigentlich Singular)* innerhalb unseres Gemeinwesens entstanden. Über den letzten Bürgerkrieg mag ich gar nicht sprechen: Die Ursache kenne ich nicht, seinen Ausgang verabscheue ich. Nun wird der fünfte Bürgerkrieg geführt – und alle sind in unser Zeitalter gefallen! –, als erster wird dieser Krieg nicht nur in Zwietracht und Uneinigkeit der Bürger geführt, sondern in größter Übereinstimmung und unglaublicher Eintracht. Alle wollen dasselbe, verteidigen dasselbe, fühlen dasselbe. Wenn ich „alle" sage, nehme ich diejenigen aus, die niemand des Bürgerrechtes für würdig hält. Welcher Grund steht also im Mittelpunkt dieses Krieges? Wir verteidigen die Tempel der unsterblichen Götter, die Mauern, die Wohnstätten und den Sitz des römischen Volkes, seine Altäre, Herde, die Grabmäler seiner Vorfahren, die Gesetze, Gerichte, die Freiheit, unsere Ehefrauen, unsere Kinder und unser Vaterland, das verteidigen wir. Dagegen bemüht sich M. Anton darum, ja kämpft darum, dass er dies alles durcheinanderbringt, umstürzt, die Ausplünderung des Gemeinwesens für den Grund eines Krieges hält, unser Vermögen teils verschleudert, teils an die Hochverräter verteilt.

II. Interpretationsaufgaben

1. *Gehen Sie bei dieser Aufgabe am Text entlang vor und markieren Sie die Vorwürfe, die Cicero gegen Antonius vorbringt, im Text. Versehen Sie anschließend die Vorwürfe gegen Marc Anton mit Begriffen. Denken Sie daran, Ihre Ausführungen mit lateinischen Textbelegen zu untermauern. Die folgenden Lösungen sind eine Möglichkeit und dienen der Orientierung.*

   (Anforderungsbereich I)

   Cicero möchte dem Senat, über dessen politisches Vorgehen er enttäuscht ist, die gegenwärtige Situation des *bellum civile* vor Augen führen und bringt dazu schwerwiegende Vorwürfe gegen Marc Anton und seine Partei vor:

   - Marc Anton ist, wie sich ab Z. 9 herausstellt, **Verursacher** eines *bellum civile* (Z. 9/10: *id pugnat, ut haec omnia perturbet*), den Cicero in den ersten Zeilen skizziert und in die Tradition der Bürgerkriege seit den Gracchen stellt (vgl. Z. 1–4).
   - Letztlich steht Marc Anton der geeinten Bürgerschaft (Z. 4: *in dissensione et discordia civium*) gleichsam als ein **äußerer Feind** entgegen, da der Feind, gegen den die Römer gemeinsam kämpfen, des Bürgerrechtes nicht mehr würdig ist (Z. 6: *eos ... quos nemo civitate dignos putat*).
   - Argumentiert Cicero bis dahin in anonymer Grundsätzlichkeit, wird er in den letzten Zeilen konkret: Der **gemeinsame Feind aller Römer** ist Marc Anton, der alle wesentlichen Bestandteile römischen Lebens (vgl. Z. 7–9) **durcheinanderbringt und umstürzt** (Z. 10: *perturbet, evertat*).
   - Marc Anton sieht das Gemeinwesen der *res publica* als Beute zur Plünderung an (Z. 10: *praedam rei publicae causam belli putet*), bringt den Besitz anderer in Gefahr (Z. 10/11: *fortunas nostras partim dissipet*) und gibt ihn seinen Mörderbanden preis (Z. 10/11: *fortunas nostras ... dispertiat parricidis*).

2. *Arbeiten Sie zunächst sechs sprachlich-stilistische Mittel aus dem Text heraus. Stilmittel haben die Funktion, wichtige Inhalte auch auf formaler Ebene hervorzuheben. Beachten Sie daher die Zielrichtung der philippischen Reden: Cicero möchte den Senat zum Kampf gegen Antonius bewegen, indem er ihn diskreditiert. Bedenken Sie, dass zu den sprachlich-stilistischen Mitteln außer den rhetorischen Mitteln auch die besondere Wortwahl zählt. Die folgenden Angaben enthalten nicht alle Mittel, allerdings diejenigen, die für die Deutung entscheidend zu sein scheinen, und mehr als die sechs in der Aufgabenstellung geforderten sprachlich-stilistischen Mittel.*

   (Anforderungsbereich II–III)

   - Grundsätzlich fällt die **Häufung** bestimmter Begriffe auf: *bellum* fällt allein sechsmal (Z. 1/2, Z. 3 als Ellipse zu *omnia*, Z. 6, Z. 10). Auch *civilis* bzw. das Wortfeld *civis* wird viermal abgedeckt (Z. 2–6).

- Ab Z. 5 konstruiert Cicero, ausgehend von der **paradoxen** Feststellung in Z. 4/5, dass dieser Bürgerkrieg von einer *maxima consensio* und *incredibilis concordia* geprägt sei, eine große **Antithese** zwischen allen römischen Bürgern (Z. 5: *cum „omnis" dico*), die alle Bestandteile der *res publica* verteidigen (*defendere* in Z. 5 und Z. 9), und Marc Anton (Z. 6: *eos excipio, quos nemo civitate dignos putat*).
- Die Gemeinschaft der Verteidiger der *res publica* formuliert Cicero, gehäuft in Z. 7–9, in der **ersten Person Plural**: *nos* (viermal), *defendimus*, auch *fortunas nostras* (Z. 10).
- Im Einzelnen fallen die **Homoioteleuta** bei *horum omnium bellorum* (Z. 1) und *causae ex rei publicae ... natae sunt* (Z. 1) auf.
- Neben dem **Parallelismus** in Z. 2 *(ignoro causam, detestor exitum)* ist die Charakterisierung des aktuellen *bellum civile* sehr dicht gestaltet:
- Es wird eine paradoxe (s. o.) Antithese angedeutet zwischen den **Hendiadyoin** bei *in dissensione et discordia civium* und *in maxima consensione incredibilique concordia* (Z. 4/5), noch weiter betont durch die beiden **Alliterationen**, den **parallelen** Aufbau, die **antithetischen** Entsprechungen der Begriffe und die **Klimax** im zweiten Kolon.
- Die **paradoxe** Situation bekräftigt Cicero noch durch das **Trikolon**, das **parallel**, **asyndetisch** und **anaphorisch** aufgebaut ist (Z. 5: *omnes idem volunt, idem defendunt, idem sentiunt*).
- Die Auflösung des Paradoxons erfolgt durch eine ausufernde **Enumeratio** (Z. 7–9: *nos muros, nos domicilia sedesque ... coniuges, liberos, patriam*).
- Demgegenüber wird durch die **exponierte Wortstellung** von *contra* am Anfang des Satzes Marc Anton als Gegner herausgehoben, dessen Tun von der nachhaltigen Erschütterung des Gemeinwesens über die eigene Plünderung und Verschleuderung des allgemeinen Besitzes bis zur Preisgabe an die Verräterbanden als **Klimax** gesteigert wird (Z. 10/11: *perturbet, evertat ... dissipet ... dispertiat*).

Die *wiederholte Betonung* des *bellum* in den ersten Zeilen schafft einerseits eine **Grundstimmung**, dass die Römer sich wieder in einem Krieg befänden (was formal nicht der Fall war, faktisch jedoch laut Cicero schon), andererseits bereitet sie das überraschende und **paradoxe** erste Fazit vor: In einem *bellum civile* von *maxima consensio* und einer *incredibilis concordia* zu sprechen, erscheint geradezu widersinnig. Dadurch möchte Cicero vor dem Senat die **offensichtliche Gefahr**, die von Marc Anton und seiner Partei ausgeht, untermauern.

Das rhetorische Mittel des *Homoioteleutons* am Beginn seiner Rede bewirkt, dass sich beim Senat die genannten **Punkte Ciceros** durch den Gleichklang am Ende der Wörter besser **einprägen**: Es gab bereits viele Bürgerkriege und alle sind sie aus demselben Grund entstanden.

Dass Cicero hier die **Aufmerksamkeit der Zuhörer** erreichen will, zeigt auch seine dichte Gestaltung gerade dieser Zeile (Z. 3/4), nämlich durch die **Hendiadyoin** (Z. 4: *in dissensione et discordia*), die **Alliterationen**, den *parallelen* Aufbau, die **antithetischen** Entsprechungen der Begriffe (Z. 4/5: *dissensione ... discordia, consensione ... concordia*) und die **Klimax** im zweiten Kolon (Z. 4: *in maxima ... incredibilique*).

Auf diesem **Paradoxon**, das der Erklärung bedarf, baut seine Argumentation auf: Letztlich handelt es sich gar nicht um ein *bellum civile*, weil auf der einen Seite die Gesamtheit der römischen Bürger steht, betont durch das **Trikolon**, das **parallel**, **asyndetisch** und **anaphorisch** aufgebaut ist (Z. 5: *idem ... idem ... idem*), und auf der anderen Seite eine Person, der niemand das Bürgerrecht zuerkennen würde (Z. 6: *eos excipio, quos nemo civitate dignos putat*): Marc Anton. Mit dieser **Polarisierung** möchte Cicero **auf den Senat einwirken**, sich gegen Marc Anton zu stellen. Der propagandistische Charakter seiner Rede wird deutlich, indem alle guten Eigenschaften der Gesamtheit der Bürger, die alles verteidigt, was Roms *res publica* auszeichnet, zugesprochen werden (vgl. Z. 7–9). Auf der anderen Seite stehen Marc Anton und seine Anhänger, die mit negativen Eigenschaften gekennzeichnet werden: Sie gefährden alles, was Rom auszeichnet (vgl. Z. 9–11).

Damit appelliert Cicero an den Gemeinsinn des Senats und betont das gemeinsame Ziel des gesamten römischen Volkes: den Schutz der *res publica* durch die Isolation Marc Antons als Nicht-Römer und Staatsfeind.

3. a) *Schauen Sie sich im lateinischen Text die Passagen genau an, in denen über die Verteidiger der* res publica *gesprochen wird. Sammeln Sie Ciceros Aussagen über diese und zeigen Sie die Zusammenhänge auf. Belegen Sie Ihre Ausführungen anhand lateinischer Zitate aus dem Text.*
(Anforderungsbereich I/II)

Die Gruppe der Verteidiger kennzeichnet ein unglaublicher **Einklang** in Werten und Zielen (Z. 3–5: *non in dissensione et discordia civium, sed in maxima consensione incredibilique concordia. Omnes idem volunt, idem defendunt, idem sentiunt.*). Diese **Werte** sind, wie sich aus der Enumeratio ergibt, der **gemeinsame Götterglaube** und seine **Riten** (Z. 7/8: *deorum immortalium templa/aras*), die **Stadt** an sich (Z. 7/8: *nos muros, nos domicilia sedesque populi Romani*), der **Sitz der Familie** (Z. 8: *focos*), die *pietas* gegenüber den **Ahnen** (Z. 8: *sepulcra maiorum*), die Bindung an das **Recht** (Z. 8: *leges, iudicia*) als Gewährleistung der **Freiheit** (Z. 8: *libertatem*) und die *pietas* gegenüber der **Familie** (Z. 8/9: *coniuges, liberos*) und gegenüber dem **Vaterland** (Z. 9: *patriam*).

b) *Rufen Sie sich Ciceros politische Position in Erinnerung und stellen Sie den politischen Kontext in eigenen Worten dar. Verdeutlichen Sie seine Position nachvollziehbar anhand aussagekräftiger Beispiele. Beziehen Sie bei Ihrer Bearbeitung Ihre Kenntnisse von der Biografie Ciceros ein, insbesondere seit seiner Verbannung.* *(Anforderungsbereich II)*

Cicero hat sich stets als **Verteidiger der *res publica libera*** gesehen, deren Wohlergehen für ihn auf der Eintracht aller *ordines* beruhte. Die **Freiheit** der *res publica*, das erstrebenswerte Ziel, insgesamt wie jedes Einzelnen in ihr beruhte für ihn auf den gemeinsamen rechtlichen Vorstellungen und der freien Betätigung in Sprache und auf dem Forum. So formulierte er es mehrfach, insbesondere im ersten Buch *de re publica*. Die Vormachtstellung einiger Staatsmänner wie Caesar oder Marc Anton widerspricht dem Ideal der *res publica libera*. Diesen Zustand der *res publica libera* meinte er unter seinem Konsulat 63 v. Chr. erreicht zu haben. Das dreiköpfige Monstrum, wie er das „Erste" Triumvirat von Pompeius, Crassus und Caesar nannte (60/55 v. Chr.), hatte das fein austarierte Zusammenspiel der *ordines* in der *civitas* ausgehebelt. Dies zeigte sich für ihn besonders in der Erfahrung seines Exils (59/58 v. Chr.) wie in der Zeit von Caesars widerrechtlicher Diktatur seit 49 v. Chr.

Mit dem Tod Caesars sah Cicero für sich als Führer der Senatspartei die Gelegenheit, noch einmal dieses Ideal der *res publica libera* umzusetzen, das er zutiefst durch Marc Anton, der die Alleinherrschaft Caesars fortsetzen wollte, gefährdet sah. Doch im Gegensatz zu früheren Situationen unter den Triumvirn wie unter Caesar setzte er ausschließlich auf eine **gewaltsame Lösung**, Frieden und Verhandlungen schloss er gegenüber Marc Anton aus. Daher ging er massiv in den 14 Philippiken 44/43 v. Chr. im Senat und auf dem *forum Romanum* gegen Marc Anton vor: Hier wollte er, wie auch in der vorliegenden Passage, eine einträchtige Gemeinschaft aller römischen Bürger schaffen. Er versuchte, den Senat davon zu überzeugen, Marc Anton zum Staatsfeind *(hostis publicus)* erklären zu lassen, um so rechtmäßig militärisch gegen ihn vorgehen zu können. Dabei setzte er seine Hoffnung auf Octavian als Verteidiger der *res publica* und legitimen Erben Caesars. Zunächst schien sich dieser auf die Seite des Senats zu stellen, jedoch änderte sich die politische Lage für die Senatspartei, als Octavian sich mit Antonius und Lepidus zum Zweiten Triumvirat verbündete.

Nordrhein-Westfalen: Latein als fortgeführte Fremdsprache 2016
Leistungskurs – Aufgabe 1

Text

Juno hat sich bei Jupiter darüber beschwert, dass Aeneas, wie sie es sieht, durch das Fatum bzw. durch den Göttervater selbst begünstigt werde, ihr Schützling Turnus bzw. die Rutuler aber benachteiligt würden. Auch zwischen Juno und Venus ist es zum offenen Streit über die einseitige Parteinahme der Venus für die Trojaner gekommen. Unmittelbar bevor es zum Entscheidungskampf zwischen Aeneas und Turnus kommt, ahnt Jupiter offenbar, dass Juno – angesichts der sich abzeichnenden Niederlage des Turnus – mit allen Mitteln versuchen wird, die Niederlage ihres Schützlings abzuwenden. Daher kommt Jupiter ihrer erneuten Klage zuvor.

    Iunonem interea compellat Iuppiter ultro:
    „O germana mihi atque eadem gratissima coniunx,
    ut rebare, Venus (nec te sententia fallit)
    Troianas sustentat opes, non vivida bello
5 dextra viris animusque ferox patiensque pericli."
    Cui Iuno summissa: „Quid, o pulcherrime coniunx,
    sollicitas aegram et tua tristia dicta timentem?
    Si mihi, quae quondam fuerat quamque esse decebat,
    vis in amore foret, non hoc mihi namque negares,
10 omnipotens, quin et pugnae subducere Turnum
    et Dauno possem incolumem servare parenti.
    Nunc pereat Teucrisque pio det sanguine poenas.
    Ille tamen nostra deducit origine nomen
    Pilumnusque illi quartus pater, et tua larga
15 saepe manu multisque oneravit limina donis."
    Cui rex aetherii breviter sic fatur Olympi:
    „Si mora praesentis leti tempusque caduco
    oratur iuveni meque hoc ita ponere sentis,
    tolle fuga Turnum atque instantibus eripe fatis:
20 Hactenus indulsisse vacat. Sin altior istis
    sub precibus venia ulla latet totumque moveri
    mutarive putas bellum, spes pascis inanis."
    Et Iuno allacrimans: „Quid si, quae voce gravaris,
    mente dares atque haec Turno rata vita maneret?
25 Nunc manet insontem gravis exitus, aut ego veri
    vana feror. Quod ut o potius formidine falsa
    ludar et in melius tua, qui potes, orsa reflectas!"

(187 Wörter)

Übersetzungshilfen

V. 1	compellare, -pello, -pellavi, -pellatum	anreden, ansprechen
	ultro *(Adv.)*	von sich aus
V. 2	germana, -ae f.	= soror, -oris f.
	mihi	*hier:* = mea
	eadem	zugleich
V. 3	rebare	= rebaris (reri, reor, ratus sum)
V. 4	sustentare, sustento, sustentavi, sustentatum	= adiuvare, adiuvo, adiuvi, adiutum
	opes, opum f.	Truppen
V. 4 / 5	…, non vivida … pericli.	Fügen Sie folgende Passage als Übersetzung für Jupiters ironisch-spöttelnde Aussage ein: …, Männer besitzen nicht eine so starke rechte Hand für den Krieg und einen so trotzigen Mut und in Gefahr solche Leidensfähigkeit.
V. 6	summissus, -a, -um	unterwürfig
V. 7	sollicitare, sollicito, sollicitavi, sollicitatum	*hier:* verspotten
	aegram et … timentem?	= me aegram et … timentem?
	tristia dicta	*hier:* = severum iussum, severi iussi n.
V. 8 / 9	mihi … foret	*hier:* = mihi … esset
V. 8	quae … quamque … quamque esse decebat,	*beziehen Sie jeweils auf* vis in amore (V. 9) *Fügen Sie folgende Formulierung in Ihre Übersetzung ein:* und die mir als deiner Ehefrau zustünde,
V. 9 / 10	non hoc mihi namque negares, omnipotens, quin …	*Fügen Sie folgende Formulierung in Ihre Übersetzung ein:* … würdest du, Allmächtiger, gerade mir nicht verweigern, dass …
V. 10	pugnae subducere, subduco, subduxi, subductum	heimlich aus dem Kampf wegführen
V. 11	Daunus, -i m.	Daunus (Vater des Turnus)
	servare, servo, servavi, servatum *(mit Dat.)*	erhalten für
V. 12	Teucri, -orum m.	Trojaner
	pio sanguine poenas dare *(mit Dat.)*	mit frommem Blut Strafe zahlen an
V. 13	tamen	doch
	nostra	= nostra divina
V. 14	Pilumnusque illi quartus pater,	und er hat als Ahnherrn Pilumnus *(altitalischer Gott),*
	largus, -a, -um	großzügig
V. 15	onerare, onero, oneravi, oneratum	überhäufen
	limen, liminis n.	*hier:* = templum, -i n.
V. 16	fatur	= respondet
	Olympus, -i m.	Olymp *(Berg in Nordgriechenland, Sitz der himmlischen Götter)*
V. 17	letum, -i n.	= mors, mortis f.
	caducus, -a, -um	todgeweiht
V. 18	oratur	= a te oratur
	hoc	*hier: Akk Sg. n. (!), inhaltlich auf die Aussage* mora … tempusque *in V. 17 bezogen.*
	ponere, pono, posui, positum	= constituere, constituo, constitui, constitutum
V. 20	indulsisse	*hier:* = indulgere
	vacat	es steht frei
	altior	= maior
V. 21	totum	*übersetzen Sie prädikativ*
V. 22	pascere, pasco, pavi, pastum	nähren
	inanis	= inanes

V. 23	Quid si, quae voce gravaris, ...	*Legen Sie Ihrer Übersetzung folgende ergänzte und veränderte Textfassung zugrunde:* Quid esset, si ea, quae voce dare gravaris, ...
	gravari, gravor, gravatus sum *(mit Abl.)*	verweigern mit
V. 24	mens, mentis f.	*hier:* Herz
	ratus, -a, -um	sicher *(übersetzen Sie prädikativ)*
V. 25	manere, maneo, mansi, mansum *(mit Akk.)*	*hier:* jemandem bevorstehen
V. 25/26	aut ego veri vana feror	*Fügen Sie folgende Formulierung in Ihre Übersetzung ein:* wenn mich nicht alles täuscht
V. 26	quod ut o ... *(mit Konj.)*	Oh, doch hoffentlich ... *(mit Indikativ)*
V. 27	ludere, ludo, lusi, lusum	= deludere, deludo, delusi, delusum
	in melius reflectere, reflecto, reflexi, reflexum	zum Besseren (zurück)wenden
	orsa, orsorum n.	= consilia, consiliorum n.

Aufgabenstellung

I. Übersetzen Sie den lateinischen Text ins Deutsche.

II. Bearbeiten Sie die folgenden Interpretationsaufgaben: Punkte

1. Gliedern Sie den Text und stellen Sie den Inhalt der gefundenen Abschnitte kurz zusammen.   10

2. a) Analysieren Sie die Verse 13–15 metrisch.   6

    V. 13   Ille tamen nostra deducit origine nomen

    V. 14   Pilumnusque illi quartus pater, et tua larga

    V. 15   saepe manu multisque oneravit limina donis.

    b) Analysieren Sie die sprachlich-stilistische Gestaltung der Verse 6–15. Berücksichtigen Sie sechs unterschiedliche Gestaltungsmittel.   6

    c) Erläutern Sie die Funktion dieser sprachlich-stilistischen Mittel. Beziehen Sie dabei ggf. auch die Ergebnisse Ihrer metrischen Analyse der Verse 13–15 mit ein.   12

3. a) Stellen Sie ausgehend vom Text die Idee des *fatum* in Vergils *Aeneis* dar.   12

    b) Erläutern Sie, welche Position ein Epikureer zu dieser Idee des *fatum* in Vergils *Aeneis* einnehmen würde.   10

Lösungsvorschläge

Textstelle: Vergil, Aeneis 10, 606–632
Inhaltliche Schwerpunkte:
- *Römisches Philosophieren*
- *Grundbegriffe stoischer und epikureischer Philosophie*
  - *Gottes-/Göttervorstellungen*
  - *Sinnfragen des Lebens*
- *Römisches Staatsdenken*
  - *Romidee und Romkritik*
  - *Römische Werte*

Medien/Materialien:
- *Vergil, Auswahl aus der* Aeneis, *Buch 6*
- *Seneca, Auswahl aus den* Epistulae morales

I. Übersetzung

Rechnen Sie bei diesem Text mit poetischer Wortwahl, gehäuftem Auftreten von Hyperbata und sprachlichen Besonderheiten wie z. B. dem dichterischen Plural. Bedenken Sie bei Ihrem Vorgehen, dass insbesondere bei der Dichtung der Autor Gebrauch von der freien Wortstellung macht, da er den Text in Einklang mit dem Metrum bringen will. Beachten Sie daher sehr präzise die Bezüge und Formen. Die folgende Übersetzung ist in ihrer Wortwahl nicht bindend, sondern dient als Orientierung. Der Einführungstext liefert Ihnen wertvolle Hinweise für das Verständnis des zu übersetzenden lateinischen Textes: Es handelt sich um ein Gespräch zwischen Jupiter und Juno unmittelbar vor dem Entscheidungskampf zwischen Aeneas und Turnus. Beachten Sie die Vokabelhilfen und die Hinweise, die Ihnen bei der Textanalyse behilflich sind. (Anforderungsbereich III)

Derweil spricht Jupiter Juno von sich aus an: „Meine Schwester und zugleich liebste Ehefrau, Venus unterstützt, wie du annimmst (und tatsächlich täuscht dich deine Annahme nicht), die trojanischen Truppen. Männer besitzen nicht eine so starke rechte Hand für den Krieg und einen so trotzigen Mut und in Gefahr solche Leidensfähigkeit." Ihm entgegnet Juno unterwürfig: „Was, schönster Gatte, verspottest du mich Arme, die ich darüber hinaus deine strengen Befehle fürchte? Wenn mir durch die Liebe die Kraft, die mir einst zur Verfügung stand und mir als deiner Ehefrau auch zustünde, noch geblieben wäre, würdest du, Allmächtiger, gerade mir nicht verweigern, dass ich Turnus aus dem Kampf heimlich wegführen und für seinen Vater Danaus unversehrt erhalten könnte. Nun soll er untergehen und mit seinem frommen Blut an die Trojaner Strafe zahlen. Dabei leitet jener doch seinen Namen von unserem göttlichen Ursprung her ab, hat als Ahnherrn Pilumnus und mit eigener großzügiger Hand und mit vielen Gaben deine Tempel überhäuft." Ihr antwortet kurz der König des himmlischen Olymps folgendermaßen: „Wenn von dir Aufschub für den bevorstehenden Tod und etwas Zeit für den todgeweihten Jüngling erbeten wird und du merkst, dass ich dies so festsetze, entführe Turnus durch die Flucht und entreiße ihn dem drohenden Schicksal: So weit Nachsicht zu üben, steht frei. Wenn sich aber unter diesen Bitten ein weiter reichendes Gnadengesuch verbirgt und du meinst, dass der Krieg im Ganzen abgewendet und ihm eine andere Wendung gegeben werde, nährst du leere Hoffnung." Und da entgegnet Juno unter Tränen: „Was wäre, wenn du das, was du mit dieser Antwort verweigerst zu geben, aus vollem Herzen gewährtest und Turnus dieses Leben sicher bliebe? Nun steht dem Unschuldigen ein schweres Ende bevor, wenn mich nicht alles täuscht. Doch hoffentlich werde ich eher durch ein falsches Schreckensbild verspottet und du wendest deine Pläne zum Besseren, der du dazu in der Lage bist."

II. Interpretationsaufgaben

1. *Gehen Sie bei der Gliederung und Zusammenfassung des Inhalts vom lateinischen Text aus. Teilen Sie den Text nach inhaltlichen Gesichtspunkten in Sinnabschnitte ein und geben Sie den Inhalt der Textabschnitte in eigenen Worten wieder. Geben Sie den Abschnitten passende zusammenfassende Überschriften.* *(Anforderungsbereich II)*

   - **1–5: Jupiters Rede:** Der Göttervater stellt fest, dass Juno als Unterstützerin der Rutuler/Latiner Venus, die Unterstützerin der Trojaner, als Gegnerin hat. Ihren Einsatz verspottet er mit Ironie und provoziert Junos Reaktion.
   - **6–15: Junos Reaktion:** Sie gibt sich als Ehefrau gekränkt durch den Spott. Darauf baut sie ihre Argumentation zur Rettung des Turnus auf; wenn die Liebe noch zählen würde, würde Jupiter ihrem Wunsch nachgeben. Darüber hinaus verweist sie auf die *pietas* des Turnus, seine reichen Gaben an Jupiter und seine göttliche Abstammung, die im Gegensatz zu seinem nahen Ende zu stehen scheinen.
   - **16–22: Jupiters Reaktion:** Bis zu einem gewissen Grad ist Junos Argumentation erfolgreich, da Jupiter ihr für den Augenblick das Entkommen des Turnus zugesteht. Mit dem Begriff des *fatum* ist ein zentraler Begriff gefallen, da selbst die Götter sich dem grundsätzlichen *fatum*, d. h. dem Ausgang des Krieges und dem Tod des Turnus, nicht entziehen können. Im Grundsatz kann Juno also Turnus nicht retten.
   - **23–27: Junos Schlussworte:** Zwar erkennt sie das nahende (vom *fatum* festgelegte) Ende des Turnus, möchte sich ihm aber doch widersetzen und appelliert an Jupiters Mitgefühl und seine (angebliche) Macht, das Ende des Turnus abwenden zu können.

2. a) *Vergegenwärtigen Sie sich zunächst das grundsätzliche Schema des daktylischen Hexameters sowie die Zäsuren und die Dihäresen und gegebenenfalls die Synizesen oder Synaloephen. Stellen Sie dann in der Ihnen bekannten Weise die Verse mit kurzen und langen Silben dar.*
Da der lateinische Text im schriftlichen Abitur laut vorgetragen wird, können Sie schon dabei Längen und Kürzen sowie Betonungen mit Bleistift in Ihren Text einzeichnen. Dies hilft Ihnen dann bei der metrischen Analyse. *(Anforderungsbereich I/II)*

$-\cup\cup\;-\;\overset{TH}{|}\;-\;-\;\overset{PH}{|}\;-\;\cup\cup\;-\cup\cup\;-\;\overset{\times}{\;}$
Ille tamen | nostra | deducit origine nomen

$-\;-\;-\;-\;\overset{PH}{|}\;-\;-\;\overset{HH}{|}\;\cup\cup\;\overset{bD}{|}\;-\;\cup\cup\;-\;\overset{\times}{\;}$
Pilumnusque illi | quartus | pater, | et tua larga

$-\cup\cup\;-\;\overset{TH}{|}\;-\;-\;\;\;\cup\cup\;-\;\overset{bD}{|}\;-\;\cup\cup\;-\;\overset{\times}{\;}$
saepe manu | multisque oneravit | limina | donis.

TH = Trithemimeres
PH = Penthemimeres
HH = Hephthemimeres
bD = bukolische Dihärese

b) *Benennen Sie sechs entscheidende sprachlich-stilistische Mittel und belegen Sie diese mit entsprechenden lateinischen Textstellen. Die folgenden Angaben enthalten nicht alle im Text auftretenden sprachlich-stilistischen Mittel, allerdings diejenigen, die für die Deutung entscheidend zu sein scheinen, und mehr als die in der Aufgabenstellung geforderten sechs sprachlich-stilistischen Mittel.* *(Anforderungsbereich I/II)*

- In V. 6 fällt zunächst die **Ellipse** des Prädikats auf, wodurch die einzige Verbform *(summissa)* betont wird.
- Die Einleitung der Entgegnung Junos ist geprägt durch die **rhetorische Frage** in den Versen 6/7 *(Quid, o pulcherrime coniunx, sollicitas aegram et tua tristia dicta timentem?)*, durch die **Inversion** ihres Prädikats *(sollicitas)* und die **Alliteration** in *tua tristia dicta timentem*.
- Der nachfolgende **Irrealis** ist besonders gestaltet durch das **Enjambement** der Verse 8/9, durch die **Alliteration** in *quae quondam fuerat quamque*, durch die **parallele** Struktur von V. 8 und V. 9 (*quae* (= *vis*) *quondam fuerat* entspricht *vis in amore foret* und *quamque esse decebat* entspricht *namque negares*), durch die **Assonanz** in *quamque ... decebat* und *namque negares*, die **Litotes** *(non ... negares)* und die **Alliteration** in *non hoc mihi namque negares*.
- Das Objekt zu *negares*, der *quin*-Satz in V. 10 und V. 11, ist geprägt durch die herausgehobene Stellung des Turnus, einmal durch die **exponierte Wortstellung** am Ende von V. 10, das **Hyperbaton** zwischen *Turnum* und *incolumem* (V. 10/11), das mit dem seines Vaters *Dauno ... parenti* (V. 11) verschränkt ist.

- In den Versen 13–15 ist ein **Trikolon** erkennbar, wenn von Turnus die Rede ist. Zudem liegen eine **Ellipse** in V. 14, ein **Enjambement** (V. 14/15) und drei **Hyperbata** in denselben Versen (*tua ... limina, larga ... manu* und *multis ... donis*) vor.

c) *Sprachlich-stilistische Mittel erfüllen immer eine Funktion: Sie heben wichtige Inhalte auch formal hervor und stützen somit die Aussagen des Autors. Nun sollen Sie die in b genannten sprachlich-stilistischen Mittel in ihrer Zielsetzung beurteilen. Bedenken Sie dabei die Zielsetzung Junos im Dialog insgesamt.* (Anforderungsbereich II/III)

- Die *Ellipse* und die daraus resultierende **Betonung der Unterwürfigkeit** Junos kennzeichnen ihre Taktik: Sie tritt eben nicht als hohe Königin der Götter auf, sondern als geradezu unterwürfige Gattin.
- Durch die *rhetorische Frage*, die *Inversion* und insbesondere durch die *Alliteration* wird der Eindruck einer **gekränkten Ehefrau**, den Juno erwecken möchte, untermauert. Als solche trifft sie der Spott des allmächtigen Ehemanns umso härter.
- Diese *ironische Haltung* prägt auch den nächsten Argumentationsschritt: Der (liebevolle) Spott des Ehemanns wird als scheinbarer Beweis dafür genommen, dass die Liebe Jupiters nicht mehr existiert. Wenn sie existieren würde, wie der Irrealis suggeriert, würde Jupiter nachgeben.
- Gerade dieser *Irrealis* ist poetisch sehr dicht konzipiert: Der Konditionalsatz, der die angeblich irreale Bedingung der verlorenen Macht der Liebe zum Ausdruck bringt, steht *exponiert* durch das *Enjambement* jeweils zu Beginn der Verse 8 und 9, zumal beide Verse *parallel* angelegt sind.
- Die (angeblich irreale) Folge der Juno zustehenden Liebe und ihrer Macht wäre die Gewährung ihrer Bitte, herausgehoben durch die **Litotes** (V. 9: *non ... negares*) und die *Alliteration* (V. 9: *non ... namque negares*). Die Taktik ist offensichtlich: Jupiter muss als getreuer Ehemann den Nachweis antreten, dass Juno nicht recht hat, d. h., dass der Irrealis seinerseits nicht zutrifft, sondern dass die Liebe und Junos Bitte berechtigte Ansprüche haben.
- Im Rahmen ihrer Bitte **hebt** Juno stets **Turnus und seine Leistungen**, insbesondere im Verhältnis zu den Göttern, hervor; zunächst Turnus als Person durch die **exponierte Wortstellung** am Ende von V. 10 und die verschränkten *Hyperbata* zwischen *Turnum* und *incolumem* (V. 10/11) und *Dauno ... parenti* (V. 11). Dies verdeutlicht nachdrücklich, dass Turnus dem Vater erhalten bleiben soll, ein Gebot familiärer *pietas*, der auch Jupiter verpflichtet sein sollte.
- Tatsächlich nennt Juno Turnus im folgenden Vers auch *pius*. Turnus wird zudem durch das **Trikolon** in den abschließenden Versen 13–15

hervorgehoben. Jupiter sollte aus familiärer Verbundenheit mit Turnus als göttlichem Nachfahren verbunden sein. Seine Leistungen, wie die *pietas*, die Turnus in seiner Verehrung Jupiters stets gezeigt habe, werden durch das **Enjambement** und die drei **Hyperbata** in den Versen 14 und 15 *(tua ... limina, larga ... manu, multis ... donis)* herausgehoben. Hier greift das Prinzip des *do ut des* im römischen Opferritus: Durch seine Opfergaben hat Turnus Anspruch auf Entgegenkommen des Gottes. In der Tat hat Juno mit dieser Argumentationsweise Erfolg: Jupiter erweist sich als liebender Ehemann wie als durch das Opfer gebundene Gottheit: Im Rahmen des *fatum* gibt er nach.

3. a) *Vergegenwärtigen Sie sich zunächst Vergils Vorstellung vom* fatum *innerhalb seiner* Aeneis. *Stellen Sie im Anschluss daran, ausgehend vom vorliegenden Text, die Idee vom* fatum *bei Vergil dar und belegen Sie Ihre Ausführungen durch entsprechende lateinische Zitate aus dem Text.*
(Anforderungsbereich II/III)

Das *fatum* zieht sich bei Vergil als roter Faden durch seine *Aeneis*, wobei dessen Erfüllung das einzige Ziel zu sein scheint. Als *fatum* bezeichnet man den **festgesetzten Willen der Götter**. So ist es Teil des *fatum*, dass Turnus umkommen wird, wogegen Juno sich wehrt. Dieses zentrale Ziel wird bezeichnenderweise von Jupiter formuliert, als er Junos Bitten nachgibt (V. 19: *tolle fuga Turnum atque instantibus eripe fatis*). Doch es besteht ausdrücklich nur die Möglichkeit, den *instantia fata* für den Augenblick zu entkommen; denn Jupiter betont kurz zuvor, dass es sich nur um die **Verzögerung** des unmittelbar bevorstehenden Todes des Turnus handelt (V. 17: *si mora praesentis leti tempusque*).
Dies hat Jupiter selbst so festgesetzt (V. 18: *meque hoc ita ponere sentis*), sodass es einen Zusammenhang zwischen dem *fatum* und Jupiter zu geben scheint. Im Grundsätzlichen jedoch steht das *fatum* des Turnus fest: Er wird sterben, besonders wegen seiner ruchlosen Mordtat an Pallas. Das weiß auch der Leser der *Aeneis*, der den Sagenstoff kannte. Insofern ist Junos letzter Versuch, das *fatum* grundsätzlich zu ändern, sinnlos, was sie sich trotz Jupiters belehrender Worte noch nicht eingestehen kann (vgl. V. 26/27). Dieses Stemmen gegen das *fatum* kennzeichnet sie auch an anderen Stellen: Dass es sinnlos ist, sagt ihr Jupiter einmal als Andeuung in *hactenus indulsisse vacat* (V. 20) und besonders klar in V. 20–22, wo er ihr Ziel am Ende *spes inanis* nennt. Obwohl Jupiter also das *fatum* verkündet und es festzusetzen scheint, kann er es **im Grundsatz nicht ändern**. Das *fatum*, das sich hier im Konkreten zeigt, entspricht der grundsätzlichen Vorstellung in der gesamten *Aeneis*: An mehreren Stellen, in der Weissagung seiner verstorbenen Frau Kreusa, in den Weisungen Jupiters durch den Mund Merkurs in Karthago, in der Darstellung des Anchises in der Unterwelt oder auf der Schildbeschreibung des **Aeneas,**

wird sein *fatum* zum Ausdruck gebracht: nämlich die **Penaten** aus Troja in ihre **neue Heimat Latium** zu bringen. Diesem *fatum* hat sich Aeneas stets unterzuordnen, persönliche Bedürfnisse oder Gefühle wie in Karthago haben hintanzustehen. Diesem *fatum* kann man sich im Grundsatz nicht entziehen, es allenfalls wie in Karthago hinauszögern.

b) *Rufen Sie sich die epikureische Göttervorstellung in Erinnerung und stellen Sie diese in Bezug zu dem* fatum-*Begriff der* Aeneis. *Entwickeln Sie dann eine von einem Epikureer eingenommene Position. Verdeutlichen Sie Ihre Ausführungen nachvollziehbar anhand aussagekräftiger Beispiele und Begründungen.* (Anforderungsbereich II/III)

Unter *fatum* versteht man das von Jupiter oder einer göttlichen Macht formulierte Schicksal eines Menschen. Dies setzt voraus, dass diese göttliche Macht ein **Interesse** an den Menschen haben muss, an ihrem Verhalten und ihrem Verhältnis zur göttlichen Macht im *fatum*. Die Menschen, die sich dem Willen des *fatum* hingeben und die daher auf besonderes Wohlwollen seitens der Gottheit hoffen können, prägt die *pietas*. Insofern greift die Gottheit in den Lebensweg des Menschen ein, was an Aeneas mehrfach innerhalb von Vergils Epos nachvollzogen werden kann.

Epikureer hingegen haben eine konträre Göttervorstellung: Gottheiten leben in einer Art Zwischenwelt, sogenannten Intermundien, und existieren fernab von der Welt, ohne weiteres Interesse am menschlichen Leben. Sie leben in vollkommener Seelenruhe und haben damit einen Zustand erreicht, den zu erreichen das Ziel des epikureischen Weisen ist. Die Existenz des *fatum* ist für sie unvorstellbar. Insofern ist es schlüssig, dass sie kein Interesse am menschlichen Leben haben, weil eine solch emotionale Bindung die Seelenruhe gefährden könnte. Die Götter können im Sinne der Epikureer als Vorbild für eine vollkommene Lebensführung dienen.

Diese beiden Vorstellungen sind folglich **nicht** miteinander **in Einklang zu bringen**. Die Verpflichtung aus dem *fatum* heraus kann in moralischer Hinsicht bedeuten, dass der Einzelne in tiefe seelische Unruhe gestürzt wird, so Aeneas, als er aus Karthago wegfahren muss, oder Cicero in Situationen wie während seiner Verbannung, unter der Macht des „Ersten Triumvirats" oder unter Caesars Diktatur. Eine derartige Verpflichtung, immerzu im Sinne des Erreichens des *fatum* zu handeln, würde den Menschen also von dem **epikureischen Ideal** der ἀταραξία (Ataraxia), der **Unerschütterlichkeit**, und der γαλήνη (Galene), der **inneren Seelenruhe**, geradezu wegführen. Das *fatum* bedeutet in religiöser Hinsicht eine emotionale Bindung zwischen Gottheit und Mensch, eine Vorstellung, die für den Epikureer nicht haltbar ist.

Nordrhein-Westfalen: Latein als fortgeführte Fremdsprache 2016
Leistungskurs – Aufgabe 2

Text

In seiner Abhandlung über den Zorn schließt Seneca ein Argument ab und kündigt die Untersuchung eines neuen an. Es solle nun, so Seneca, untersucht werden, ob der Zorn mit der menschlichen Natur vereinbar sei. Seneca behandelt diese neue Frage, indem er detailliert die Natur des Menschen dem Zorn gegenüberstellt.

Quid esset ira, quaesitum est, an in ullum aliud animal quam in hominem caderet, quo ab iracundia distaret, quot eius species essent. Nunc quaeramus, an ira secundum naturam sit et an utilis atque ex aliqua parte retinenda. An secundum naturam sit, manifestum erit, si hominem inspexerimus. Quo quid est mitius, dum in recto animi
5 habitus est? Quid autem ira crudelius est? Quid homine aliorum amantius? Quid ira infestius? Homo in adiutorium mutuum genitus est, ira in exitium; hic congregari vult, illa discedere; hic prodesse, illa nocere; hic etiam ignotis succurrere, illa etiam carissimos petere. Hic aliorum commodis vel impendere se paratus est, illa in periculum, dummodo deducat, descendere. Quis ergo magis naturam rerum ignorat,
10 quam qui optimo eius operi et emendatissimo hoc ferum ac perniciosum vitium adsignat? Ira, ut diximus, avida poenae est. Cuius cupidinem inesse pacatissimo hominis pectori minime secundum eius naturam est. Beneficiis enim humana vita constat et concordia, nec terrore, sed mutuo amore in foedus auxiliumque commune constringitur. „Quid ergo? Non aliquando castigatio necessaria est?" Quidni? Sed
15 haec sine ira, cum ratione; non enim nocet, sed medetur specie nocendi.   *(182 Wörter)*

Übersetzungshilfen

Z. 1	cadere, cado, cecidi in *(mit Akk.)*	jemanden befallen
Z. 3	ex aliqua parte	hier: in irgendeiner Hinsicht
	retinere, retineo, retinui	hier: erhalten, bewahren
Z. 4	quo	Ablativus comparationis – beziehen Sie quo *auf hominem (Z. 4)*
	in recto	hier: in einem richtigen Zustand
Z. 5	aliorum amantius	liebevoller gegenüber anderen – *ergänzen Sie* est
Z. 6	infestus, -a, -um	feindlich, aggressiv – *ergänzen Sie* est
	gignere, gigno, genui, genitum in *(mit Akk.)*	hier passivisch: geschaffen zu
	ira in exitium	*ergänzen Sie:* genita est
	congregari, congregor, congregatus sum	sich zusammenschließen
Z. 7	discedere, discedo, discessi, discessum	hier: sich von der Gemeinschaft absetzen
Z. 7/8	discedere; … prodesse, … nocere; … succurrere, … petere.	nehmen Sie das vult *aus Z. 7 jeweils wieder auf*
Z. 8	vel	hier: sogar
	se impendere *(mit Dat.)*	sich aufopfern für

Z. 9	deducere, deduco, deduxi, deductus	*hier:* andere mit hineinziehen
	ignorare, ignoro, ignoravi, ignoratum	*hier:* verkennen
Z. 10	quam qui …	= quam is, qui …
Z. 10/11	quam qui … adsignat?	*Legen Sie Ihrer Übersetzung folgende ergänzte und in der Reihenfolge veränderte Textfassung zugrunde:* quam is, qui homini, qui optimum et emendatissimum naturae opus est, hoc ferum ac perniciosum vitium adsignat?
Z. 11	adsignare, adsigno, adsignavi, adsignatum *(mit Dat.)*	*jemandem* zuschreiben
	avidus, -a, -um *(mit Gen.)*	*hier:* = cupidus, -a, -um
	cuius cupido	das Verlangen danach *(nach Bestrafung)*
Z. 13	constare *(mit Abl.)*	gegründet sein auf
Z. 14	constringere, constringo, constrinxi, constrictum	*hier:* verpflichten
	„Quid ergo? Non aliquando …?"	*Seneca formuliert hier eine fiktive Frage, die er im Folgenden selbst beantwortet.*
	quidni?	warum nicht?
Z. 15	mederi, medeor	heilen

Aufgabenstellung

I. Übersetzen Sie den lateinischen Text ins Deutsche.

II. Bearbeiten Sie die folgenden Interpretationsaufgaben: Punkte

1. Stellen Sie Senecas Aussagen zu der Wirkung, die der Zorn auf den Menschen hat, zusammen.   12

2. Untersuchen Sie, mit welchen sprachlich-stilistischen Mitteln Seneca seine Aussagen gestaltet, und erläutern Sie die Funktion der genannten Mittel. Führen Sie vier unterschiedliche sprachlich-stilistische Gestaltungsmittel an und belegen Sie sie am Text.   14

3. Ordnen Sie Aussagen Senecas in der vorliegenden Textpassage in den Kontext der philosophischen Vorstellung Senecas von Wesen und Bestimmung des Menschen ein. Berücksichtigen Sie vier Aspekte, durch die diese philosophische Position Senecas geprägt wird.   12

4. Bei Aeneas' Besuch in der Unterwelt im 6. Buch der *Aeneis* kommt es zu einer kurzen Begegnung mit Dido. Vergil lässt Aeneas darauf verweisen, dass er gegen seinen Willen *(invitus)* und auf Befehl der Götter *(iussa deum)* Dido in Karthago zurückgelassen habe. Aeneas bittet Dido, die letzte Chance, die das *fatum* ihnen beiden eröffne, sich zu versöhnen, nicht ungenutzt verstreichen zu lassen. Vergil fährt in der Beschreibung der Szene fort:

V. 1	Also versuchte Aeneas, den Zorn ihres Herzens zu mildern	*Talibus Aeneas ardentem et torva tuentem*
V. 2	und ihren stieren Blick; ihm rannen ständig die Tränen.	*lenibat dictis animum lacrimasque ciebat.*
V. 3	Sie aber abgewandt, hielt starr am Boden die Blicke (…).	*Illa solo fixos oculos aversa tenebat (…).*
V. 4	Schließlich wandte sie schroff sich ab und flüchtete feindlich (…).	*Tandem corripuit sese atque inimica refugit (…).*
V. 5	Doch auch Aeneas, vom harten Geschick im Herzen erschüttert,	*Nec minus Aeneas casu percussus iniquo*
V. 6	schaut mit Tränen weit ihr nach und beklagt ihren Hingang.	*prosequitur lacrimis longe et miseratur euntem.*

Vergil, Aeneis 6, 465–477 (mit Auslassungen). Deutsche Übersetzung nach: Vergil, Aeneis, Lat.-Dt. in Zusammenarbeit mit Maria Götte hrsg. und übersetzt von Johannes Götte, Artemis Verlag, München, Zürich 1983

a) Stellen Sie die lateinischen Begriffe zusammen, mit denen Vergil die Reaktion Didos beschreibt. 8

b) Erläutern Sie – ausgehend von den Formulierungen Vergils – Didos Gefühlslage und Reaktion. Berücksichtigen Sie dabei auch die Ergebnisse der Untersuchung Senecas über den Zorn oder Ihre Kenntnisse über die Beziehung zwischen Aeneas und Dido. 10

Lösungsvorschläge

Seneca, de ira 1, 3, 3/1, 5f.
Inhaltliche Schwerpunkte:
- *Römisches Philosophieren*
  - *Grundbegriffe stoischer und epikureischer Philosophie*
  - *Sinnfragen des Lebens*
- *Römisches Staatsdenken*
  - *Romidee und Romkritik*
  - *Römische Werte*

Medien/Materialien:
- *Seneca, Auswahl aus den* Epistulae morales ad Lucilium
- *Vergil, Auswahl aus der* Aeneis, Buch 6

I. Übersetzung

Bei der vorliegenden Textstelle handelt es sich um einen Auszug aus Senecas de ira. Darin weist Seneca den Leser darauf hin, wie er in gewissen Situationen beherrscht und somit ohne selbstzerstörerische Emotionen agieren kann. Bedenken Sie bei Ihrem Vorgehen, dass das Lateinische über eine freie Wortstellung verfügt. Das bedeutet, dass der jeweilige Autor die Wörter so stellen kann, wie er es will. Beachten Sie daher sehr präzise die Bezüge und Formen. Der Einführungstext liefert Ihnen wertvolle Hinweise für das Verständnis des zu übersetzenden lateinischen Textes: Es geht um den Zorn und Seneca stellt diesen der Natur des Menschen gegenüber. Beachten Sie die Vokabelhilfen und die Hinweise, die Ihnen bei der Textanalyse behilflich sind. Die folgende Übersetzung ist in ihrer Wortwahl nicht bindend, sondern dient als Orientierung.

(Anforderungsbereich III)

Was Zorn ist, ist untersucht worden, (*ergänzen Sie:* und konkret,) ob er irgendein anderes Lebewesen außer den Menschen befallen könne, worin er sich vom Jähzorn unterscheide, wie viele Arten es von ihm gebe. Nun wollen wir untersuchen, ob der Zorn der Natur gemäß ist, ob er nützlich ist oder in irgendeiner Hinsicht erhalten werden müsse. Ob er der Natur gemäß ist, wird offenkundig sein, wenn wir den Menschen genau betrachtet haben. Was ist friedlicher als dieser, solange er sich im richtigen Zustand seiner inneren Verfassung befindet? Was ist aber grausamer als der Zorn? Was ist liebevoller gegenüber anderen als der Mensch? Was ist aggressiver als der Zorn? Der Mensch ist zur wechselseitigen Hilfestellung geschaffen, der Zorn zum (*ergänzen Sie:* gegenseitigen) Untergang; dieser will sich zusammenschließen, jener sich von der Gemeinschaft absetzen; dieser will nützen, jener Schaden zufügen; dieser will auch Unbekannte unterstützen, jener auch auf die Liebsten losgehen. Dieser ist sogar bereit, für das Wohlergehen anderer sich aufzuopfern, jener, sich auf eine Gefahr einzulassen, solange er andere mit sich hineinzieht. Wer also kennt die Natur der Dinge weniger (*wörtlich:* kennt ... nicht mehr) als der, der dem Menschen, der das beste und vollkommen fehlerfreie Werk der Natur ist, dieses wilde und schädliche Laster zuschreibt? Der Zorn ist, wie wir formuliert haben, begierig nach Strafe. Dass das Verlangen danach sich in dem so überaus friedlichen Herzen des Menschen befinden soll, ist keineswegs gemäß seiner Natur. Auf gegenseitigen Wohltaten und Einigkeit nämlich ist das menschliche Leben gegründet, nicht durch Schrecken, sondern durch gegenseitige Wertschätzung wird es zu einer Bindung und gemeinsamem Beistand verpflichtet. „Was nun also? Ist also eine Bestrafung nicht irgendwann einmal nötig?" Warum nicht? Aber die (soll es) ohne Zorn, (sondern) mit Verstand (geben). Denn sie schadet nicht, sondern sie heilt unter dem Anschein des Schadens."

II. Interpretationsaufgaben

1. *Hilfreich kann es sein, wenn Sie sich im Text alle Aussagen, die Seneca im Hinblick auf das Verhalten der Menschen über den Zorn macht, markieren. Formulieren Sie anschließend Ihre Beobachtungen mit eigenen Worten aus und belegen Sie diese mit passenden lateinischen Zitaten. Die Lösungen sind eine Möglichkeit und als Orientierung zu verstehen.*

   (Anforderungsbereich II)

   - Den von Natur aus milden Menschen (Z. 4: *mitius*) macht der Zorn (= *ira*) **grausam** (Z. 5: *crudelius*).
   - Der Zorn bringt den Menschen, der von Natur aus mitfühlend ist (Z. 5: *amantius*) und selbst Fremden hilft (Z. 7: *etiam ignotis succurrere*), dazu, dass er gegenüber seinen Mitmenschen **feindlich gesinnt** ist (Z. 6: *infestius*).
   - Auch wenn die Eigenart des Menschen in gegenseitiger Hilfsbereitschaft besteht (Z. 6: *in adiutorium mutuum*), so **stürzt** der Mensch unter Einfluss des Zornes andere **ins Verderben** (Z. 6: *in exitium*).
   - Liegt es eigentlich in der Natur des Menschen, sich mit anderen Menschen gemeinschaftlich zusammenzutun (Z. 6: *congregari*), so bringt der Zorn den Menschen dazu, sich von den Mitmenschen **abzuspalten** (Z. 7: *discedere*).
   - Der Zorn verändert den Menschen sogar so weit, dass er gegen die ihm liebsten Menschen vorgeht (Z. 8: *carissimos petere*), anstatt sie und sogar Fremde zu unterstützen (Z. 7: *ignotis succurrere*).
   - Auch ist der Zorn dafür verantwortlich, dass Menschen sich selbst und andere in Gefahr bringen (Z. 8/9: *in periculum ... descendere*).

2. *Sprachlich-stilistische Mittel erfüllen immer eine Funktion: Sie heben wichtige Inhalte auch formal hervor und stützen somit die Aussagen des Autors. Benennen Sie vier entscheidende sprachlich-stilistische Mittel und belegen Sie diese mit entsprechenden lateinischen Textstellen. Bedenken Sie dabei die Zielsetzung Senecas in dieser Passage. Die folgenden Angaben enthalten nicht alle Mittel, allerdings diejenigen, die für die Deutung entscheidend zu sein scheinen, und mehr als die in der Aufgabenstellung geforderten vier sprachlich-stilistischen Mittel.* (Anforderungsbereich II/III)

- Grundsätzlich ist der Text geprägt durch die **Antithese** zwischen der Natur des Menschen und den Auswirkungen der personifizierten *ira* (Aufgabe 1). Verstärkt wird diese antithetische Gegenüberstellung durch das korrespondierende *hic–illa*.
- Unmittelbar ausgedrückt wird diese Antithese durch die Wörter *mitius* und *crudelius*, *amantius* und *infestius* (Z. 4–6) oder später durch das **Trikolon** *congregari–discedere, prodesse–nocere, ignotis succurrere–carissimos petere* (Z. 6–8).
- Insgesamt wird die Antithese durch die **Häufung von Komparationen** verstärkt, ausgedrückt durch die Häufung von *quam* als Vergleichspartikel oder durch ***ablativi comparationis*** (Z. 4: *quo ... mitius*, Z. 5: *ira crudelius*, Z. 5: *homine ... amantius*).
- Zudem zeigen sich gehäuft **anaphorisch** konstruierte **rhetorische Fragen** in den Zeilen 4–6 (*Quo quid est ...? Quid autem ...? Quid homine ...? Quid ira ...?*), die ihrerseits durch **Ellipsen** geprägt sind.
- **Asyndeta** lassen sich in den folgenden Sätzen in den Zeilen 6–8 finden.
- Die **Anaphern** der Zeilen 4–6 zeigen sich schon im ersten Satz, wobei indirekte Fragepronomen **variiert** werden (Z. 1/2: *Quid esset ira, quaesitum est, an in ullum aliud animal quam in hominem caderet, quo ab iracundia distaret, quot eius species essent.*).
- Später wird das Spiel zwischen **Anapher** und **Alliteration** aufgenommen (Z. 9–11: *Quis ergo magis naturam rerum ignorat, quam qui ... adsignat?*; Z. 14: *Quid ergo? ... Quidni?*).
- Es fällt insgesamt auch das **Polyptoton** des Pronomens auf, neben den Angaben zuvor auch Z. 11 (*Cuius cupidinem inesse ...*).
- In diesen Zeilen 11–14 arbeitet Seneca wieder mit der **Alliteration** als nachdrücklichem Mittel: *Beneficiis enim humana vita **con**stat et **con**cordia, nec terrore, sed mutuo amore in foedus auxiliumque **com**mune **con**stringitur.*

Die insgesamt sehr kleinschrittige Untersuchung (Z. 2–10) sowie ihre rhetorisch-sprachlich sehr differenzierte Gestaltung nehmen mit Nachdruck den zu Beginn formulierten Anspruch *nunc quaeramus* (Z. 2) auf und erwecken den Eindruck einer genauen und differenzierten Untersuchung bis auf die sprachliche Ebene. So erscheint die Passage in sich stringent und geschlossen.

Die stets wiederkehrende *Antithetik* bei Leitbegriffen, Pronomen und Adjektiven in der gesamten Passage, der Gegensatz zwischen dem Menschen und seiner Natur und der *personifizierten ira*, hält **Senecas Grundthese** vom Anfang die gesamte Passage hindurch mit äußerstem Nachdruck auch sprachlich präsent. Dem dient auch die Häufung von *Asyndeta* und *Ellipsen*, gerade die verkürzten Sätze in Z. 6–8 „hämmern" gleichsam stakkatoartig die **Selbstverständlichkeit** von Senecas These ein, dass *ira* und die Natur des Menschen **unvereinbar** sind.

Die *rhetorischen Fragen* sowohl bei der Darlegung der Lösung (Z. 3/4; Z. 10) als auch bei der schlussfolgernden ersten Beantwortung der Grundfrage (Z. 8) betonen ebenfalls diese **Selbstverständlichkeit**: Wer so fragt, weiß eigentlich die Antwort schon (Z. 4: *manifestum erit*).

Verstärkt wird die Offensichtlichkeit dieser Fragen durch die *anaphorische* Gestalt und das *Polyptoton*. Die *Alliteration* in den Zeilen 11–14 verstärkt den **Gegensatz** zwischen der *ira* und ihren schädlichen Auswirkungen auf das naturgemäße Streben nach Gemeinschaft des *animal sociale* „Mensch".

3. *Rufen Sie sich zunächst die grundlegenden Vorstellungen der Stoa in Erinnerung. Stellen Sie im Anschluss Aussagen Senecas aus dem vorliegenden Text unter Verwendung Ihres Vorwissens zur Stoa begründet in den Zusammenhang der philosophischen Vorstellung Senecas von Wesen und Bestimmung des Menschen. Gehen Sie dabei auf vier wesentliche Aspekte ein.*

(Anforderungsbereich II/III)

Der *sapiens* hat nach der Lehre der Stoa das **Ziel stoischer Ethik** erreicht: die **beatitudo bzw. apatheia**. Diese Form von „Glück" ist bestimmt durch die innere Konstitution: Glück bedeutet, ein gutes Leben zu führen *(bene vivere)*, d. h. *secundum naturam* zu leben, also nach den Maßgaben der *ratio*, die die Natur des Menschen und den natürlichen Kosmos um ihn prägt.

Als *animal rationale* ist der Mensch **teilhaftig am Weltenlogos**, allein diese grundsätzliche *ratio* soll ihn bei seinen Entscheidungen im Handeln leiten. Der Weltenlogos hat jedem Einzelnen innerhalb des gesamten Kosmos der Welt eine bestimmte Aufgabe zugeordnet und ihn deswegen mit bestimmten Eigenschaften ausgestattet. Sie zu erkennen und in diesem Sinne naturgemäß zu leben (s. o.), soll Aufgabe jedes Einzelnen auf dem Weg zum Weisen *(sapiens)* sein.

Nach der Lehre der Stoa ist die Kerneigenschaft des Weisen die **Ataraxie** (ἀταραξία) oder *tranquilitas animi*. Sich in diesem Zustand der *tranquilitas animi* zu befinden, ist der eigentliche **Sinn des Lebens** und eben nicht, sich auf äußere Objekte, sogenannte **Adiaphora** wie Geld oder Ansehen, zu konzentrieren. In Ataraxie zu leben, bedeutet, die Fähigkeit zu besitzen, sich nicht durch irgendwelche Einflüsse im Inneren erschüttern zu lassen. Solche Einflüsse können von innen kommen, nach der stoischen Begrifflichkeit von den **Affekten** *(affectus)*. Zu diesen Affekten gehören neben Angst *(metus)*, maßlosen Gelüsten *(libido)*, Hass *(odium)* oder Gier *(avaritia)* der Zorn *(ira)* oder das maßlose Begehren *(cupido)*. Derjenige, der sich diesen Affekten ausliefert, ist von Wankelmütigkeit und Maßlosigkeit *(immodestia)* geprägt, was zu den Lastern *(= vitia)* zählt. Daraus ergibt sich, dass den Weisen eine Verhaltensweise maßgeblich prägt: die *modestia*. Neben dieser Tugend, der *virtus*, sollen den Weisen noch drei weitere maßgebliche (Kardinal-)Tugenden prägen, die **Weisheit**, *sapientia*, die **Gerechtigkeit**, *iustitia*, und die **Festigkeit**, für seine Erkenntnisse einzutreten, *fortitudo*.

Iustitia und *fortitudo* weisen auf eine weitere naturgegebene Eigenschaft des Menschen hin: Er ist aristotelisch gesprochen ein *animal sociale*, d. h. ein auf Gemeinschaft hin angelegtes Wesen. Das **Streben nach einer menschlichen Gemeinschaft** ist primär keine utilitaristische Maßgabe zum besseren Schutz des Einzelnen, sondern natürliche Veranlagung. Grundlage für diese natürliche Veranlagung ist einmal mehr der Weltenlogos, der sich in konkreter Form in jedem Menschen umsetzt und ihn dazu bringt, auch miteinander im Einklang zu leben *(consensus naturae)*. Im vorliegenden Text spiegelt sich dies in Z. 6 *(congregari)* und Z. 13 *(concordia, nec terrore, sed mutuo amore)* wider. *Iustitia* und *fortitudo* sind aus diesem Grund maßgebliche Tugenden menschlichen Verhaltens, weil sie ein vernünftiges und für alle ertragreiches Zusammenleben erst garantieren und nur so das stoische Ziel des *beate vivere* erlangt werden kann.

Innerhalb dieses Rahmens erklärt sich, warum Seneca als zentrale Frage dieser Passage formuliert, *an ira secundum naturam sit* (Z. 2/3), und darauf in der Schlussfolgerung (Z. 12) noch einmal Bezug nimmt. Die *ira* gehört zu den **Affekten**; aus diesem Grund bezeichnet Seneca sie auch als eine *cupido* (Z. 11). Derartige **Affekte** mithilfe der *ratio* (Z. 15: *cum ratione*) und dem so gesteuerten Willen zu **beherrschen**, ist zentrale ethische **Forderung der Stoa**. Dass Seneca auch hier den Menschen dem Ideal nach als innerlich ausgeglichen im Sinne der *tranquilitas animi* ansieht, zeigt sich auch in der Formulierung *pacatissimo ... pectori* (Z. 11/12). So kann vor dem Hintergrund dieses Ziels stoischer Ethik die *ira* nicht *secundum naturam* sein (Z. 12: *minime secundum ... naturam est*).

Es kommt ein weiteres Argument hinzu: Mit allem sprachlich überbordenden Nachdruck hat Seneca herausgearbeitet, dass die *ira* jede Form ausgeglichenen **Zusammenlebens zerstört** (Z. 6–9: *hic congregari vult, illa discedere ... in periculum ... descendere*). Wie bereits erläutert, ist aber das Streben nach Zusammenleben in der stoischen Lehre ein naturgegebener Trieb des Menschen; geradezu lehrbuchhaft formuliert Seneca dies in Z. 12–14, insbesondere geprägt durch die bezeichnende Alliteration *(Beneficiis enim humana vita **con**stat et **con**cordia, nec terrore, sed mutuo amore in foedus auxiliumque **com**mune **con**stringitur)*. Die *ira* steht also auch in dieser Hinsicht der Natur des Menschen entgegen, sie ist ein *vitium* (Z. 10).

4. a) *Sammeln Sie die lateinischen Begriffe, mit denen Vergil die Reaktion Didos beschreibt, und markieren Sie sich diese im Text. Sinnvoll erscheint es in diesem Zusammenhang, eine zusammenfassende Charakterisierung Didos zu formulieren.*
(Anforderungsbereich I/II)

Dido wird von Vergil als eine überaus **leidenschaftliche Frau** beschrieben, deren Leidenschaften auch körperlich zum Ausdruck kommen: Ihr brennender **Zorn** äußert sich im stieren (V. 1/2: *ardentem et torva tuentem ... animum*) und starr auf den Boden gehefteten **abgewandten Blick** (V. 3: *solo fixos oculos aversa tenebat*). Ihr (Weg-)Gang ist **schroff und abrupt** (V. 4: *corripuit sese ... refugit*). Die Liebe hat sich in **Feindschaft** verwandelt (V. 4: *inimica*).

b) *Verdeutlichen Sie anhand aussagekräftiger Beispiele nachvollziehbar die Gefühlslage und Reaktion Didos. Beziehen Sie bei Ihren Ausführungen Ihr Wissen über Senecas Untersuchungen über den Zorn mit ein (Variante 1). Alternativ kann die Beziehung zwischen Aeneas und Dido bei der Beantwortung dieser Frage thematisiert werden (Variante 2).*
(Anforderungsbereich II/III)

Das **Ziel stoischer Ethik**, die *beatitudo* bzw. *apatheia* im Sinne des *secundum naturam* zu erreichen, basiert darauf, als *animal rationale* allein die *ratio* als Leitfaden seines Handelns zuzulassen. Mit diesem Leitfaden erreicht man nach der stoischen Lehre die **Ataraxie** (ἀταραξία) oder *tranquilitas animi*, d. h. die Fähigkeit, sich nicht durch irgendwelche Einflüsse in seinem Inneren erschüttern zu lassen. Neben äußeren Einflüssen, Schicksalsschlägen durch das Spiel der *fortuna*, ist die *tranquilitas animi* nach der stoischen Begrifflichkeit durch innere Einflüsse, die **Affekte** *(affectus)*, gefährdet. Den Weisen *(sapiens)* prägt daher eine Verhaltensweise maßgeblich: *modestia*.

Variante 1: **Dido** ist eine ebensolche Person, ganz den **Affekten hingegeben**, zunächst der **hemmungslosen Liebe** zu Aeneas, dann nach der Zurückweisung ganz den umgeschlagenen Gefühlen ausgeliefert: **Enttäuschung, Zorn, Hass**, d. h. Affekte, die sie noch nach ihrem Untergang, noch in der Unterwelt prägen. Dies geht so weit, dass es sich in ihrer äußeren Haltung zeigt. Hinzu kommt, dass diese Zurückweisung keine emotionale Entscheidung des Aeneas gewesen war; wie seine Reaktionen in der vorliegenden Passage auch zeigen, ist er emotional durchaus betroffen. Hätte er die Möglichkeit gehabt, hätte er sich wohl anders entschieden. Die Zurückweisung ist die **Konsequenz aus der göttlichen Entscheidung** des *fatum*, der sich Aeneas in seiner *pietas* nicht entziehen kann. **Dido** zeigt sich also auch in dieser Hinsicht als **Gegenbeispiel stoischer Handlungsmaximen**, da sie nicht mit dem äußeren Schlag besonnen und ausgeglichen umgehen kann. Sie handelt nicht gemäß der Vernunft, sondern lässt sich von Affekten leiten, was dem *secundum naturam vivere* widerspricht (Z. 15: *sine ira, cum ratione*).

Variante 2: Das Verständnis des Aeneas, in seiner *pietas* an das *fatum* gebunden zu sein und dem auch seine emotionalen Bedürfnisse gegebenenfalls unterzuordnen, sind Vorstellungen, die Dido vollkommen unverständlich sind. Sie vertritt das vollkommene Gegenkonzept, sich ganz, geradezu **rauschhaft ihren Gefühlen** hinzugeben. Das macht sie im positiven Sinne in ihrer **Liebe** zu Aeneas und im negativen in ihrem **Hass** auf ihn. Darin ist sie allerdings ebenso konsequent wie Aeneas in seiner *pietas* und *moderatio*: Auf dem Scheiterhaufen **verflucht** sie **Aeneas** und seine Nachfahren und legt so den mythischen Grund für die späteren existenziellen Auseinandersetzungen zwischen Rom und Karthago im 3. Jahrhundert v. Chr. Auch in der Unterwelt bleibt sie in ihrer **Bindung an die Gefühle** ebenso konsequent, weil sie sich von Aeneas, wie es im vorgelegten Text heißt, nicht erweichen lässt *(lenibat)*.

Die *pietas* und *moderatio* des Aeneas, seinen Gehorsam gegenüber dem *fatum*, der ihn seine persönlichen Bedürfnisse hintanstellen lässt, lässt Vergil vor der finsteren Folie Didos, die alles ihren **persönlichen** emotionalen und rauschhaft hemmungslosen **Bedürfnissen unterordnet**, mithin das vollkommene Gegenkonzept vertritt, umso glänzender erstrahlen.

Notizen

Notizen

Erfolgreich durchs Abitur mit den **STARK** Reihen

Abiturprüfung

Anhand von Original-Aufgaben die Prüfungssituation trainieren. Schülergerechte Lösungen helfen bei der Leistungskontrolle.

Abitur-Training

Prüfungsrelevantes Wissen schülergerecht präsentiert. Übungsaufgaben mit Lösungen sichern den Lernerfolg.

Klausuren

Durch gezieltes Klausurentraining die Grundlagen schaffen für eine gute Abinote.

Kompakt-Wissen

Kompakte Darstellung des prüfungsrelevanten Wissens zum schnellen Nachschlagen und Wiederholen.

Interpretationen

Perfekte Hilfe beim Verständnis literarischer Werke.

Und vieles mehr auf
www.stark-verlag.de

Abi in der Tasche – und dann?

In den **STARK** Ratgebern findest du alle Informationen für einen erfolgreichen Start in die berufliche Zukunft.

Alle Titel zu
Beruf & Karriere
www.berufundkarriere.de

Lernen • Wissen • Zukunft
STARK

Bestellungen bitte direkt an
STARK Verlagsgesellschaft mbH & Co. KG · Postfach 1852 · 85318 Freising
Tel. 0180 3 179000* · Fax 0180 3 179001* · www.stark-verlag.de · info@stark-verlag.de

*9 Cent pro Min. aus dem deutschen Festnetz, Mobilfunk bis 42 Cent pro Min. Aus dem Mobilfunknetz wählen Sie die Festnetznummer: 08167 9573-0